装飾古墳に描かれた
渦巻紋と輪廻転生

藤田 英夫 著

雄山閣

本書推薦の言葉

　藤田英夫君は本来機械技術者であったためか、科学的理論による思考手段を好み、またその応用能力が高いように思われる。彼の着眼点とその解析手段は我々と異なり、新しい科学的手法によって理論化し、解析するというパイオニア的精神の問題解決方法である。

　今までの考古学では誰も説明できなかった日本の装飾古墳壁画に描かれた各種渦巻紋の正体を世界で初めて理論化し、それが太陽崇拝のシンボルであることを明確に示し、ここに提示することができたことは素晴らしい。

　彼はインドネシアに長年滞在し、インドネシアの基層文化であるインド文化に親しんできた結果、ギリシャ、エジプトの歴史文化にも通じており、それらのデータ整理統合が容易になったのであろう。

　コンピュータによるデータベース処理を繰り返し、渦巻紋をこれほどシスティマティクに集大成した論文はいまだかってどこにもなかった。その副産物として、縄紋日本には人類最古の文明の道がインドや中国よりも早く通じていたようである。また輪廻転生というインド、ギリシャ起源の古代宗教文化が縄紋時代から日本に存在したことを明らかにした点も見逃せない。本書は、マンネリ化した専門家には新鮮な理論と結論を提供することであろう

　このように統計学的な数理的指数を利用することによって新理論を展開したので、これは数理考古学の範疇にはいるものと思われる。

2011 年 3 月吉日

上智大学アジア文化研究所
インド哲学教授　シリル・ヴェリアト
（Cyril Veliath）

装飾古墳に描かれた渦巻紋と輪廻転生　目次

まえがき……………………………………………………4

1　渦巻紋の起源は何か……………………………………6

2　渦巻紋の形状と歴史……………………………………11
　(1) 基本形の説明………………………………………11
　(2) 2次紋様の説明……………………………………17

3　統計学的アプローチと科学的な理論化……………27
　(1)「文献引用の生データ」と「PC基本データ」の準備……27
　(2) 分類用2次データに変換し、紋様別年代順リストを作成…29
　(3) 2次データによる総合分類表の作成……………54
　(4) 各紋様の国別開始時期一覧表の作成……………56

4　ヨーロッパの渦巻紋…………………………………59

5　中国より先に日本で始まった………………………62

6　人類最古の情報ハイウェイ…………………………66

7　装飾古墳の渦巻紋は太陽の輝き……………………68

8　縄紋芸術は前衛派芸術………………………………77
　(1) 井寺古墳の直弧紋を解明した……………………77
　(2) 少しだけでも抽象画を理解しよう………………81
　(3) キュビズム紋だけが直弧紋………………………86

9　日本の同心円紋論争･････････････････････････････91
　(1) 銅鏡は太陽紋を模して造られたもの･････････････91
　(2) インド文化調査の必要性･･･････････････････････95

10　渡来人増加による土着文化の消滅･･････････････102

11　明らかになった縄紋人の来世観････････････････110
　(1) 輪廻転生観は先端医療技術になった･････････････110
　(2) 縄紋文化の人間賛歌･････････････････････････120

おわりに･････････････････････････････････････132

引用文献･････････････････････････････････････134
図版目録･････････････････････････････････････136
渦巻紋816例 集成表（略図付き）･････････････････149

3

まえがき

　インドネシア滞在 10 年の体験で理解したローカル文化の一つに、インドからもたらされた渦巻紋文化がある。インドの歴史学者 K. C. チャクラヴァルティの著書 (注1-1) にも、「太陽とか火の崇拝伝承を表した渦巻紋やスワスティカ（卍）などの象徴的なモティフの中に…」と書かれている通り、これは太陽のシンボルを表現した紋様である。インダス河上流のカシミール山岳地帯では、今も太陽神崇拝の自然宗教が残っており、毎朝山間から昇る太陽を拝み、曙のウシャス姫と太陽のスリャ神に祈りをささげる女性たちが住む村がある（日本 IBM「無限大」No.119）。クメール語派の言語を話すベトナムの少数民族カトゥ族の文化（ベトナム少数民族はインド文化）を紹介した本にも、彼らが太陽のシンボルとして使っているさまざまな渦巻紋がたくさん紹介されている。

　だが、日本ではアイヌ以外にこの紋様が使われていないため、日本人にはきわめてなじみが薄い。そのため日本の考古学者は「装飾古墳の壁画内容は何を描いたものか分からず、意味不明のままである」という人ばかりで、太陽を意味すると考える学者がほとんどいないことを知り、意外な現実を知って私は驚いた。これではせっかくの文化遺産の価値が半減してしまい、壁画を描いた美術家たちが浮かばれないではないか。しかしこの渦巻紋こそ世界共通の太陽神信仰の紋様であり、この型式と編年を研究することは、土器の型式・編年の研究と同じくらい重要な意味を持つのであるが、オカルト的な本はあっても科学的に理論付けされた研究がどこにもない。そこで、この謎を科学的に解明する研究は天から私に与えられた使命であろうと考え、一念発起、理系卒の利点を活かして統計学的手法でこの問題にアプローチを開始し、最後は渦巻紋の起源、種類、編年、伝播ルート（世界最古の情報ハイウェイ）の問題に明解な結論を導き出すことに成功し、さらに直弧紋の起源も解明できた。

　統計学的解析手法は、選挙の出口調査による当選確実の予測や世論調査

に利用されるほど信頼性が高い。これらの渦巻紋文化は世界共通であるため、世界規模の研究と編年になる意義が大きい。52カ国から816個の使用例を集め、データベース解析を基にした研究結果をここに紹介する。

　本書の結論は、信頼性の高い統計学的手法によって純粋に科学的に分析されたデータの数値から理論的に導き出された結論であり、私個人の主観や単なるイデオロギーを書いたものではない。仮に専門家が「素人が書いた結論は認めないから結論を曲げなさい」と言ったとしても、曲げるための手立てがないのだ。だから私はこの理論の純粋さを貫くだけである。

　古墳の壁画を描いたのは土着の縄紋系芸術家たちである。私は、彼らが残した偉大な文化遺産に尊敬の念を抱き、素晴らしい壁画が千数百年もの間理解されないままであった不遇の彼らの霊を慰め、彼らの労苦に報いたい気持ちで本書を書いた。本書の理論付けに必要な民族学や言語人類学のほか、前衛美術、エジプト文明、ギリシャ文明、日本古代史、輪廻転生の哲学など、異なるカテゴリーについても上智大学、東京外語大学での聴講生活も含め数年かけて本格的に調査した。

　今後は、装飾古墳を文化遺産として紹介する側も鑑賞する側も、今までと違う見方になることは間違いなく、また古墳と共存する地域の人々の誇りと自信がさらに高まることになると思う。

　本書は、NPO法人「国際縄文学協会」の会誌「縄文21号」から「23号」にかけ3回にわたって連載された記事「渦巻紋起源の科学理論化」の原稿を単行本用に大幅加筆したものである。ここにいたるまで何回も原稿の掲載、出版にご協力いただいた関係先の皆様がたに深く感謝の意を表する。さらに本書は、考古学者の数々の研究実績をもとに構成することができたことを強調しておきたい。今後の考古学の改革について私の希望を少し書いた部分があるが、学界の一層の飛躍を願って書いたものであることをご理解いただきたい。

1 渦巻紋の起源は何か

「紋」の字は常用漢字だが、なぜか考古学界では使わない人もいる。これは考古学界が世間から切り離された別の世界として感じてしまう原因の一つになっているように思う。私は今までの業界で長年「紋」の文字だけを使っていたので、佐原真氏と同じ理由（紋章が文章、紋様が文様では別の意味になる）で、ここでも「紋」の文字を使い続けることにする。

ボルネオ島北部（マレーシア領）にある遺跡 Punan Trusan（プナン・トゥルサン）に、太陽紋や渦巻紋を無数に彫刻した AD900 年ごろの巨石（上面の面積約 2.5㎡、図 1-1）がある。ほとんど同じ渦巻紋を彫刻した巨石がアイルランドのニューグレンジ墳丘遺跡や、フランスのブルターニュ半島部にあるガヴリヌス遺跡（どちらも BC3,000 年ごろ）にもある。縄紋晩期の亀ヶ岡文化の岩偶や岩版にも、小さいながらボルネオやアイルランドと同じ連続渦巻紋が彫られたものが数個ある（図 1-2）。これらはどれもほとんど同じ紋様に見えるから、明らかに同一宇宙観で製作されたものであると考えないわけにいかない。

ヨーロッパ大陸に表れた世界最古の美術グラヴェト文化（BC 3万年～BC 1万年）やマドレーヌ文化（BC15,000～BC10,000 年）の中にも、すでに基本的な太陽紋が表れている。

1-1. ボルネオ島プナン・トゥルサン遺跡
巨石上に無数の太陽紋と渦巻紋の彫刻。（AD900 年ごろ）

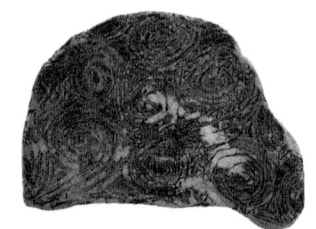

1-2. 亀ヶ岡文化の岩版に描かれた連続渦巻紋
（青森県大森勝山遺跡）

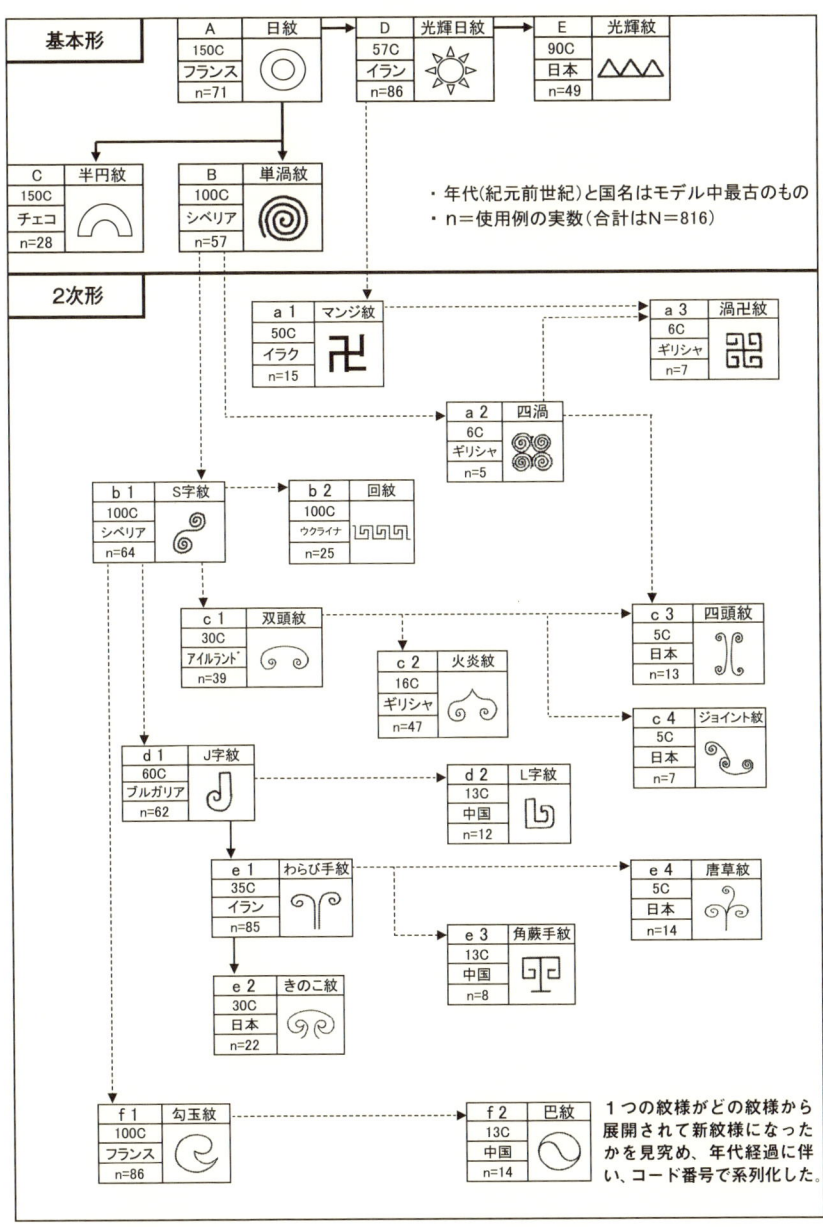

1-3. 渦巻紋のシステム・ダイアグラム（3-37. の各紋様最古のデータから作図）

図1-3「渦巻紋のシステム・ダイアグラム」は、各種渦巻紋誕生の相互関係を調べて整理した結果、最終的に得られたプロトタイプの図である。渦巻紋をこのようなシステムとして系統立てて分類することは、渦巻紋の発生、展開、伝播、盛衰、終焉という歴史を科学的に知るうえで不可欠なプロセスである。「プロトタイプ」とことわったわけは、歴史的に初めて作成された、いわば試行的な性格を持つものであるからで、今後他の研究者によってさらに精度が高いものに発展するはずだからである。
　太陽紋の存在はこのように一つのシステムとして捉えなければ渦巻紋文化の範囲が明らかにならず、従って理論付けもできない。
　世界最古級の紋様の中には日本で生まれたものが何個かあり、その数は常識を越えているようにみえる。この問題は、日本の遺跡発掘件数が年間1万件もあって世界的に突出し、考古学者数も世界最多という特異な条件国であることに関係があるかもしれない。またデータ検索をほとんど日本国内で実施したことにも関係があるかもしれないが、データはデータとしてそのままここに出した。
　渦巻紋を大別すると、初期段階に生まれた太陽の形そのものである「基本形」と、基本形から装飾用紋様に展開した「2次形紋様」の2系統に分けられる（図1-3参照）。基本形の紋様は5種類（記号AからEまで）あり、それぞれの紋の最古年代を単純平均するとBC9,900年という大変古い時代の紋様である。
　2次形の紋様は12種類（a-1からf-2まで）あり、最古年代の平均はBC3,300年である。つまり2次紋様は、平均すれば基本形より6,600年ほど遅く生まれたことになり、基本形の太陽紋文化がいかに長かったかが分かる。
　また、2次紋様は大部分が単渦紋（コードB）とS字紋（コードb-1）から展開したことが分かる。例外はマンジ紋だけで、マンジ紋は光輝日紋（コードD）から展開した。世界の巨石文化彫刻に単渦紋とS字紋が圧倒的に多い理由は、図1-3で分かるようにこれが各種渦巻紋の母体の紋様だ

からである。

　連続した沢山の渦巻紋で太陽を表現する理由は、インドの太陽神伝説を知れば分かる。即ち「太陽神スリャは、日中は恋人の初々しい暁の女神ウシャス姫を抱き、熱愛のあまり光熱を発し、夕方に燃え尽きて暗闇となる。だが翌朝になると生まれ変わりの太陽が再び東の空に昇る」と。

　ここに「偉大なる光熱を発する太陽が毎日生まれ変わるために、神々は太陽の子供、孫、ひ孫、その種子を次から次へと毎日誕生させる難事業をしておられるに違いない」という太陽を神格化した信仰が生まれ、その様子を沢山の渦巻紋に描き、太陽の永遠の生まれ変わりを祈るようになったと考えられる。

　その後、世界各地に支配階級と王権政治が生まれ、太陽神信仰はさらに進化した。古代エジプトでは、日没後の太陽が復活に向けて闇夜の冥界を東に進むとき、死者の霊も生まれ変わりに向けて太陽神とともに冥界を東に進み、太陽が必ず生まれ変わる強い再生力を借りて死者が再生することを願ったのである(注1-2)。その宇宙観から、墳墓内部に太陽復活の力が及ぶことを祈願して内部壁面にその様子を絵画で表現するようになり、太陽神信仰が完成し、やがてその文化が世界各地に伝わったと考えられ、そのころからすでに輪廻転生の哲学が生まれていたであろうことは容易に考えられる。

　5万年ほど前に西アジアからヨーロッパにかけて人類最初の信仰儀礼による埋葬文化が始まった痕跡があり、それに続く地母神信仰がオーリニャク文化期（BC35,000～BC20,000年）に現れ、それに続いて現れた太陽神信仰は人類第3の自然神崇拝の文化であろう。

　地母神の次に太陽神（天父神）が現れた、との考え方が今日では一般的であるらしく、古代ギリシャの詩人ヘシオドスは神統記「テオゴニア」の中で、「天空は夜毎天界から降りて地母神を上から抱擁したという神話的伝承」を書いた。またポリネシア民族の「天空神が地母神を覆い、地母神が天空神を載せて交会して多くの子を産んだ」と信じられているという(注1-3)。

1　渦巻紋の起源は何か

　ギリシャ神話でも、天父神が地母神と交わって沢山の神が生まれたという。地母神が先に現れたと解される最大の理由は、古代エジプトの厳正な母系制度によるものだという学者もいるが、太古の昔は世界の大部分の民族が母系制社会であったと考えられるため、地母神が先という学説が多いようである。

　アイヌ以外の現代日本で渦巻紋が消滅してしまった理由は、弥生時代以降朝鮮から渡来した支配階級の人たちが渦巻紋の装飾文化を持っていなかったことが原因である。無紋文化であったツングース語系の扶余人（今の中国黒竜江省、吉林省、遼寧省にいた満州語系先住民族）が、縄紋中期後半の地球寒冷化を避けて朝鮮半島に南下し、朝鮮の主力人種になったからである。朝鮮ではそれまで櫛目紋や渦巻紋などの土器が普通に存在したが、上記の理由でBC1,000年ごろから無紋土器時代に変わっていた。そのため弥生時代と古墳時代に朝鮮半島から渡来し、大和王朝として支配していた渡来人文化が次第にマジョリティ文化となり、渦巻紋は土着の異民族文化として消滅の運命をたどったのである。

　現代日本で実際に渦巻紋が使われている例を探してみたが、大阪と富山の獅子舞の面の眉毛数個を単渦紋で表現したものと、横浜の神楽舞がはく袴に単渦紋を見たほかは、岩手県の田野畑村が保存する管窪剣舞で使う被り物に付けられた単渦紋、伊勢神宮の舞楽「納曾利」を舞うときの袴に刺繍された小さなわらび手紋など、わずか数例にすぎない。これらの渦巻紋様はその神事の団体内で伝統的に受け継がれ、今日まで生きのびてきたものと思われる。縄紋時代に全国的に使われていたイヤリングも入れ墨も、土着の異民族文化であるがゆえに次第にマイノリティと化し、最後は消滅の運命をたどった。

2 渦巻紋の形状と歴史

　渦巻紋は日本人に馴染みがうすく理解しにくいため、先ず紋様を少し理解していただく必要があるので、初めに渦巻紋様の形と歴史について若干説明する。なおこの分類は私が世界の816例を分析した結果の紋様分類であり、今のところ別の標準的な分類結果はどこにもない。直接の参考文献は何もなく、渦巻紋を知る教師も仲間もいなかったため、使用例の調査を始めてからこの形状別分類が終わるまでやり直し作業が繰り返され、2年半の歳月を費やした。

　なお本稿での年代表記は、原則としてその文化期や土器型式年代の終末期近い年代を使用した。

(1) 基本形の説明

《日紋：A》　　中心に目玉がある太陽そのものの円形紋であり、太陽の形を模した紋様の中で最初に現われた紋と考えられる。最古級の紋は今のところフランスのアンドル県サンマルセルで出土し

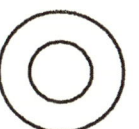

たマドレーヌ文化期（BC15,000〜BC10,000年）の骨彫刻品に見られるものであろう。

　漢字の元祖である殷時代の甲骨文字では、「日」の文字として内側の円はなく、代りに中心に点が1個あるだけである。それが現代の「日」の文字になったのだが、考え方はよく似ている。

　図のような二重円は、雲南省の少数民族である納西（ナシ）族に残る東巴文字（トンパもじ＝世界遺産指定の古代文字）にも見られ、内外の円を結ぶ短い線のようなものが4本見えるが、それを「日」の文字として使っている（図9-1参照）。この

2-1. 石川県真脇遺跡の通称お魚土器
注口部外面に日紋、その下に横一列の光輝紋(E)が並ぶ。（縄紋前期末）

文字の歴史からいっても、この紋様が太陽紋であることは間違いない。

　日本祖語の語彙起源になったオーストロネシア語系のインドネシア語の「太陽」は mata hari (mata=目、hari=日)、つまり「日の目」であり、この紋を意味する（インドネシア語は形容詞が名詞の後に付く）。つまり日本語の「日の目」という言葉は、縄紋時代からこの日紋とともに使われ続けてきた、といえるだろう。

　弓矢の的は「蛇の目」の形というが、この紋様と同じであるから、「的」の発音はこの mata（目）が mato（的）になったのではないかと思う。実際に、矢を入れる靫がたくさん並ぶ壁画の横にこの紋が一緒に並んでいるのを見ると、私でも「これは的か」と考えることがあるから、人間の目はそばにある別の物に引きずられやすいことが分かる。それが同心円紋の起源問題（日本は銅鏡説が多い）を複雑にしているという歴史が存在する。

　ついでに言うと、インドネシア語には南インドのタミル語や北インドのサンスクリット語の語彙が入っている。インドのシンハリ語（スリランカ）の「日」は hiru と発音するので、これはインドネシア語の hari の語源と考えられ、日本語の「昼」の語源でもあろう。これは英語の day と同じ時空間的考え方であり、現代言語文化の根底にある形而上学では宇宙に空間と時間の二つの宇宙空間を持つので、「昼をもって日となす」の理屈が理解できる。

　図 2-1 の土器注口外面にこの日紋があり、その下に光輝紋(E)が横 1 列に並んでいる。

《単渦紋：B》　　日紋の中の目をギラギラ光る渦巻で表現した紋様である。太陽が目もくらむほど強く輝く中近東と東南アジアにこの紋様が多い。

　　世界最古級の単渦紋は、シベリアのバイカル湖そばのイルクーツク市マルタ遺跡で出土したマンモスの骨に刻まれた渦巻紋で、中期旧石器時代（BC15～BC4 万年）の遺跡と書かれている(注2-1)。

だが発見は1928年だから、^{14}C年代測定法が開発される20年も前の話で、年代判定に大きな疑問が残る。最近の文献である藤本強氏の「ヨーロッパの先史美術」(注2-2)で年代を確認すると、これはもっとあとの後期旧石器時代に属するグラヴェト文化期(BC3万～BC1万年)末のものではないかと考えられる。理由は、マルタ洞窟遺跡で同時に出土した地母神のヴィーナス像を見ると、オーリニャク文化(BC35,000～BC20,000)の豊満すぎる女神の像ではなく、もっとスリム化しており、しかもグラヴェト文化と思われる彫刻品も一緒に出土しているからである。さらにマルタは同文化の東端であるバイカル湖付近に位置するので、前後の歴史文化の関係からみても、文化も時代も異なるもっと後代のものと見るべきではないかと思う。

2-2. 鹿児島県上野原遺跡の壺型土器上部
（重要文化財指定）（縄紋早期）

上部の渦巻紋様スケッチ

　バイカル湖南方に水源を持つアムール河の河口がサハリンの対岸にあり（氷河時代にサハリンと大陸は陸続きだった）、ここから日本に旧石器時代文化とこの単渦紋が入ってきたと考えられる。

　鹿児島県の平栫式土器（図2-2）に施紋された日本初の単渦紋はBC5,500年ごろの土器である。次は千葉県幸田貝塚のものがBC5,200年と続く。オリエントに目を転ずると、トルコのハジュラルから出土したBC5,000年ごろの彩文土器が最古級であろう。イラン、エジプトのBC3,500年などがこれに続く。

《半円紋：C》　早朝の地平線や水平線上に、初々しい太陽が顔を現したときの厳かな姿を表現したもので、地平線上に生まれたばかりの新鮮な太陽が姿を現し始めたとき、人々は今日も

2 渦巻紋の形状と歴史

生まれ変わりの太陽を与えてくれた神々に感謝し、それが信仰対称になったのであろう。
　フランスのブルターニュ地方にあるガブリニス古墳遺跡内部は、巨石室内の壁全面がこの半円紋で埋めつくされている。最古級の半円紋はチェコのプシェドモスティで出土した動物骨面の彫刻で、年代は東グラヴェト文

2-3. 横浜市北川貝塚の土器
上部外面に半円紋。（縄紋中期）

化時代というから 15,000 年以上前ということになる。縄紋土器としては北海道の法華村（BC4,800 年ごろ）の春日式土器や、図 2-3 の横浜市港北ニュータウン造成で出土した北川貝塚の土器（BC2,500 年ごろ）で、上部フランジ外周面に半円紋が並んでいる。

《光輝日紋：D》

　日紋の周囲に光輝線が描かれた紋で n=86 個あり、総データ数 N=816 の 1 割強を占める。最古の光輝日紋は、イランのハッスーナ式（BC5,700 年ごろ）の白色線紋深皿土器に描かれた光輝日紋だろう。
　ベトナムを中心とする東南アジア一帯の豪族に普及した銅鼓は、鼓面中心部にこの光輝日紋 D が描かれ、外周部には日紋(A)と光輝紋(E)（三角

2-4. イラン彩紋土器
右肩に光輝日紋。（BC2400 年）

紋）と鳥の絵が環状に無数に配置され、装飾用の 2 次紋があまり使われていない。東南アジア大陸部においては、今も賢者の葬送儀礼に銅鼓が大々的に使われる地方（新疆ウイグル自治区やベトナム先住民など）がある。葬送行事の最中、彼らは木製の鳥を長い棒の先に取り付けたもの（弥生時代の墓地付き集落入口に立てたものと同じ）を高く掲げ、リズムをとりながらこれを高く振りかざして祭壇の周囲を廻る。

14

彼岸をめざす船にバードマンが乗り、鳥が来世への案内役として舳先に乗って進む様子が銅鼓の主なテーマとして描かれた理由は、冥界に旅立つ霊が太陽の復活とともに再生してほしいと願ったからである。

ポリネシアの男性はお尻にこの紋様を刺青し、南米パラグァイのマカ族少女は祭礼の時にホホに絵の具でこの紋様を描いていたから、彼らにとっては最大限に大事な紋様なのであろうと思う。

《光輝紋：E》　これは「鋸歯紋」と呼ばれているが、この紋が生まれた当時はまだ鋸がなかった。また「この紋は悪霊に対する威嚇」などのように、「鋸歯紋」の文字が原因と思われる先入観も見受けられるため、そういう先入観を排除する必要がある。さらに鋸歯紋という名称は機械的すぎて人の心が入る余地がない。一般的には「三角紋」の文字が使いやすいだろうが、崇高な自然神への信仰心を持っていた先人の太陽信仰を尊重する上から、ここでは「光輝紋」の名称を使う。

この紋様は、光輝日紋(D)の外側の光輝紋だけを取り出して横に並べ、太陽が昇る前の曙の光線を表したものと考えられる。インドでは太陽神スリャ信仰だけでなく、太陽が昇る前の空が淡いバラ色に輝く暁の女神ウシャス信仰も生まれたので、この紋様はいわばウシャス紋といえるだろう。曙の女神はギリシャ神話にも存在し、あとから昇ってきた太陽神スリャが曙の女神ウシャスを追いかけるという設定である。図2-1の土器で日紋の下に光輝紋が見られる。

考古学的に見れば、この紋の前身は櫛目紋、綾杉紋、羽状縄紋であるという。初期の櫛目紋も綾杉紋も篭や布の編み目模様であり、初めは土器表面に狩猟採取生活で使っていた篭の編み目を描いていた

日紋と光輝紋を交互に並べたコンビネーション・モチーフ
（九州、中国先住民、中近東などにある。）

のであろう。鹿児島県前原遺跡では1万年前の土器に櫛目紋が現れ、トルコのハジュラルから出土したBC5,500年ごろの土器（細口の壺）にも篭の編み目紋が描かれている（注2-3）。だが光輝紋と日紋を並べて一緒に描いたものがいくつかあるので、光輝紋はあとになって朝日の光線の紋様として太陽崇拝紋の中に組み込まれたと考えられる。

　世界最初の光輝紋は、藤沢市柄沢遺跡から出土した細隆起線紋土器（縄紋草創期BC9,000年）の光輝紋であろう。オリエントでまだ土器が作られていない「先土器新石器文化時代」に、縄紋人はすでに光輝紋を土器に施紋していたので、縄紋文化はまぎれもなく世界の先進文化であった。

　次がトルコのハジュラルから出土の広口の壺（BC6,000年紀後半）、ブルガリアのカラノヴォ文化Ⅰ期（BC6,500～6,000）の彩文土器などである。

　光輝紋が日紋と一緒に描かれて太陽紋の一つと解釈されるようになった時期は、上記トルコの広口の壺に両紋が描かれていた頃である（注2-4）。日本では縄紋前期の吹浦式、関山式土器になって両紋が同時に描かれたので、大変早い時代から光輝紋が太陽紋の仲間入りをしていたことが分かる。図1-2の土器にも、日紋の下に光輝紋が横一列に描かれている。ポルトガルのビゼーの巨石にも両紋が一緒に描かれている。シリア北東部ではBC1,600年ごろの壺にこのコンビネーション紋様が2段に描かれている。イランのルリスタン様式注口壺（BC7世紀）の胴体に三角の光輝紋と日紋が交互に横並びで描かれたものがある。

　この紋様が、江戸時代から伝わる日本の伝統的な「紋入り鱗紋」に進化したものであろうと考えられる。

　抽象画の岡本太郎が着ていたセーターには、このコンビネーション紋様が数段前面に並んで編まれていて、彼らしいダイナミズムを感ずる紋様であった。

(2) 2次紋様の説明

《マンジ紋：a-1》　英語名は Indian Swastika で、インダス文明（BC2,600〜600年）のスタンプにすでに現れている。だが最古級の紋様はインドではなく、イラクに BC5,000 年ごろのものがある。卍の原形は光輝日紋(D)で、太陽の周囲に光輝線がコロナ状に噴出している様子をカギ形にシンボライズした紋様であり、カギの数が2倍の8本で構成されたマンジ紋もベトナム先住民やアメリカ先住民の間で使われている。さらにコロナ4本の先端に太陽の子である四渦紋（a-2）を付けて両者を合体させた「渦マンジ紋」（a-3）が、BC6 世紀のギリシャのロードス島出土の皿(注2.5)などに描かれている。渦マンジ紋はベトナムと雲南省の少数民族が今も伝統的に使っており、個性的伝統文化を感じさせる。マンジ紋の変形例は各地各民族に独特なものがあって種類が多い。

マンジ紋の変形例　

《四渦紋：a-2》　縄紋晩期に青森県八戸市の是川中居遺跡から出土した亀ヶ岡文化の岩版に、この紋様が彫刻されているのが最古級である。渦巻4個をサイコロの4つ目のように並べ、全体が円形基板で囲まれている。ほとんど同じものがインドネシアのジャカルタ国立博物館にあり、学芸員の説明はやはり太陽のシンボルであった。日本人になじみのトラジャコーヒーの産地であるインドネシア、スラウェシ島のトラジャ地方では、今も屋根の妻面にこの紋様を伝統的に使う地方がある。

2-5. 是川中居遺跡の岩版
（縄紋晩期）

　トラジャ族は、縄紋早期・前期の地球温暖化を避けて北上し、日本に

2 渦巻紋の形状と歴史

定住した人種と同じプロト・マライ系人種であるから、人類史で考えれば、彼らがこの紋様を日本に伝えた可能性も残る。そのため独立した紋様として扱ってみたのだが、実施例がどうも少ない。恐らく伝播によらず、各国でそれぞれの着想で作り始めた可能性が高いようだと最近は考えている。BC8世紀のイランに、これを金線で作ったアクセサリーがある。

《S字紋：b-1》 巨石上の無数の太陽が渦巻線でつながった様子を2個1ユニットで表現した紋である。最古級の紋様は、シベリアのイルクーツク市で発見されたマルタ遺跡のマンモス骨に彫刻された単渦紋(B)の左右両側に、小さなS字状の紋様が彫刻されており、BC1万年以前のものであろう。

その次に古いものは、鹿児島県上野原遺跡から出土したBC5,500年ごろの土器に描かれた紋である。上野原遺跡でもマルタ遺跡と同じく、基本形の単渦紋と2次形のS字紋が同時に生まれていたので、両紋が同時に伝わった可能性が高い。移住民の密度が想像以上に高かったと考えるべきかもしれない。

アムール河下流域のガーシャ遺跡ではBC4,400年ごろの土器にS字紋が現れ、ギリシャではキクラデス島から出土した通称フライパン（BC3,000年ごろ）にS字紋が現れている。図2-6は千葉県幸田貝塚の前期関山式土器で、ベルトの中にS字紋が見られる。

2-6. 千葉県幸田貝塚の土器スケッチ（縄紋前期）

ギリシャの波紋は連続S字紋
（接続部を離して描いた）

通称ギリシャの波紋というのは、ギリシャ独特の紋様ではなく、単なるS字紋の連続模様であるから、ギリシャ以外の国にあってもギリシャ文化

とは限らない。

　福岡県の竹原古墳にもこの波紋があり、ギリシャ神話の絵だという学者がおり、絵の中にいる犬は地獄の番犬ケルベロスだという。また、これはギリシャ神話ではなく四神図が描かれたものと見る学者もいる。

　四神図の虎は中国産だろうが、私の調べでは鳳凰はペルシャ、龍は中東、玄武はインドからの外来想像動物であろう。

《回紋：b-2》　　連続S字紋をそのままの状態で角型化したものが菱型S字紋で、インドネシアほかの銅鼓の周囲にも描かれている。ここでは菱形S字紋を、S字紋としてではなく回紋の1種として分類した。

　さらに菱形S字紋を真横に並べて真四角に変形させたのがこの回紋である。この紋の上

菱形S字紋

を右から左になぞって線を引けば、連続S字紋と同じ筆順であることが分かる（上記菱形S字紋図面では中心部の小渦が半巻き多い）。この紋は現在中華どんぶりの縁取り模様に多く使われている。中国では殷時代中ごろから使われ始めたが、起源国は中国ではなく東欧のウクライナであろう。

　回紋は中国の雷紋に似ているが、雷紋は種々の渦巻紋を角型化して何回も小さく折り曲げて四角にした紋をびっしり並べた紋様であるのに対し、回紋はS字紋からのモディフィケーションであるから雷紋とは異なる。回と同形の紋様もあるが、太陽紋である証拠がないためここでは除外した。

　江上波夫氏は「東亜考古学」(注2-1) p.143で、黒海北岸のウクライナのメジンで出土したマンモスの骨に回紋が彫刻された腕輪を紹介しており、その年代はオーリニャク文化期（BC35,000～BC20,000年）と書いている。だが太陽紋がまだ何も現れていないはずの原始時代に、あんなにきれいに整った回紋だけが突然現れたといわれてもにわかには信じがたく、回紋が

渦巻紋の一種であることを考えれば、その年代は極めて不自然である。著者が活躍当時は太陽紋を知る人が日本にもいなかったから、無理のないことかもしれない。

この場合も藤本強氏の解説（注2-2）を引用すると、同じメジン出土のほとんど同じ回紋を彫刻したアクセサリー（同解説書 pp.1-60、図78）を紹介しており、細身のヴィーナス像彫刻（同書、図74〜76）がウクライナ国境に近いロシア領クルスク近郊のアヴデーヴォから出土していることを考えると、これもグラヴェト文化（BC30,000〜BC10,000年）に由来するものであろうと考えることができる。次に古いものはイラクでBC5,000年ごろ現れた。

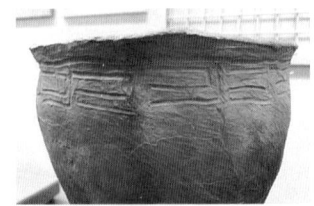

2-7. 鹿児島県成川遺跡の土器
（縄紋後期）

日本ではこの紋が大変少なく、鹿児島県指宿市の成川遺跡出土の土器（図2-7）に初期のころの回紋が現れているが、そのほかには見当たらない。回紋は角ばっていて物が引っ掛かりそうな感じがするせいか、穏やかで円満さを好む縄紋人には人気がなかったらしい。

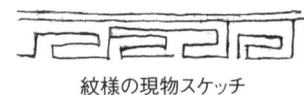

紋様の現物スケッチ

《双頭紋：c-1》　S字紋の上側の渦を半回転（180度）ひねって2個とも同じ向きにするとこの紋になる。銅鐸の上下鋳型合わせ面の縁沿いに、この紋様を突起状に耳のようにたくさんつけたものがある。

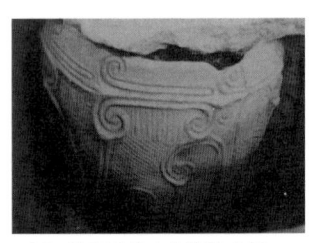

2-8. 岐阜県堂之上遺跡土器
上2段目に双頭紋（縄紋中期）

岐阜県堂之上遺跡の土器（図2-8）にこの紋が施されており、年代はBC2,500年ごろで今のところこれが一番早く、

次はBC2,000年ごろの中国とアイルランドに現れている。

《火炎紋：c-2》 上記双頭紋の変形と考えられる。火の神アグニ（Agni、ラテン語 Ignis）を崇拝するゾロアスター教がペルシャで生まれてインドに生き残っており、火葬文化なども考えると、この紋様は燃える炎の形を象徴する紋様に展開させたと考えられそうだが、分類後のフローチャートでデータ分布をみると、ゾロアスター教とは関係がない。

ヨーロッパではこの紋を flamboyant（火炎形）と呼ぶ。インドネシアには flamboyan という名の大樹があって乾季の終末期に火のように鮮やかな朱色の花を咲かせ、花弁の先端はこの紋のように少し尖りぎみに見えるものがある。スラバヤ工科大学の構内にこの大木が一面に植えられており、雨季直前に乾季末特有の燃えるような暑さとともに花が咲くのでこの名にふさわしい。熱帯雨林帯に分布する樹木であるから、砂漠が多い中東にはない。

この紋型はイスラム教や仏教の寺院建築や、日本の神社、貴族や宮殿建築など（例えば京都の二条城）の窓枠の輪郭や軒下装飾によく使われており、橋の欄干の柱上にもこの形状の玉が取り付けられている。

ギリシャのクレタ島でBC1,600年ごろに現れた壺の紋が最古級のものであり、中国ではBC600年ごろに現れているので、渦巻紋の中では遅く始まった方である。図2-9は青森県

2-9. 青森県十腰内遺跡の皿
裏面に火炎紋（左）と双頭紋（右）
（縄紋晩期）

十腰内遺跡出土（縄紋晩期）の皿で、裏面下方にこの火炎紋が描かれている。ピカソを師と仰いだ抽象画家の岡本太郎はパリ仕込みの画家らしく、太陽のコロナ状の尖った火炎紋様をエネルギーの象徴として絵の中で盛ん

2 渦巻紋の形状と歴史

に使っていた。

《四頭紋：c-3》　これは双頭紋 c-1 を 2 本縦に並べた形状で、日本の銅鐸正面についているなじみの紋（ただし縦 2 本の線は直線）である。ベトナムの銅鐸類似品にも日本の銅鐸と同じこの紋様が付いてある。

アイルランドのアスローン教会にある装飾用キリスト像（8 世紀）の胸にも、日本の銅鐸と同じこの紋様がついている。

図 2-10 は縄紋晩期の青森県明戸遺跡で出土した土偶片に刻まれていた四頭紋で、このあと間もなく朝鮮、中国、ベトナムに現れ、アイルランドには紀元後に現れた。

この紋と類似の紋に「四渦紋」(a-2) がある。出現時期がどちらも縄紋晩期で両方とも亀ヶ岡文化地域の岩版として生まれている。つまり同じ作者によって誕生したものか、または近くの

2-10. 青森県明戸遺跡の土偶
（縄紋晩期）

人が真似て作ったと考えるのが妥当なほど、同一系紋様のように見える。この紋は BC2 世紀に朝鮮の大谷里遺跡で使われていた八珠鈴にもたくさん描かれており、装飾紋様が少ない朝鮮では珍しく派手に描かれているから、中国から渡来したものだろう。

《ジョイント紋：c-4》　双頭紋 c-1 の渦頭を共有させて、何個も連続的に

ジョイントさせて作った紋様である。実施例はあまり多くなく、縄紋晩期に秋田市戸平川遺跡（図 2-11）と青森県十和田市明戸遺跡出土品に彫刻されたものが最古のよ

22

うである。

　同じ紋様はアイルランドの首都ダブリンにあるトリニティ大学図書館に所蔵されている『ケルズの書』『ダロウの書』(9世紀に書かれた福音書)にこの紋様が巴紋 f-1 との組み合わせで沢山描かれている。

　インドネシアやスウェーデンにもあるが、いずれも AD 時代である。ヨーロッパではこれをトランペット模様という。

2-11. 秋田市戸平川遺跡の岩版
縦方向に2列並んでいる。
(縄紋晩期)

《J字紋：d-1》　S字紋の片方を巻かずに、長い直線のままにした紋様。最古級のJ字紋は、ブルガリアのカラノヴォI期文化の土器(スターラ・ザゴラ遺跡、BC6,500～BC6,000年)と、北海道函館市中野遺跡出土の貝殻紋尖底土器(BC6,000年ごろ)に描かれた紋様であろう。

　この紋様はギリシャの壺によく表れる。この紋を上下互い違いに沢山並べた紋様が中国殷時代(BC1,700～BC1,000年)やスマトラ島やマドゥラ島の青銅器(BC300年ごろ、図2-12)にもよく見られる。

　J字紋は古い紋様で、ククテニ文化(BC3,200～BC2,200年)のルーマニアや、BC 3,200年ごろ(縄紋前期)の山形県押出遺跡の諸磯式土器にも表れる。

2-12. 西スマトラの青銅器
(青銅器時代)

　北海道中野遺跡のJ字紋は中央に1個の渦巻状中心があり、その中心を取り囲むように無数の直立J字紋が並び、右側は上向きに、左側は下向きに揃って放射状に描かれ、見事な構図である。

2 渦巻紋の形状と歴史

　弥生時代の円筒埴輪の前身という特殊器台にも、たくさんの丸い小穴を利用してJ字紋が線刻されている（倉敷考古館展示品）。特殊器台と同じJ字紋は、19世紀のカラフト・アイヌのマキリ（小刀＝東京国立博物館展示品）用木製サヤの表面にも彫刻されている。

《蕨手紋＝わらび手紋：e-1》　J紋を二本並べた紋様で、春の山菜ワラビに似ているからこの名がついたのであろう。茎が1本だけのわらび手紋もあり、茎がほとんどなくて上のゼンマイ部分だけのわらび手紋もあり、合計86アイテムあって総数の1割強もあり、大変ポピュラーな渦巻紋である。

　最近の輸入商品に見られる渦巻紋はこのわらび手紋が多いが、縦糸と横糸に分解して布に織りこんで紋様を形作るため滑らかな円が描けず、かなり角ばった菱形に近い多角形になっている。

2-13. 岐阜県堂之上遺跡の土器
逆さわらび手紋

　世界最古級はイランのシアルク文化III期（BC3,500年ごろ）に現れたものだろう。黒海に注ぐドナウ河流域のドイツで、ドナウ第1文化のテューリンゲン（BC 3,000年ごろ）などがそれに続く。

　クレタ島（ギリシャ）のクノッソス宮殿跡の壺（BC3,000年ごろ）にもたくさん描かれている。考古学者は、わらび手紋は福岡県下の古墳だけで見られる紋様であると説明している（注2-6）が、縄紋中期の岐阜県堂之上遺跡（BC2,500年）の土器（図2-13）にすでに現れている。縄紋土器に描かれた紋様を集成した研究はないようである。

　ポリネシアのタヒチ島で、この紋様を一面にプリントしたパティオ用の服地を売っていたので、私はそれを買ってきてパソコンのカバーに使っている。この服地には唐草原型紋（d-2）もたくさん描かれており、入れ墨

24

文化いまだ健在のポリネシアらしく、渦巻紋オンパレードの生地である。アイヌはこの紋をプンカルと呼ぶ。

《キノコ紋：e-2》　わらび手紋（e-1）を丸めてキノコ状に図形化した紋様。

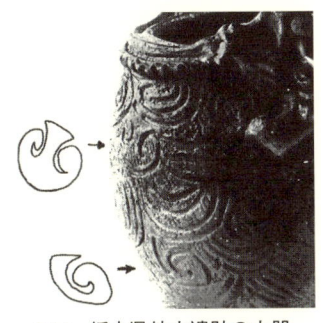

2-14. 栃木県坊山遺跡の土器

中国に使用例が多いので、キノコ好きの中国人が作った紋かと思ったが、中国最古級のものは河南省偃師市から出土の彫刻（BC1,900年）であるのに対し、栃木県の坊山遺跡（縄紋中期、BC3,000〜BC2,000年）出土の土器（写真2-14）にすでにこの紋様が現れていた。

《角わらび手紋：e-3》　わらび手紋（e-1）を中国式に四角形に変形させたもの。これを崩した紋様が縄紋後期の岡山県総社市出土の土器（倉敷考古館に展示）に描かれている。この紋はBC13世紀に中国で生まれ、その後近隣諸国の雲南、ベトナム、日本だけに現れた紋で、それ以外の国には見当たらない。
　中国では殷時代から単渦紋、双頭紋、わらび手紋、キノコ紋などが角型化され、すべて雷紋と総称されているので、ここではこの紋様だけの紹介にとどめる。次回はこれを2次紋から削除しても問題ないと考えている。

《唐草原型：e-4》　わらび手紋の上にもう1本のわらびを乗せた紋様で、これが発展して後年の唐草紋様になった。データ数はn=14で多くない。

　日本の専門家によれば唐草紋の起源はギリシャとされており、それが中央アジアで完成して中国に渡り、日本には平安時代に中国からもたらされたという（注2-7）。そのため、渦巻紋の中で

この唐草紋だけは現代も日本に残る。

だが縄紋晩期の青森県板柳町の土井1号遺跡出土の岩版（図2-15）にこの紋様の原型がすでに彫られており、これが世界で最も古いようである。

海外例ではギリシャでBC 330年ごろのワイン用大型壺に現れ、エジプトでBC250年ごろに現れたが、今のところ海外ではそれより古いものは見当たらない。ヨーロッパでは唐草紋がギリシャ美術品の紋様として伝わったため、渦巻紋の中では例外的に人気がある紋様らしく、ハニーサックル、アラベスク、スクロールなどの名で呼ばれている。

2-15. 青森県土井1号遺跡の岩版（部分）に唐草紋原型（縄紋晩期）

《**勾玉紋：f-1**》　単渦紋を簡略化して勾玉形に描いた紋だが、強者の象徴である獣の牙形でもある。最古級は前1万年ごろのものがフランスのイストリッツ洞窟（マドレーヌ文化期）に現れている。使用例が極めて多くn=86で全体の1割強あった。細長い勾玉紋が4個くらい渦状に配置された囷紋（けいもん、別名：円渦紋）もある。海洋国ポリネシアでは現在これを波のシンボルとして多用し、黒真珠の貝殻内面にきれいに並べて彫刻され、見事である。だが中国大陸は山岳草原文化であるため、もっぱら雲のシンボルとして使われてきた。図2-14（栃木県坊山遺跡土器）の左下側に巴紋が見える。

2個を背中合わせに組み合わせてデザインしたものも多く、特にアイヌが多用している。巻き数が1回巻き、1回半巻き、2回巻きもあり、1回半巻き以上は単渦紋との区別が困難な場合がある。

《巴紋：f-2》　勾玉紋が2個組み合わさって巴紋が生まれたのであろう。

巴紋は中国で前11世紀ごろに現れ、それが隣のベトナムや朝鮮で三つ巴紋になった。

アイルランドではAD800年に二つ巴紋と三つ巴紋が現れた。

2-16. ベトナム先住民
チャム族の紋様
巴紋と火炎紋

＊

文献では以上のほか、国によってはまだいくつかのモチーフがあり、風車形や透かし模様風もあるようだが、実施例を探した範囲では確認できなかったため、今回はそれらをここで紹介することは見送る。

3　統計学的アプローチと科学的な理論化

統計学における各種の手法は、事象の確率計算に使われるほど極めて信頼性が高い手法である。ここではランダム・サンプリングしたデータを整理分類し、そこに一定の規則性を見いだし、母集団（実在する全数）の全体像に対して科学的な理論付けをすることが目的である。その結果客観的な理論付けが可能になる。

自分に都合のよいデータだけを集めて主観的な分析をする人がいるが、それは必ずしも統計学的といわず、したがって信頼性はかなり低下し、時にはほとんど無価値なものになる。

(1)「文献引用の生データ」と「PC基本データ」の準備

今回調査した816個の生データは実際にどんな紋様なのか、スケッチがなければ分かりにくく、中には簡単に信用できないという人もいるかもしれないので、巻末に「渦巻紋816例 集成表」としてその全数を紋様スケッチ付きで添付した。

文献検索は原則としてランダムに行うため、最初の「引用リスト」は順

3 統計学的アプローチと科学的な理論化

序不同に書かれており、全部で 38 ページもあるため、そのままでは分析作業がやりにくく、また分類後の数量把握を手計算でやれば集計に正確さが期待できない。そのため、データ分類に正確を期し、省力化を図るべく、全面的にパソコンのデータベース機能を利用した。

先ずこの生データをマイクロソフトのエクセルにそのまま入力して「基本データ」を作った。ただし紋様スケッチの挿入作業はそれだけでも大変な手数がかかるため、最初はスケッチ入力を省略し、下記見本のような「基本データ」を作成した。

No.	紋記号	紋様名	国順	国名	出土地名	年代	引用資料名
131	d-1	J字紋	a	日本	北海道函館中野遺跡	BC 06000	『日本の謎事典①縄文』(光文社) p47
132	d-1	J字紋	a	日本	千葉県幸田遺跡	BC 03600	『日本の原始美術①縄文土器』(講談社) 図40
133	b-1	S字紋	a	日本	千葉県幸田遺跡	BC 03600	『日本の原始美術①縄文土器』(講談社) 図40
134	C	半円紋	a	日本	北海道椴法華村	BC 04800	『日本の原始美術①縄文土器』(講談社) 図30
135	A	日紋	a	日本	群馬県松井田町	BC 03600	『日本の原始美術①縄文土器』(講談社) 図39
136	C	半円紋	a	日本	群馬県八幡原	BC 03300	『日本の原始美術①縄文土器』(講談社) 図49
137	B	単渦紋	a	日本	山梨県花鳥山	BC 03200	『日本の原始美術①縄文土器』(講談社) 図63
138	b-1	S字紋	a	日本	福島県石生遺跡	BC 02500	『日本の原始美術①縄文土器』(講談社) 図91
139	f-1	勾玉紋	a	日本	長野県中原遺跡	BC 02800	『日本の原始美術①縄文土器』(講談社) 図78
140	E	光輝紋	a	日本	藤沢市柄沢遺跡	BC 09000	『日本謎事典①縄文』(光文社) p45
141	B	単渦紋	a	日本	鹿児島県上野原遺跡	BC 05500	「発掘調査報告書28」(鹿児島県埋蔵文化財センタ) 図3 p6
142	b-1	S字紋	a	日本	鹿児島県上野原遺跡	BC 05500	展示品 (鹿児島県上野原遺跡展示館)
143	b-2	回紋	a	日本	鹿児島県 成川遺跡	BC 01500	展示品 (鹿児島県歴史資料センタ黎明館)
144	E	光輝紋	a	日本	千葉県 幸田貝塚	BC 05200	『縄文土器大観1』(小学館) p92 #303
145	B	単渦紋	a	日本	千葉県 幸田貝塚	BC 05200	『縄文土器大観1』(小学館) p18 #10
146	c-4	ジョイント紋	a	日本	青森県明戸遺跡	BC 00500	『北の誇り亀ヶ岡文化』(青森県教育委員会) p121
147	c-3	四ря紋	a	日本	青森県明戸遺跡	BC 00500	『北の誇り亀ヶ岡文化』(青森県教育委員会) p177
1	B	単渦紋	b	シベリア	アムル河下流ヴォズネソフカ文化	BC 03600	『東北アジアの考古学』(同成社) 図43 p107
2	b-1	S字紋	b	シベリア	アムール河下流ガネーシャ遺跡	BC 04400	『日本謎事典①縄文』(光文社) p160
3	B	単渦紋	b	シベリア	イルクーツク市マルタ遺跡	BC 10000	「東亜考古学」(『世界の考古学』) (山川出版社) p253
4	b-1	S字紋	b	シベリア	イルクーツク市マルタ遺跡	BC 10000	『日本人はるかな旅』(NHK) 図2-36 p39
1	e-3	角蕨手紋	c	中国	河北省崇陽県	BC 01300	『世界美術大全集東洋1』(小学館) 図73
2	e-3	角蕨手紋	c	中国	河南省安陽市	BC 01100	『世界美術大全集東洋1』(小学館) 図69

3-1. 基本データ見本例

(2) 分類用2次データに変換し、紋様別年代順リストを作成

　次に基本データをパソコンでデータベース処理し、解析の目的に応じて下記4種類の分類作業用2次データに変換し、各種の分類用図表作成に必要なデータを得た（2次データは4種類 x 各15ページ＝計60ページ）。

① 紋様別・年代順リスト（図1-3、図3-37 作成用の最重要2次データ）
② 国別・年代別（BC、AD、近現代）リスト（図3-36 作成用2次データ）
③ 国別・基本形／2次形別　年代順リスト（図3-36 作成用2次データ）
④ 国別・紋様別・年代順リスト（手書きリストは順不同で探しにくいため探しやすくした）

　次に、最重要資料である各紋様の「① 紋様別・年代順リスト」（図3-2から）を示す。

　これは1種類ずつの紋様に関して、世界最古級のものから古い順に上位25項目ほどを示したものである。ただし、上下に隣接するアイテムの年代による順番にはあまりこだわらないでいただきたい。コンピュータによるデータ処理では年代表示がどうしても必要であったため、無理に年代を付けたものもかなりある。

　同時にその紋様の国別開始年代フローチャートを示す（図3-3から）。これで紋様の伝播状況が分かる。このように科学的に理論化され、分類された資料の最大利点は、世界の最古級品の開始年代順序やその伝播ルートが、理論的にはっきりと説明できるという、きわめて明快で高品質な資料であることだ。

　たまたま渦巻紋に気付いた学者が少数の渦巻き紋を海外で見つけ、日本とその国との関連を想像だけで書いていることがあるが、当然信用できるような説明ではない。

3 統計学的アプローチと科学的な理論化

　先ず日紋(A)の2次データである。東アジアでは日紋が大変少なく、日照りが強い西アジアと東南アジアに多いことが分かる。発生頻度が大陸よりも低い東アジアではあるが、その中でも日本は多い方であろう。

　発掘密度が例外的に高い日本で、石川県BC3,500年が現れて以来AD500年までここに現れていない訳は、一旦途絶えたのち、古墳時代になって大陸からあらためて伝えられた、と見るべきだろうか。

No.	紋記号	紋様名	国名	出土地名	年代	引用資料名
12	A	日紋	x	フランス	アンドル県サンマルセル	BC 15000	『世界美術大全集1』(小学館) 図46 p1-52
1	A	日紋	y	スペイン	イベリア半島	BC 04500	『巨石文化の謎』(創元社) p166
6	A	日紋	q	西アジア他	北シリア、ウバイド期	BC 04000	図録『岡山市立オリエント美術館』p2
135	A	日紋	a	日本	群馬県松井田町	BC 03600	『日本の原始美術①縄文土器』(講談社) 図39
47	A	日紋	a	日本	石川県真脇遺跡	BC 03500	『縄文の神秘』(学研) 図73
8	A	日紋	c	中国	甘粛省永靖県	BC 03500	『世界美術大全集東洋1』(小学館) 図2 p9
5	A	日紋	p	イラン	タペ・ジャリA出土	BC 03500	『世界陶磁全集20』(小学館) 図151
1	A	日紋	q	西アジア他	トルクメニスタン、ヤランガチ・テペ	BC 03500	『世界美術大全集東洋15』(小学館) 図17 p50
11	A	日紋	x	フランス	シャラント県ランコーニュ洞窟	BC 03500	『世界美術大全集1』(小学館) 図89 p1-65
1	A	日紋	p	イラン	テペ・ヒッサル	BC 03200	図録『岡山市立オリエント美術館』p3
16	A	日紋	v	スロバキア	ドミカ洞	BC 03000	『世界考古学大系12』(平凡社) 図134
12	A	日紋	w	アイルランド	ニューグレンジ巨石墓	BC 03000	『巨石文化の謎』(創元社) p83
13	A	日紋	w	アイルランド	ノウス巨石墓	BC 03000	『巨石文化の謎』(創元社) p81
72	A	日紋	f	パキスタン	メヘルガル、皿	BC 02800	『世界美術大全集東洋13』(小学館) 図230 p324
56	A	日紋	r	ギリシャ	キクラデス文化土器	BC 02700	『ギリシャの考古学』(同成社) 図18 p58
25	A	日紋	f	インド	モヘンジョダロ　ビーズ	BC 02500	『世界四大文明ガイド』(NHK) p52
27	A	日紋	f	インド	モヘンジョダロ　象牙板	BC 02500	『世界四大文明ガイド』(NHK) p47
29	A	日紋	f	インド	インダス（ハラッパー）	BC 02500	『インド美術史』(吉川弘文館) p4
30	A	日紋	f	インド	インダス　印章	BC 02500	『インド美術史』(吉川弘文館) p5
5	A	日紋	q	トルコ	アラジャ・ホユックL墓	BC 02300	『世界美術大全集東洋16』(小学館) p157
73	A	日紋	r	ギリシャ	クノッソス宮殿イルカ壁画	BC 02000	『エーゲ・ギリシャの古代文明』(講談社) 図6 p129
62	A	日紋	r	ギリシャ	古宮殿時代	BC 01800	『ギリシャの考古学』(同成社) 図24 p85
64	A	日紋	r	ギリシャ	ミケーネ時代中期	BC 01800	『ギリシャの考古学』(同成社) 図42-15 p156
19	A	日紋	s	ウクライナ	コロミシチナ	BC 01700	『世界考古学大系12』(平凡社) 図189 p84
6	A	日紋	m	エジプト	レクミラの墓	BC 01500	『西アジア考古学3』(日本西アジア考古学会) p36
3	A	日紋	z	スウェーデン	岩壁画　エステルゲトランド	BC 01500	『世界考古学大系12』(平凡社) 図177
4	A	日紋	m	エジプト	テーベ　センネジェム墳墓	BC 01300	『世界美術大全集2』(小学館) 図160 p2-252

3-2. 日紋(A)の2次データ (紋様別・年代順)

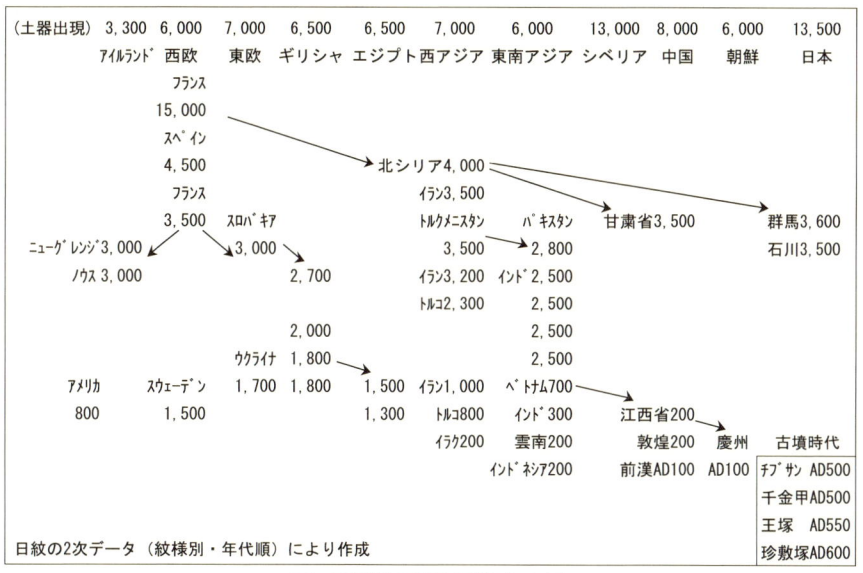

3-3. 日紋(A)の開始年代（BC 年）

　一方、珍敷塚古墳壁画の「鳥船の絵」（図7-4）は AD500 年ごろの古墳時代の壁画であるが、これはエジプトのセン・ネジェム墳墓の壁画（図7-3）と全く同じストーリィを持つ絵であると言っても間違いではないため、この霊界思想が中国（または南海）伝来であると考えれば、ベトナム→中国→朝鮮→日本（古墳時代）という伝播ルートの可能性が、ルート図の右下部分からいえそうである。このような古代文化移動ルートの可能性が分かったことは、この研究の大きな成果であった。これほどはっきりした結論が出るとは、調査を始める前は想像もしなかったことである。

＊

　次に渦巻紋のなかでも最もポピュラーな「単渦紋」(B)の2次資料を示す。
　このデータで日本は単渦紋(B)のアイテム数が最も多い。バイカル湖付近に住むブリヤート人文化のアムール河交易の影響が大変強く、しかも大変長かったことが分かる。シベリア西方の伝播ルートを見ると、土器が西方に伝わった時と殆ど同じルートで伝わって行ったことが分かる（土器

31

3 統計学的アプローチと科学的な理論化

No.	紋記号	紋様名		国名	出土地名	年代	引用資料名
3	B	単渦紋	b	シベリア	イルクーツク市マルタ遺跡	BC 10000	「東亜考古学」『世界の考古学』(山川出版社) p253
8	B	単渦紋	a	日本	鹿児島県上野原遺跡	BC 05500	「縄文土器出現」(講談社) 図30
141	B	単渦紋	a	日本	鹿児島県上野原遺跡	BC 05500	「発掘調査報告書28」(鹿児島埋蔵文化財センタ)図3 p6
145	B	単渦紋	a	日本	千葉県幸田貝塚	BC 05200	「縄文土器大観1」(小学館) p18 #10
7	B	単渦紋	q	トルコ	ハジュラル	BC 05200	「オリエントの紋様」(小学館) 図310 p188
1	B	単渦紋	b	シベリア	アムル河下流ヴォズネセノフカ文化	BC 03600	「東北アジアの考古学」(同成社) 図43 p107
1	B	単渦紋	a	日本	山形県押出遺跡	BC 03500	「日本謎事典①縄文」(光文社) p50
12	B	単渦紋	a	日本	山形県押出遺跡	BC 03500	「縄文土器出現」(講談社) 図56中奥
13	B	単渦紋	a	日本	山形県押出遺跡	BC 03500	「縄文土器出現」(講談社) 図56右前
50	B	単渦紋	a	日本	山形県吹浦遺跡	BC 03500	「縄文の神秘」(学研) 図122
8	B	単渦紋	m	エジプト	ナカーダ墓	BC 03500	図録『古代オリエント博物館』p23
10	B	単渦紋	p	イラン	イラン高原	BC 03500	図録『古代オリエント博物館』p29
137	B	単渦紋	a	日本	山梨県花鳥山	BC 03200	「日本の原始美術①縄文土器」(講談社) 図63
6	B	単渦紋	a	日本	石川県真脇遺跡	BC 03000	「縄文土器出現」(講談社) 図10左奥
1	B	単渦紋	r	ギリシャ	テッサリアのディミニ遺跡	BC 03000	「先史時代のヨーロッパ」『世界の考古学』(福武書店) p15
11	B	単渦紋	w	アイルランド	ニューグレンジ巨石墓	BC 03000	「巨石文化の謎」(創元社) p83
6	B	単渦紋	z	ドイツ	ラインハルト・ブルック	BC 03000	「世界考古学大系12」(平凡社) 図178 p79
17	B	単渦紋	a	日本	長野県曽利遺跡	BC 02300	「縄文土器出現」(講談社) 図72
20	B	単渦紋	d	朝鮮	西浦項4期 農浦洞	BC 02300	「朝鮮半島の考古学」(同成社) 図8-27 p28
29	B	単渦紋	r	ギリシャ	ミケーネ時代初期	BC 02200	「ギリシャの考古学」(同成社) 図41-8 p1540
60	B	単渦紋	r	ギリシャ	古宮殿時代	BC 02000	「ギリシャの考古学」(同成社) 図24 p85
17	B	単渦紋	r	ギリシャ	ザクロ (クレタ島)	BC 01560	「世界美術大全集3」(小学館) 図64 p3-84
15	B	単渦紋	a	日本	東京都広袴遺跡	BC 01500	「縄文土器出現」(講談社) 図60
5	B	単渦紋	c	中国	安陽殷墟	BC 01400	「月報」『世界美術大全集東洋1』(小学館) p10

3-4. 単渦紋(B)の2次データ (紋様別・年代順)

が特別早く現れた東アジアを除く)。S字紋の場合も同様の伝播ルートをたどった。

このことから「鉄器文化は、青銅器文化の伝播ルートを伝わって行った」という歴史と同じ基本原理(2次文化は1次文化のルートで伝播する)が、この場合も存在したことが分かり、従って私の研究に大きな間違いはないであろう。単渦紋もS字紋も日本に比べて中国に現れたのが大変遅かった(詳細は「5 中国より先に日本で始まった」を参照)。

```
(土器出現) 3,300  6,000 7,000  6,500    6,500    7,000        6,000      13,000  8,000 6,000   13,500
         アイルランド 西欧  東欧  ギリシャ エジプト  西アジア    東南アジア   シベリア  中国   朝鮮    日本
                                                                イルクーツク
                                                                 10,000
                                              トルコ
                                              5,200                                    鹿児島 5,500×2
                                                           ヴォズネノフカ              千葉  5,200
                  ドイツ              3,500   3,500        3,600                      山形  3,500×4
         3,000   3,000      3,000            イラン                                    山梨  3,200
                                                                                       石川  3,000
                                    2,200                                       2,300 長野  2,300
                                    2,000
                                    1,560                              殷 1,400       東京  1,500
         メキシコ                    1,400                              殷 1,300       秋田  1,100
          800                                 1,200        タイ 1,000   北京 1,100      青森   500
                                     560                   雲南 500                    釧路   500
                                              200          インド 200
                                                                                    福岡 AD200
  単渦紋の2次データ（紋様別・年代順）により作成                     古墳時代      福島 AD700
```

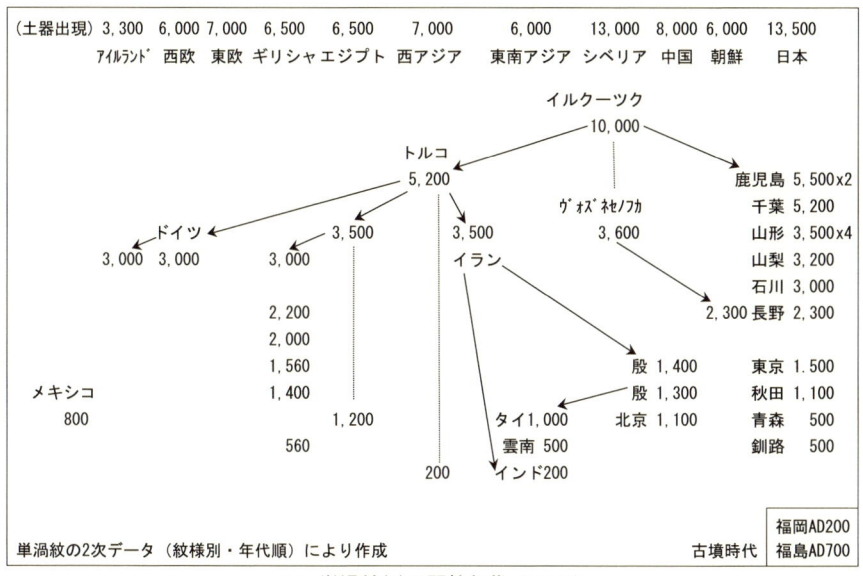

3-5. 単渦紋(B)の開始年代（BC 年）

　半円紋 C は、東南アジアにおける使用例が僅少であり、中国にも現れていないため、北海道の BC4,800 年はシベリア経由で日本に入ったものと考えられる。それを確認するには、シベリア地方の発掘をもっと盛んにする以外に方法がなく、日本考古学界の活発な国際協力を期待したい。日本考古学者の海外調査はオリエントやエジプトなど学史的に実績の多い地域に集中しており、日本の基層文化に関係深いシベリア地方の発掘調査研究が遅れていることが、上記の図表からも分かる。釜山の BC1,000 年は、明らかに日本から伝わったものだろう。

3 統計学的アプローチと科学的な理論化

No.	紋記号	紋様名	国名	出土地名	年代	引用資料名
14	C	半円紋	t チェコ	モラヴィア地方ドモスティ	BC 15000	『世界美術大全集 1』(小学館) 図29 p1-49
16	C	半円紋	n イラク	ハラフ期 アルパチア出土	BC 05000	『世界陶磁全集 20』(小学館) 図136
134	C	半円紋	a 日本	北海道椴法華村	BC 04800	『日本の原始美術①縄文土器』(講談社) 図30
1	C	半円紋	y ポルトガル	アレンテージョ、ブルホーラ	BC 04500	『巨石文化の謎』(創元社) p82
4	C	半円紋	x フランス	ブルターニュ ガヴリニス遺跡	BC 03800	『巨石文化の謎』(創元社) p161
136	C	半円紋	a 日本	群馬県八幡原	BC 03300	『日本の原始美術①縄文土器』(講談社) 図49
17	C	半円紋	m エジプト	ルクソール ナカダⅡ期	BC 03100	『オリエントの紋様』(小学館) 図194 p129
4	C	半円紋	w アイルランド	ニューグレンジ遺跡	BC 03000	『アイルランドの歴史』(彩流社) p13
14	C	半円紋	w アイルランド	ノウス巨石墓	BC 03000	『巨石文化の謎』(創元社) p81
60	C	半円紋	a 日本	横浜市北川貝塚	BC 02500	「縄文横浜 10」(埋蔵文化財センター) p2 下
13	C	半円紋	n イラク	テル・ツウェイジ土器	BC 02500	『オリエントの紋様』(小学館) 図156 p109
20	C	半円紋	s ウクライナ	コロミシチナ	BC 01700	『世界考古学大系 12』(平凡社) 図189 p84
56	C	半円紋	a 日本	栃木県明神前遺跡	BC 01500	『よみがえる縄文人』(氏家ミュジアム) 図157
6	C	半円紋	p イラン	ケルマン	BC 01500	図録『岡山市立オリエント美術館』p30
32	C	半円紋	r ギリシャ	クレタ島 クノッソス近郊	BC 01400	『世界美術大全集 3』(小学館) 図32 p3-46
13	C	半円紋	m エジプト	ペリシテ土器ミケーネ式	BC 01200	『エジプトの考古学』(同成社) 図58-5 p196
38	C	半円紋	r ギリシャ	アシネ 壺	BC 01100	『世界美術大全集 3』(小学館) 図69 p3-99
4	C	半円紋	d 朝鮮	釜山東三洞貝塚	BC 01000	『縄文の神秘』(学研) 図44
40	C	半円紋	i マレーシア	サバ州ブキトテンコラ	BC 01000	『Ancient History』(Archipelago Press) p37 上右
69	C	半円紋	r ギリシャ	ミケーネ時代末期	BC 01000	『ギリシャの考古学』(同成社) 図51 p181
30	C	半円紋	r ギリシャ	アテネ 壺	BC 00950	『世界美術大全集 3』(小学館) 図86 p3-130
96	C	半円紋	a 日本	群馬県 狩猟紋鏡	AD 00400	『金属器登場』(講談社) 図79
7	C	半円紋	g ベトナム	レーロイ石碑	AD 01500	展示品写真 (ハノイ歴史博物館)
11	C	半円紋	k ポリネシア	ハワイ彫刻	AD 01800	展示品写真 (タヒチミュージアム)
10	C	半円紋	k ウクライナ	ハワイ刺青	AD 01900	『Tatouage Polynesien』(D'apres GOTZ) p33
124	C	半円紋	a 日本	北海道アイヌ まな板	AA 現代	『アイヌ・暮らしの民具』(クレオ社) p57

3-6. 半円紋(C)の 2 次データ (紋様別・年代順)

　今回のデータ数は n=28 で大変少ないため、伝播状況に若干の疑問がないわけではないが、ギリシャ以西に比較的多く見られ、フランスのガヴリニス遺跡内部には信じられないほど一面の半円紋がびっしりと彫られ、アイルランドにも立派なものがあることを考えると、これは各地で独自に始まったものとはいえず、伝播によると考えるべきであろう。

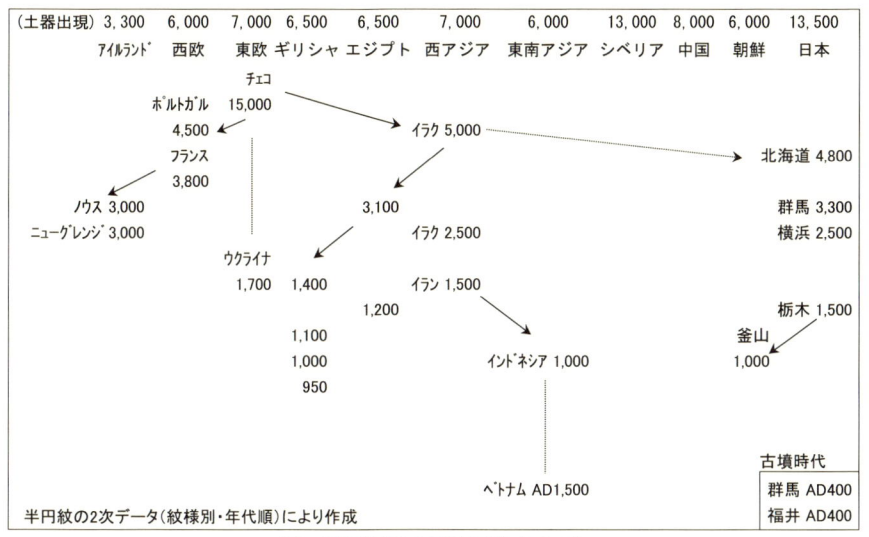

```
(土器出現) 3,300  6,000  7,000 6,500  6,500   7,000    6,000    13,000  8,000  6,000  13,500
         アイルランド 西欧  東欧 ギリシャ エジプト 西アジア  東南アジア シベリア  中国   朝鮮   日本
                            チェコ
                 ポルトガル  15,000  ←─────────
                 4,500 ←           イラク 5,000 ·············→
                 フランス                                              北海道 4,800
                 3,800
        ノウス 3,000                      3,100                        群馬 3,300
        ニューグレンジ 3,000                 イラク 2,500                   横浜 2,500
                          ウクライナ
                          1,700  1,400   イラン 1,500
                                  1,200                                栃木 1,500
                                                                 釜山
                                  1,100                          1,000 ←
                                  1,000         インドネシア 1,000
                                   950

                                                                      古墳時代
                                                 ベトナム AD1,500        群馬 AD400
半円紋の2次データ(紋様別・年代順)により作成                                  福井 AD400
```

3-7. 半円紋(C)の開始年代 (BC 年)

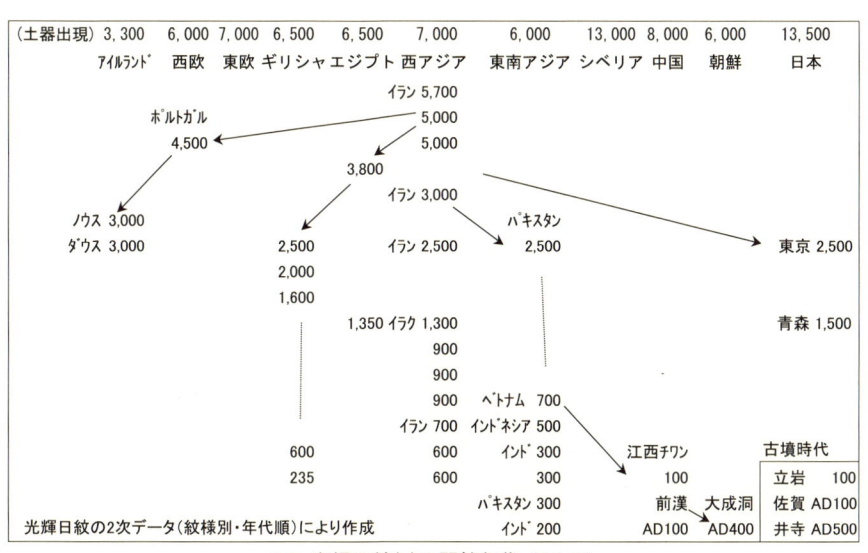

```
(土器出現) 3,300  6,000 7,000 6,500  6,500   7,000    6,000    13,000  8,000  6,000  13,500
         アイルランド 西欧  東欧 ギリシャ エジプト 西アジア  東南アジア シベリア  中国   朝鮮   日本
                                    イラン 5,700
                 ポルトガル                5,000
                 4,500 ←                5,000
                              3,800
                            イラン 3,000
                                           パキスタン
        ノウス 3,000                         2,500                     東京 2,500
        ダウス 3,000     2,500   イラン 2,500
                        2,000
                        1,600
                        1,350 イラク 1,300                              青森 1,500
                               900
                               900
                               900    ベトナム 700
                        イラン 700 インドネシア 500
                        600    600    インド 300         江西チワン        古墳時代
                        235    600           300          100        立岩    100
                                      パキスタン 300   前漢   大成洞       佐賀 AD100
光輝日紋の2次データ(紋様別・年代順)により作成  インド 200   AD100 AD400       井寺 AD500
```

3-8. 光輝日紋(D)の開始年代 (BC 年)

35

3 統計学的アプローチと科学的な理論化

No.	紋記号	紋様名	国名	出土地名	年代	引用資料名
14	D	光輝日紋	p	イラン	ハスーナ	BC 05700	『西アジアの初期農耕文化』(山川出版) 図版 1
15	D	光輝日紋	p	イラン	ウル、ウバイドⅠ風車型	BC 05000	『西アジアの初期農耕文化』(山川出版) 図版 7
16	D	光輝日紋	p	イラン	ウル、ウバイドⅠ	BC 05000	『西アジアの初期農耕文化』(山川出版) 図版 7
3	D	光輝日紋	y	ポルトガル	ビゼウ アンテラレスのドルメン	BC 04500	『巨石文化の謎』(創元社) p82
16	D	光輝日紋	m	エジプト	白色線紋土器ナカダ文化	BC 03800	『エジプト文明の誕生』(同成社) 図17-C p68
11	D	光輝日紋	p	イラン	テペシアルク	BC 03000	『オリエントの紋様』(小学館) 図143 p102
15	D	光輝日紋	w	アイルランド	ノウス巨石墓	BC 03000	『巨石文化の謎』(創元社) p81
21	D	光輝日紋	w	アイルランド	ミース州ダウスのマウンド	BC 03000	『巨石文化の謎』(創元社) p167
44	D	光輝日紋	a	日本	東京都常磐台丘	BC 02500	『縄文の神秘』(学研) 図26
70	D	光輝紋	f	パキスタン	シンドジャンガル	BC 02500	『世界考古学大系8巻 南アジア』(平凡社) 図46
9	D	光輝日紋	p	イラン	イラン高原	BC 02500	図録『古代オリエント博物館』p29
3	D	光輝日紋	r	ギリシャ	アテナイ、キュクラデス	BC 02500	『ギリシャ美術』(岩波書店) 図12 p33
74	D	光輝日紋	r	ギリシャ	クノッソス宮殿イルカ壁画	BC 02000	『エーゲ・ギリシャの古代文明』(講談社) 図6 p129
28	D	光輝日紋	r	ギリシャ	ミュノス、クノッソス宮殿	BC 01600	『世界美術大全集3』(小学館) 図88 p3-111
19	D	光輝日紋	a	日本	青森県島谷遺跡	BC 01500	『縄文土器出現』(講談社) 図76
1	D	光輝日紋	m	エジプト	トットアンクアメーン王の墓	BC 01350	『世界美術大全集2』(小学館) 図134 p2-218
6	D	光輝日紋	n	イラク	アッシュル	BC 01300	『世界美術大全集東洋16』(小学館) 図66 p83
9	D	光輝日紋	n	イラク	ニムルド、ブナー神殿	BC 00900	『世界美術大全集東洋16』(小学館) 図92 p129
10	D	光輝日紋	n	イラク	印章 (詳細不明)	BC 00900	『世界美術大全集東洋16』(小学館) 図130 p145
11	D	光輝日紋	n	イラク	印章 (詳細不明)	BC 00900	『世界美術大全集東洋16』(小学館) 図132 p155
24	D	光輝日紋	g	ベトナム	銅鼓面	BC 00700	『ベトナム銅鼓図録』(六興出版) p5 A-I-1
13	D	光輝日紋	p	イラン	伝ルリスタン地方	BC 00700	『世界陶磁全集20』(小学館) 図34
3	D	光輝日紋	p	イラン	スーサ	BC 00600	『世界美術大全集東洋16』(小学館) 図212 p245
4	D	光輝日紋	p	イラン	ペルセポリス、アパダーナ東階段	BC 00600	『世界美術大全集東洋16』(小学館) 図218 p249
26	D	光輝日紋	r	ギリシャ	ロドス島の皿	BC 00600	『世界美術大全集3』(小学館) 図115 p3-147
5	D	光輝日紋	i	インドネシア	スマランの銅鼓	BC 00500	図録『ジャカルタ国立博物館』p49

3-9. 光輝日紋(D)の2次データ (紋様別・年代順)

　光輝日紋(D)は、日紋(A)と同じく太陽の光が強烈な中近東と東南アジアに圧倒的に多く、ヨーロッパ、中国、日本などの太陽があまり強くない国々ではきわめて少ないことが分かる。
　それでも、東アジアの中で日本が一番多いように見える。理由は、東南アジア（インド、ベトナム方面）からの影響を受けた可能性が高いからだろうか。日紋(A)によく似た分布現象が見られる。

No.	紋記号	紋様名		国名	出土地名	年代	引用資料名
140	E	光輝紋	a	日本	藤沢市柄沢遺跡	BC 09000	『日本謎事典①縄文』（光文社）p45
9	E	光輝紋	u	ブルガリア	スターラ・ザゴラ	BC 06000	『ブルガリアの遺宝』（日本テレビ文化事業団）図2 p31
18	E	光輝	p	イラン	ハッスーナ	BC 05700	『西アジアの初期農耕文化』（山川出版）図版1
144	E	光輝紋	a	日本	千葉県 幸田貝塚	BC 05200	『縄文土器大観 1』（小学館）p92 #303
8	E	光輝紋	q	トルコ	ハジュラル	BC 05200	『オリエントの紋様』（小学館）図 310 p188
17	E	光輝紋	n	イラク	サマッラ期ハッスーナ出土	BC 05000	『世界陶磁全集 20』（小学館）図 133
40	E	光輝紋	r	ギリシャ	セスクロ文化土器	BC 05000	『ギリシャの考古学』（同成社）図9 p38
2	E	光輝紋	y	ポルトガル	ビゼウ アンテラスのドルメン	BC 04500	『巨石文化の謎』（創元社）p82
10	E	光輝紋	m	エジプト	下ヌビア南部墓	BC 03700	『エジプト文明の誕生』（同成社）図 25 p87
51	E	光輝紋	a	日本	山形県吹浦遺跡	BC 03500	『縄文の神秘』（学研）図 122
2	E	光輝紋	q	西アジア他	トルクメニスタン、カラ・テペ	BC 03000	『世界美術大全集東洋 15』（小学館）図 19 p50
22	E	光輝紋	w	アイルランド	表 10、モチーフ	BC 03000	『巨石文化の謎』（創元社）p167
55	E	光輝紋	r	ギリシャ	キクラデス文化土器	BC 02400	『ギリシャの考古学』（同成社）図 18 p58
74	E	光輝紋	c	中国	大甸子	BC 02000	『東北アジアの考古学』（同成社）図 49 p122
16	E	光輝紋	a	日本	京都府一乗寺遺跡	BC 01500	『縄文土器出現』（講談社）図 61
19	E	光輝紋	d	朝鮮	松坪洞	BC 01500	『朝鮮半島の考古学』（同成社）図 8-39 p28
8	E	光輝紋	p	イラン	テヘラン西部	BC 01500	図録 『岡山市立オリエント美術館』p30
2	E	光輝紋	m	エジプト	トゥトアンクアメーノ王の墓	BC 01350	『世界美術大全集 2』（小学館）図 134 p2-218
14	E	光輝紋	m	エジプト	ペリシテ土器キプロス式	BC 01200	『エジプトの考古学』（同成社）図 58-7 p196
12	E	光輝紋	p	イラン	伝ルリスタン地方	BC 00700	『世界陶磁全集 20』（小学館）図 34
34	E	光輝紋	g	ベトナム	サフィーン 壺	BC 00600	『世界美術大全集東洋 12』（小学館）図 214 p264
2	E	光輝紋	z	ドイツ	ミュンジンゲンの大壺	BC 00400	『初期鉄器時代の美術』（平凡社）図 20 p445
1	E	光輝紋	g	ベトナム	ダオティン銅器	BC 00300	展示品写真（ハノイ歴史博物館）
5	E	光輝紋	j	タイ	バーンチェン、土器	BC 00300	『世界美術大全集東洋 12』（小学館）図 212 p262
16	E	光輝紋	h	雲南	晋県 3 号墓 銅鼓	BC 00200	『中国の博物館 雲南博物館』（講談社）図 84
17	E	光輝紋	h	雲南	広南県 銅鼓	BC 00200	『中国の博物館 雲南博物館』（講談社）図 91

3-10. 光輝紋(E)の 2 次データ （紋様別・年代順）

　光輝紋(E)（三角紋）は、日本（BC9,000 年）から西アジア（BC5,700 年）または東ヨーロッパ（BC6,000 年）に伝わった可能性を排除できないが、この紋様は狩猟採集時代の籠の編み目から始まった紋様と理解されており、後年になってから太陽紋に加わった可能性が高いことを考えれば、この 3 カ国は他からの伝播のよらず独自に始まったと考えるのが妥当であろう。

37

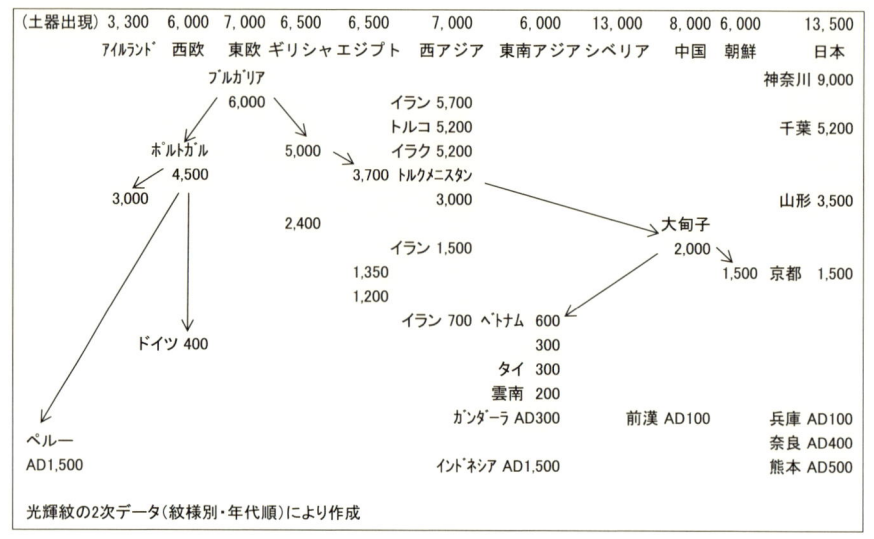

3 統計学的アプローチと科学的な理論化

```
(土器出現) 3,300   6,000   7,000   6,500   6,500   7,000   6,000   13,000   8,000 6,000   13,500
         アイルランド  西欧   東欧   ギリシャ エジプト 西アジア 東南アジア シベリア   中国  朝鮮    日本
                        ブルガリア                                                        神奈川 9,000
                         6,000           イラン 5,700
                                         トルコ 5,200                                     千葉 5,200
                 ポルトガル       5,000   イラク 5,200
                 4,500           3,700 トルクメニスタン
         3,000                          3,000                                           山形 3,500
                          2,400
                                        イラン 1,500                   大旬子
                                              1,350                    2,000
                                              1,200                         1,500 京都 1,500
                         ドイツ 400              イラン 700 ベトナム 600
                                                          300
                                                       タイ 300
                                                       雲南 200
                                                    ガンダーラ AD300   前漢 AD100      兵庫 AD100
         ペルー                                                                       奈良 AD400
         AD1,500                                   インドネシア AD1,500                  熊本 AD500
光輝紋の2次データ(紋様別・年代順)により作成
```

3-11. 光輝紋 (E) の開始年代 (BC 年)

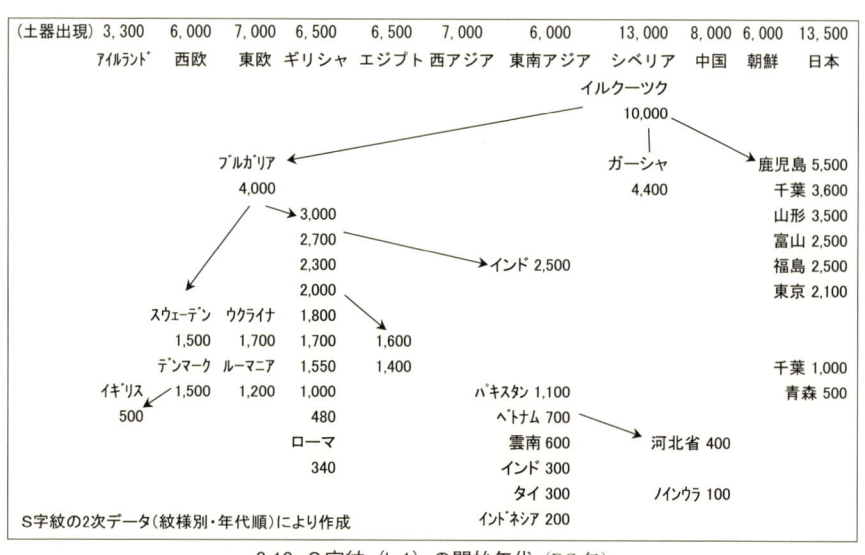

```
(土器出現) 3,300   6,000   7,000   6,500   6,500   7,000   6,000   13,000   8,000 6,000   13,500
         アイルランド  西欧   東欧   ギリシャ エジプト 西アジア 東南アジア シベリア   中国  朝鮮    日本
                                                              イルクーツク
                                                               10,000
                         ブルガリア                                                        鹿児島 5,500
                          4,000                              ガーシャ                     千葉 3,600
                               3,000                          4,400                     山形 3,500
                               2,700                                                    富山 2,500
                               2,300           インド 2,500                                福島 2,500
                               2,000                                                    東京 2,100
                 スウェーデン ウクライナ 1,800
                     1,500  1,700  1,700   1,600
                 デンマーク ルーマニア 1,550   1,400                                          千葉 1,000
         イギリス   1,500  1,200  1,000                  パキスタン 1,100                    青森 500
              500                 480                ベトナム 700
                              ローマ                   雲南 600                河北省 400
                                340                  インド 300
                                                     タイ 300               ノインウラ 100
                                                  インドネシア 200
S字紋の2次データ(紋様別・年代順)により作成
```

3-12. S字紋 (b-1) の開始年代 (BC 年)

次に２次形紋様を「マンジ紋」(a-1) から見る。

マンジ紋はほとんどギリシャと西アジアにあり、ほかは近現代の中国文化圏に表れている。そのため、ここではフローチャートで全体の伝播状況を眺めるほどではないため、フローチャートは作らない。

No.	紋記号	紋様名	国名	出土地名	年代	引用資料名
14	a-1	卍紋	n	イラク	サマッラ期ベルリン博物館	BC 05000	『世界陶磁全集 20』(小学館) 図 21
12	a-1	マンジ紋	u	ブルガリア	スターラ・ザゴラ、(フタ)	BC 04500	『ブルガリアの遺宝』(日本テレビ文化事業団) 図 21　p70
19	a-1	卍紋	p	イラン	タル・イ・キャブ出土	BC 03500	『西アジアの初期農耕文化』(山川出版) 図版 16
12	a-1	卍紋	n	イラク	ジュムデト・ナスル期印章	BC 03100	図録『岡山市立オリエント美術館』p7
31	a-1	マンジ紋	f	インド	インダス　印章	BC 02500	『インド美術史』(吉川弘文館) p5
27	a-1	マンジ紋	r	ギリシャ	ミュノス，クノッソス宮殿	BC 01600	『世界美術大全集 3』(小学館) 図 88　p3-111
9	a-1	マンジ紋	r	ギリシャ	アテネ，テーベ	BC 00680	『世界美術大全集 3』(小学館) 図 92　p3-134
7	a-1	マンジ紋	r	ギリシャ	赤クラテル、ヘレネのトロイア到着	BC 00340	『世界美術大全集 4』(小学館) 図 152　p4-183
8	a-1	マンジ紋	r	ローマ	ポンペイ、デュオニュソス秘儀	BC 00050	『世界美術大全集 5』(小学館) 図 107　p5-180
68	a-1	卍	c	中国	景徳鎮窯	AD 01600	『発掘高島の昔』(岡山県埋蔵文化財センター) p15
38	a-1	マンジ紋	g	ベトナム	カツ族の村	AA 現代	『Underst'g katu Culture』(Thuan Hoa Publishing) p52
41	a-1	マンジ紋	g	ベトナム	サパ族女子服エリ	AA 現代	『Impression of Sapa』(Vina Publishing) p4
5	a-1	マンジ紋	h	雲南	Yao 族　スカート	AA 現代	展示品写真 (雲南民族博物館)
21	a-1	マンジ紋	h	雲南	納西族 行経模写	AA 現代	『中国の博物館　雲南博物館』(講談社) 図 179
30	a-1	マンジ紋	h	雲南	瑶族 Yao　スカート	AA 現代	『瑶族　雲南少数民族図庫』(雲南美術出版社) p44
23	a-3	渦マンジ紋	r	ギリシャ	ロドス島の皿	BC 00600	『世界美術大全集 3』(小学館) 図 115　p3-147
47	a-3	渦マンジ紋	r	ローマ	チェルヴェテリ	BC 00540	『世界美術大全集 5』(小学館) 図 53　p5-52
53	a-3	渦マンジ紋	c	中国	清、乾隆、盆	AA 現代	『世界美術大全集東洋編 9』(小学館) 図 256　p244
39	a-3	渦マンジ紋	g	ベトナム	カツ族の村	AA 現代	『Underst'g katu Culture』(Thuan Hoa Publishing) p52
6	a-3	渦マンジ紋	h	雲南	Yao 族　スカート	AA 現代	展示品写真 (雲南民族博物館)
14	a-3	渦卍j紋	h	雲南	ミャオ族	AA 現代	『中国の博物館　雲南博物館』(講談社) 図 187
31	a-3	渦卍紋	h	雲南	瑶族 Yao　スカート	AA 現代	『瑶族　雲南少数民族図庫』(雲南美術出版社) p44

3-13. マンジ紋 (a-1) の２次データ (紋様別・年代順)

その次に馴染みの多い「Ｓ字紋」(b-1) を示すが、日本にはＳ字紋と単渦紋が特に多く表れているため、バイカル湖文化の影響が長期にわたってかなり強く続いたと考えられる。だが西アジアに殆ど表れていないのは意外なことで、その原因がうまく説明できない。

Ｓ字紋の伝播ルートも、単渦紋の場合と同じく、土器の伝播ルート（東

3 統計学的アプローチと科学的な理論化

アジアを除く）に似ている代表的な紋様であり、各国の開始年代フローチャートを見れば、ほぼ土器開始年代順に始まっていることが理解できる。

さらに、土器伝播速度よりも、渦巻紋の伝播速度が早くなっていたことも分かった。その証明は「図3-37　紋様別・国別・最古級年代」の下の方に書いた数字（ⅰ‐ⅱ）で分かる。

No.	紋記号	紋様名		国名	出土地名	年代	引用資料名
4	b-1	S字紋	b	シベリア	イルクーツク市マルタ遺跡	BC 10000	『日本人はるかな旅』（NHK）図2-36　p39
142	b-1	S字紋	a	日本	鹿児島県上野原遺跡	BC 05500	展示品（鹿児島県上野原遺跡展示館）
2	b-1	S字紋	b	シベリア	アムール河下流ガネーシャ遺跡	BC 04400	『日本謎事典①縄文』（光文社）p160
7	b-1	S字紋	u	ブルガリア	トゥルゴヴィシュテ	BC 04000	『A History of Art』（Macmilan）
133	b-1	S字紋	a	日本	千葉県幸田遺跡	BC 03600	『日本の原始美術①縄文土器』（講談社）図40
14	b-1	S字紋	a	日本	山形県押出遺跡	BC 03500	『縄文土器出現』（講談社）図56 右奥
70	b-1	S字紋	r	ギリシャ	キクラデス島　フライパン	BC 03000	『エーゲ・ギリシャの古代文明』（講談社）図6　p78
57	b-1	S字紋	r	ギリシャ	キクラデス文化土器	BC 02700	『ギリシャの考古学』（同成社）図18　p58
7	b-1	S字紋	a	日本	富山県境A遺跡	BC 02500	『縄文土器出現』（講談社）図11
138	b-1	S字紋	a	日本	福島県石生遺跡	BC 02500	『日本の原始美術①縄文土器』（講談社）図91
24	b-1	S字紋	f	インド	モヘンジョダロ	BC 02500	『世界四大文明ガイド』（NHK）p45
37	b-1	S字紋	r	ギリシャ	シロス島	BC 02300	『世界美術大全集3』（小学館）図7　p3-24
10	b-1	S字紋	a	日本	多摩ニュータウン遺跡	BC 02100	『縄文土器出現』（講談社）図45
75	b-1	S字紋	r	ギリシャ	クノッソス宮殿イルカ壁画	BC 02000	『エーゲ・ギリシャの古代文明』（講談社）図6　p129
65	b-1	S字紋	r	ギリシャ	ミケーネ時代中期	BC 01800	『ギリシャの考古学』（同成社）図42-15　p156
72	b-1	S字紋	r	ギリシャ	カマレス式　碗	BC 01700	『エーゲ・ギリシャの古代文明』（講談社）図22　p91
21	b-1	S字紋	s	ウクライナ	コロミシチナ	BC 01700	『世界考古学大系12』（平凡社）図189　p84
5	b-1	S字紋	m	エジプト	テーベ　セネンムトの墓	BC 01600	『西アジア考古学3』（日本西アジア考古学会）p35
6	b-1	S字紋	r	ギリシャ	ミュケナイ、アルゴス土器	BC 01550	『世界美術大全集3』（小学館）図5　p3-23
2	b-1	S字紋	z	スウェーデン	岩壁画　エステルゲトランド	BC 01500	『世界考古学大系12』（平凡社）図177
7	b-1	S字紋	z	デンマーク		BC 01500	『世界考古学大系12』（平凡社）図240　p109
9	b-1	S字紋	m	エジプト	テーベ、ディール・アルマディーナ	BC 01400	『世界美術大全集2』（小学館）図86　p2-143
23	b-1	S字紋	v	ルーマニア	ビホールオトマーニ	BC 01200	『世界考古学大系12』（平凡社）図232　p106
69	b-1	S字紋	f	パキスタン	バルチスタン、土器	BC 01100	『世界考古学大系8 巻南アジア』（平凡社）図76　p48
2	b-1	S字紋	a	日本	千葉県堀之内貝塚	BC 01000	『全国古代遺跡ガイド』（小学館）p31
53	b-1	S字紋	r	ギリシャ	クレタ島　ハルハネス	BC 01000	『世界美術大全集3』（小学館）図47　p3-55

3-14. S字紋（b-1）の2次データ（紋様別・年代順）

次の「回紋 (b-2)」は、現代において多数見られる紋様だが、先史時代のデータ数が意外に少なく、サンプルが 25 個しか表れていないので先史、古代のデータ数が大変少ないという特徴を持つ。回紋は今でこそ世界でしばしば見られる普及した紋様であるが、その歴史はローマ時代以降になってギリシャ風のヨーロッパ式装飾紋様として世界に広まった遅出の紋様であることがその原因であろう。そのためこの図表データに表れにくいのだと思う。今は主に中華料理の皿のふちどりに使われているが、その中国でもこの図表に表れる古代のデータが大変少ない。

　日本では縄紋時代以来、この紋様がエキゾティクな異文化紋様とみなされてきたためか、現在もほとんど見かけないという同レベル文化が続いている。鹿児島県成川遺跡の回紋は、紋様がはっきりしない初期の紋様だろう（図 2-7 と紋様スケッチを参照）。

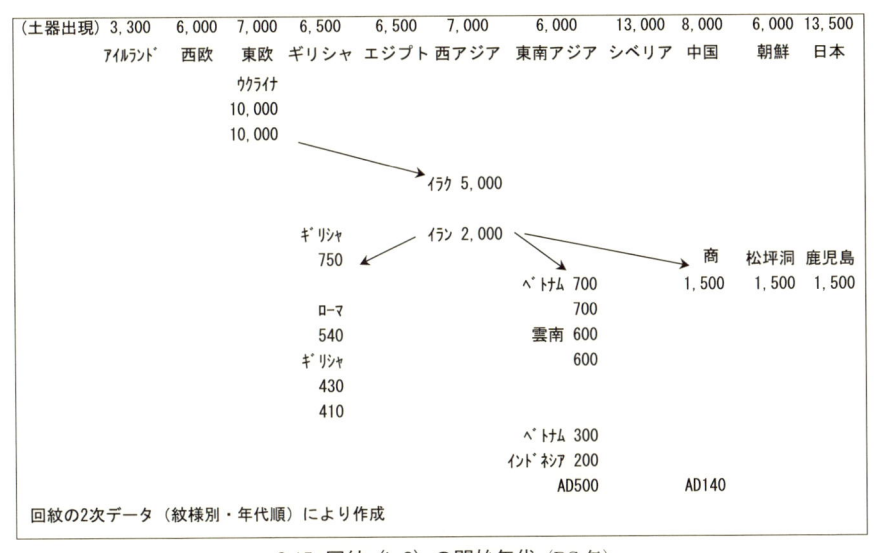

```
(土器出現) 3,300    6,000   7,000   6,500   6,500   7,000   6,000   13,000  8,000   6,000   13,500
         アイルランド  西欧   東欧    ギリシャ  エジプト  西アジア 東南アジア シベリア  中国    朝鮮    日本
                          ウクライナ
                          10,000
                          10,000
                                  ギリシャ         イラン 2,000
                                   750                                          商      松坪洞   鹿児島
                                                         ベトナム 700          1,500    1,500    1,500
                                   ローマ                        700
                                   540                    雲南  600
                                   ギリシャ                       600
                                   430
                                   410
                                                         ベトナム 300
                                                         インドネシア 200
                                                                AD500           AD140

回紋の2次データ（紋様別・年代順）により作成
```

3-15. 回紋 (b-2) の開始年代（BC 年）

3 統計学的アプローチと科学的な理論化

No.	紋記号	紋様名		国名	出土地名	年代	引用資料名
15	b-2	回紋	n	イラク	サマッラ期ベルリン博物館	BC 05000	『世界陶磁全集20』（小学館）図21
7	b-2	回紋	p	イラン	セキザバード	BC 02000	図録『岡山市立オリエント美術館』p28
143	b-2	回紋	a	日本	鹿児島県　成川遺跡	BC 01500	展示品（鹿児島県歴史資料センタ黎明館）
75	b-2	回紋	c	中国	酒温器／商　中	BC 01500	『近畿地方の弥生時代』（大阪弥生博物館）p3
14	b-2	回紋	d	朝鮮	松坪洞	BC 01500	『朝鮮半島の考古学』（同成社）図8-39
41	b-2	回紋	r	ギリシャ	ファレロン（アテネ）	BC 00750	『世界美術大全集3』（小学館）図87　p3-130
26	b-2	回紋	g	ベトナム	銅鼓面	BC 00700	『ベトナム銅鼓図録』（六興出版）p10　A-I-1
27	b-2	菱S字紋	g	ベトナム	銅鼓面	BC 00700	『ベトナム銅鼓図録』（六興出版）P10　A-I-4
23	b-2	菱S字紋	h	雲南	広南県　銅鼓3759	BC 00600	『銅鼓の形式と紋様の分類』（山川出版社）図12
27	b-2	回紋	h	雲南	広南県　銅鼓15384	BC 00600	『銅鼓の形式と紋様の分類』（山川出版社）図92
48	b-2	回紋	r	ローマ	チェルヴェテリ	BC 00540	『世界美術大全集5』（小学館）図53　p5-52
4	b-2	回紋	r	ギリシャ	アテナイ、クラテル	BC 00430	『ギリシャ美術』（岩波書店）序　図3
54	b-2	回紋	r	ギリシャ	ヘリペリデスの壺	BC 00410	『世界美術大全集4』（小学館）図131　p4-169
2	b-2	菱回紋	g	ベトナム	ダオティン銅器	BC 00300	展示品写真（ハノイ歴史博物館）
19	b-2	菱S字紋	i	インドネシア	西ヌサトンガラ州サンゲア島	BC 00200	『世界美術大全集東洋編12』（小学館）図198～200　p256
16	b-2	菱S字紋	i	インドネシア	スンバワ沖サンジャ島	AD 00500	『東南アジア世界の形成』（講談社）p32
12	b-2	菱S字紋	i	スウェーデン	サンギアン島	AD 00500	『Ancient History』（Archipelago Press）p39　①
26	b-2	回紋	e	米州	ペルー・リマ（レクワイ文化）	AD 00600	『世界美術大全集1』（小学館）図307　p1-315
71	b-2	回紋	c	中国	龍泉窯（トルコ）	AD 01400	『世界美術大全集東洋7』（小学館）図149　p211
23	b-2	回紋	e	米州	ペルー・リマ	AD 01450	『世界美術大全集1』（小学館）図269　p1-288

3-16. 回紋（b-2）の2次データ（紋様別・年代順）

　その次に「双頭紋」（c-1）の説明である。双頭紋の場合は、アイルランド、中国、日本の3カ国が飛び抜けて早い。しかしBC3,000～BC2,000年ごろは、これら3カ国の間にまだ直通の文化伝播ルートがなかったため、この紋様は夫々の国において独自にS字紋からモディファイして始まったものと考えられる。日本の古墳壁画に描かれた双頭紋は、古代になってから大陸から伝えられたものではなく、縄紋時代からの継承であろうことが、フローチャートから理解できる。

No.	紋記号	紋様名		国名	出土地名	年代	引用資料名
3	c-1	双頭紋	a	日本	岐阜県堂之上遺跡	BC 02500	『全国古代遺跡ガイド』(小学館) p3-48
73	c-1	双頭紋	c	中国	大甸子	BC 02000	『東北アジアの考古学』(同成社) 図49 p122
66	c-1	双頭紋	c	中国	江西省新干県	BC 01100	『世界美術大全集東洋1』(小学館) 図79 p125
29	c-1	双頭紋	h	雲南	広南県 銅鼓3492	BC 00600	『銅鼓の形式と紋様の分類』(山川出版社) 図115
2	c-1	双頭紋	n	イラク	新バビロニアネ2世玉座の間	BC 00600	『グランド世界美術2』(講談社) 図24
22	c-1	双頭紋	r	ギリシャ	ロドス島の皿	BC 00600	『世界美術大全集3』(小学館) 図115 p4-147
24	c-1	双頭紋	a	日本	青森県十腰内遺跡	BC 00500	『北の誇り亀ヶ岡文化』(青森県教育委員会) p31
33	c-1	双頭紋	a	日本	青森県土井1号遺跡岩版	BC 00500	『北の誇り亀ヶ岡文化』(青森県教育委員会) p121
35	c-1	双頭紋	a	日本	青森県明戸遺跡	BC 00500	『北の誇り亀ヶ岡文化』(青森県教育委員会) p121
48	c-1	双頭紋	a	日本	茨城二十五里遺跡	BC 00500	『縄文の神秘』(学研) 図101
34	c-1	双頭紋	f	インド	ペルセポリスの柱	BC 00500	『インド美術史』(吉川弘文館) p20
35	c-1	双頭紋	f	インド	デルフォイスのスフィンクス柱	BC 00500	『インド美術史』(吉川弘文館) p20
3	c-1	双頭紋	h	雲南	壁画	BC 00500	展示品写真(雲南民族博物館)
4	c-1	双頭紋	n	イラク	スーサ、グリフィン壁画	BC 00500	『グランド世界美術2』(講談社) 図50
1	c-1	双頭紋	x	フランス	(ケルト人社会) デスパラー	BC 00500	『世界の考古学3』(福武書店) p145
66	c-1	双頭紋	f	インド	バールフト遺跡 ヤクシ像	BC 00100	『世界美術大全集東洋13』(小学館) 図17 p27
79	c-1	双頭紋	a	日本	岡山県高塚	AD 00100	『祭の鐘銅鐸』(講談社) 図129
11	c-1	双頭紋	y	スペイン	Centcelles ドームモザイク	AD 00400	『世界美術大全集7』(小学館) 図104 p7-169
66	c-1	双頭紋	a	日本	福岡県王塚古墳	AD 00550	『描かれた黄泉の世界王塚古墳』(新泉社) p47
85	c-1	双頭紋	a	日本	平城宮跡	AD 00600	『日本の美術 唐草紋』(至文堂) 57図
5	c-1	双頭紋	d	朝鮮	平安南道 徳花里壁画	AD 00600	『世界美術大全集東洋10』(小学館) p66
89	c-1	双頭紋	a	日本	高松塚古墳	AD 00700	『日本の美術 唐草紋』(至文堂) 87図
42	c-1	双頭紋	c	中国	唐	AD 00800	『天理参考館常設展示図録』p85
8	c-1	双頭紋	d	朝鮮	新羅、慶州、皇南洞	AD 00800	『装飾古墳が語るもの』(吉川弘文館) 図79 p55
20	c-1	双頭紋	w	アイルランド	ダブリン「ケルズの書」	AD 00800	『世界美術大全集7』(小学館) 図91 p7-159

3-17. 双頭紋(c-1)の2次データ(紋様別・年代順)

　その次に現れる火炎紋という名称は、単なる形状の名称であり、実際の火炎崇拝文化とは関係がないようである。BC時代のデータが7個だけであり、ゾロアスター教(拝火教)発祥地であるペルシャにこの紋様が見当たらないからである。

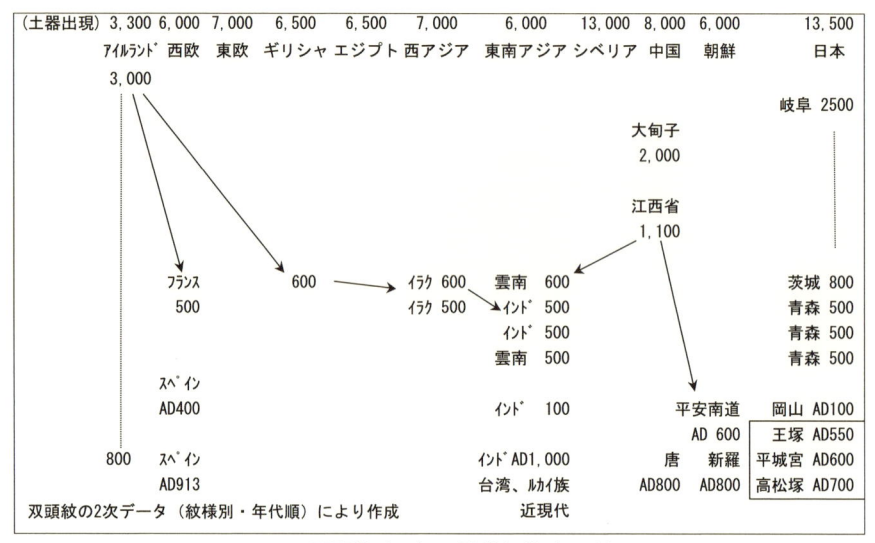

3 統計学的アプローチと科学的な理論化

(土器出現)	3,300	6,000	7,000	6,500	6,500	7,000	6,000	13,000	8,000	6,000		13,500
	ｱｲﾙﾗﾝﾄﾞ	西欧	東欧	ギリシャ	エジプト	西アジア	東南アジア	シベリア	中国	朝鮮		日本
	3,000											
												岐阜 2500
								大旬子				
								2,000				
								江西省				
								1,100				
			フランス		600		イラク 600	雲南 600				茨城 800
			500				イラク 500	インド 500				青森 500
								インド 500				青森 500
								雲南 500				青森 500
			スペイン									
			AD400					インド 100			平安南道	岡山 AD100
										AD 600	王塚 AD550
								インド AD1,000		唐 新羅	平城宮 AD600
	800		スペイン					台湾、ルカイ族		AD800 AD800	高松塚 AD700
			AD913					近現代			

双頭紋の2次データ（紋様別・年代順）により作成

3-18. 双頭紋 (c-1) の開始年代（BC年）

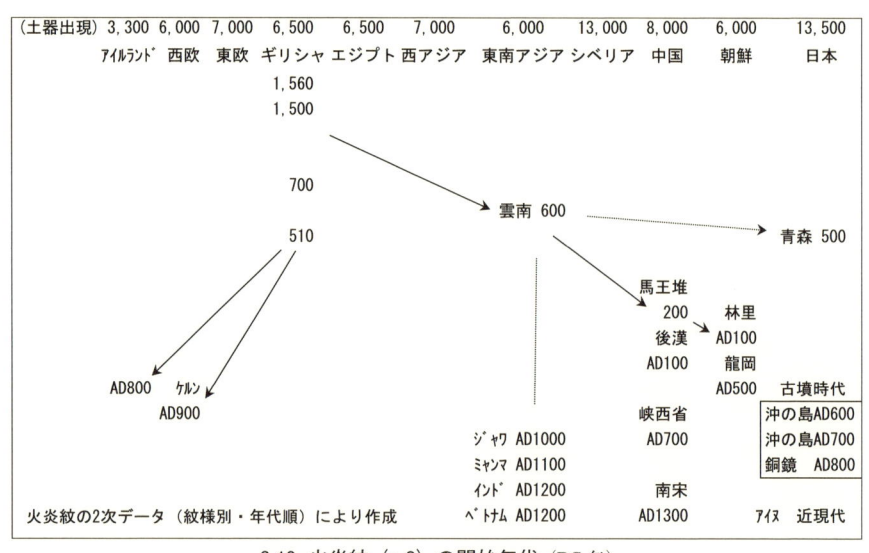

(土器出現)	3,300	6,000	7,000	6,500	6,500	7,000	6,000	13,000	8,000	6,000	13,500
	ｱｲﾙﾗﾝﾄﾞ	西欧	東欧	ギリシャ	エジプト	西アジア	東南アジア	シベリア	中国	朝鮮	日本
				1,560							
				1,500							
				700							
								雲南 600			青森 500
				510							
								馬王堆 200	林里 AD100		
								後漢 AD100	龍岡 AD500		古墳時代
		AD800 ケルン						峽西省			沖の島 AD600
		AD900									沖の島 AD700
											銅鏡 AD800
							ジャワ AD1000		AD700		
							ミャンマ AD1100				
							インド AD1200	南宋			
							ベトナム AD1200	AD1300		アイヌ 近現代

火炎紋の2次データ（紋様別・年代順）により作成

3-19. 火炎紋 (c-2) の開始年代（BC年）

44

No.	紋記号	紋様名		国名	出土地名	年代	引用資料名
18	c-2	火炎紋	r	ギリシャ	ザクロ（クレタ島）	BC 01560	『世界美術大全集 3』（小学館）図 64　p384
39	c-2	火炎紋	r	ギリシャ	カサルマ	BC 01500	『世界美術大全集 3』（小学館）図 87　p3-110
43	c-2	火炎紋	r	ギリシャ	テラ島西の家 4 室、可動陣幕	BC 00700	『世界美術大全集 3』（小学館）図 258　p3-317
25	c-2	火炎紋	h	雲南	広南県　銅鼓 3471	BC 00600	『銅鼓の形式と紋様の分類』（山川出版社）図 40
45	c-2	火炎紋	r	ギリシャ	（エウフロ=オス）クラテル	BC 00510	『世界美術大全集 3』（小学館）図 217　p3-299
25	c-2	火炎紋	a	日本	青森県十腰内遺跡	BC 00500	『北の誇り亀ヶ岡文化』（青森県教育委員会）p31 下右
20	c-2	火炎紋	c	中国	湖南省馬王堆 1 号刺繍	BC 00200	『世界美術大全集東洋 2』（小学館）図 210　p276
39	c-2	火炎紋	c	中国	前漢期　金メッキ鏡	AD 00100	『天理参考館常設展示図録』p81
16	c-2	火炎紋	d	朝鮮	全羅南道新林里 9 号墳	AD 00100	『韓国の歴史』（河出書房）p18
11	c-2	火炎紋	d	朝鮮	平安南道龍崗巴　天井画	AD 00500	『世界美術大全集東洋 10』（小学館）図 19　p38
101	c-2	火炎紋	a	日本	沖ノ島、馬金具	AD 00600	『装飾古墳が語るもの』（吉川弘文館）p131
88	c-2	火炎紋	a	日本	福岡県沖の島	AD 00700	「日本の美術　唐草紋」（至文堂）図 65
70	c-2	火炎紋	c	中国	陝西省西安市向家村	AD 00700	『世界美術大全集東洋 4』（小学館）図 42、43　p52
90	c-2	火炎紋	a	日本	正倉院 銅鏡	AD 00800	「日本の美術　唐草紋」（至文堂）図 95
19	c-2	火炎紋	w	アイルランド	ダブリン「ケルズの書」	AD 00800	『世界美術大全集 7』（小学館）図 91　p7-159
3	c-2	火炎紋	z	ドイツ	ケルン、　櫛	AD 00900	『世界美術大全集 7』（小学館）図 273　p7-323
11	c-2	火炎紋	i	インドネシア	プランバナン回廊彫刻	AD 01000	寺院外壁写真（プランバナン寺院）
71	c-2	火炎紋	i	インドネシア	中部ジャワ、プランバナン	AD 01000	『個人旅行インドネシア』（昭文社）p172
13	c-2	火炎紋	j	ミャンマー	マンダレー・パガン　ナンパヤー	AD 01100	『世界美術大全集東洋 12』（小学館）図 155　p155
21	c-2	火炎紋	f	インド	カジュラホ（王と従者）	AD 01200	寺院外壁写真（ガジュラホ寺院）
22	c-2	火炎紋	g	ベトナム	クイニオン・ビンディン遺跡	AD 01200	『チャンパ王国の遺跡と文化』（トヨタ財団）p43
30	c-2	火炎紋	c	中国	南宋　長方盆	AD 01300	『世界美術大全集東洋 6』（小学館）図 204　p233
43	c-2	火炎紋	c	中国	景徳鎮窯（ジャカルタ保存）	AD 01400	図録『ジャカルタ国立博物館』p59
31	c-2	火炎紋	g	ベトナム	フンイエン省，大楽寺	AD 01500	『世界美術大全集東洋 12』（小学館）図 63
43	c-2	火炎紋	i	インドネシア	アロル島　銅鼓	AD 01500	『世界美術大全集東洋 12』（小学館）図 174　p310
44	c-2	火炎紋	c	中国	景徳鎮窯（ジャカルタ保存）	AD 01600	図録『ジャカルタ国立博物館』p 60

3-20. 火炎紋（c-2）の 2 次データ（紋様別・年代順）

　ゾロアスター教はアケメネス朝（BC550〜）以前のペルシャに始まり、7 世紀にササン朝ペルシャがイスラム軍に支配されたため信徒がインドのムンバイ地方に亡命し、今もインドに存続する伝統的な宗教であるが、図表で見る限り火炎紋はゾロアスター教と無関係といえる。

　火が人工的に利用されるようになった歴史はおそく、はるか遠い原始時代から自然現象として火が発生していた。ギリシャでは火の神（Ignis）が

3 統計学的アプローチと科学的な理論化

自然神として信仰され、その結果ギリシャで火炎紋が始まったのかもしれない。

日本の古墳時代の火炎紋は縄紋時代からの継承と考えられる。理由はアイヌにこの紋様が伝わっているからで、アイヌが住む北海道では弥生文化が伝わらなかったにもかかわらず、アイヌがこの紋様を使っているため、それは縄紋時代からの継承であろう。

＊

次は「四頭紋」(c-3) と「四渦紋」(a-2) である。

No.	紋記号	紋様名		国名	出土地名	年代	引用資料名
59	c-3	四頭紋	a	日本	岩手県大日向Ⅱ遺跡	BC 00500	展示図録（東北歴史博物館）p16
147	c-3	四渦紋	a	日本	青森県明戸遺跡	BC 00500	『北の誇り亀ヶ岡文化』（青森県教育委員会）p177
23	c-3	四頭紋	g	ベトナム	タインホア省、マッソン	BC 00300	『世界美術大全集東洋 12』（小学館）図2 p10
25	c-3	四頭紋	c	中国	河北省満城県	BC 00200	『世界美術大全集東洋 2』（小学館）図88 p 160
1	c-3	四頭紋	d	朝鮮	半島南部	BC 00200	『歴史発掘 金属器登場』（講談社）図2
77	c-3	四頭紋	a	日本	兵庫県渦森遺跡	AD 00100	『祭の鐘銅鐸』（講談社）図 34
5	c-3	四頭紋	w	アイルランド	キリスト受難飾板アスローン	AD 00800	『世界美術大全集 7』（小学館）図 191
43	c-3	四頭紋	e	米州	エクアドル、グアヤス盆地	AD 01000	『アメリカの先史化』（学生社）図 57 p111
18	c-3	四頭紋	g	ベトナム	枕カバー　角H	AA 現代	ステージ写真（ホイアン）
42	c-3	四頭紋	g	ベトナム	サパ族女子服帯状 角型	AA 現代	『Impression of Sapa』（Vina Publishing）p35
69	c-3	四頭紋	i	マレーシア	サラクワ　スカート	AA 現代	『Arts of Southeast Asia』（Powerhouse）p38
22	c-3	四頭紋	k	ポリネシア	街の地図の枠	AA 現代	（現地道路地図の写真）

3-21. 四頭紋（c-3）の2次データ（紋様別・年代順）

No.	紋記号	紋様名		国名	出土地名	年代	引用資料名
35	a-2	四渦紋	r	ギリシャ	ヴルチ　壺	BC 00540	『世界美術大全集 3』（小学館）図 162 p3-206
37	a-2	四渦紋	a	日本	青森県是川中居遺跡	BC 00500	『北の誇り亀ヶ岡文化』（青森県教育委員会）p122
34	a-2	四渦紋	r	ギリシャ	ロドス島　カメイロス	BC 00460	『世界美術大全集 4』（小学館）図 31 p4-364
21	a-2	四渦紋	g	ベトナム	座ぶとんカバー　角型	AA 現代	商品写真（ハノイ商店）
21	a-2	四渦紋	i	インドネシア	スラウェシ、トラジャ	AA 現代	『Arts of Southeast Asia』（Powerhouse）p6

3-22. 四頭紋（a-2）の2次データ（紋様別・年代順）

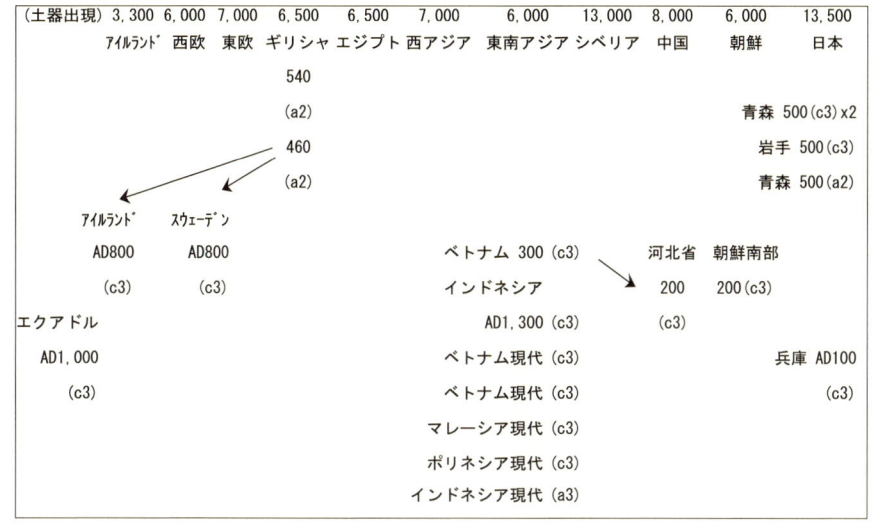

```
(土器出現) 3,300  6,000  7,000   6,500   6,500   7,000   6,000   13,000   8,000   6,000   13,500
         アイルランド  西欧  東欧  ギリシャ  エジプト  西アジア  東南アジア シベリア  中国    朝鮮    日本
                              540
                              (a2)
                                                                              青森 500(c3)×2
                              460                                             岩手 500(c3)
                              (a2)
                                                                              青森 500(a2)
     アイルランド  スウェーデン
     AD800    AD800                    ベトナム 300(c3)      河北省  朝鮮南部
     (c3)     (c3)                      インドネシア           200   200(c3)
                                        AD1,300(c3)         (c3)
  エクアドル
  AD1,000                                ベトナム現代(c3)                        兵庫 AD100
  (c3)                                   ベトナム現代(c3)                        (c3)
                                        マレーシア現代(c3)
                                        ポリネシア現代(c3)
                                        インドネシア現代(a3)
```

3-23. 四頭紋（c-3）、四渦紋（a-2）の開始年代（BC 年）

2 紋の形状が類似のため、フローチャートは 1 枚にまとめてみた。

「四渦紋」（a-2）はギリシャと日本で殆ど同時に始まったが、当時の両国間に直接伝播のルートが見えないため、両国でそれぞれ独自に始まったと考えられる。「四頭紋」（c-3）は日本で始まってアジアに広まったようにも見えるが、それが突如北欧のスウェーデンとアイルランドに現れたことは、やはり独自に始まったと見るべきだろう

次の「ジョイント紋」（c-4）は各地でばらばらに現れており、使用国も限定されているため、おそらく各地でそれぞれ独自に始まったと思われる。

No.	紋記号	紋様名		国名	出土地名	年代	引用資料名
36	c-4	ジョイント紋	a	日本	秋田市戸平川遺跡	BC 00500	「地域展'99 縄文時代の秋田」（秋田県立博物館）p4 右上
146	c-4	ジョイント紋	a	日本	青森県明戸遺跡	BC 00500	『北の誇り亀ヶ岡文化』（青森県教育委員会）p121
7	c-4	ジョイント紋	w	アイルランド	トリニティ大学カーペット	AD 00680	『世界美術大全集7』（小学館）図84 p7-153
18	c-4	ジョイント紋	w	アイルランド	ダブリン「ケルズの書」	AD 00800	『世界美術大全集7』（小学館）図91 p7-159
24	c-4	ジョイント紋	w	アイルランド	ダブリン	AD 00800	『世界美術大全集7』（小学館）図92 p7-160
4	c-4	ジョイント紋	z	スウェーデン	ストックホルム写本、ヨハネの肖像	AD 00800	『世界美術大全集7』（小学館）図179 p222
4	c-4	ジョイント紋	i	インドネシア	ムンティラン（ランプ）	AD 01300	図録『ジャカルタ国立博物館』p45

3-24. ジョイント紋（c-4）の 2 次データ（紋様別・年代順）

3 統計学的アプローチと科学的な理論化

No.	紋記号	紋様名	国名	出土地名	年代	引用資料名
131	d-1	J字紋	a 日本	北海道函館中野遺跡	BC 06000	『日本の謎事典①縄文』（光文社）p47
8	d-1	J字紋	u ブルガリア	グラデシュニツア	BC 06000	『ブルガリアの遺宝』（日本テレビ文化事業団）p13
11	d-1	J字紋	u ブルガリア	スターラ・ザゴラ	BC 06000	『ブルガリアの遺宝』（日本テレビ文化事業団）図1 p67
10	d-1	J字紋	u ブルガリア	ノーバ・ザゴラ	BC 05000	『ブルガリアの遺宝』（日本テレビ文化事業団）図14 p32
72	d-1	J字紋	c 中国	紅山文化（遼西）	BC 03700	『東北アジアの考古学』（同成社）図35 p92
132	d-1	J字紋	a 日本	千葉県幸田遺跡	BC 03600	『日本の原始美術①縄文土器』（講談社）図40
11	d-1	J字紋	a 日本	山形県押出遺跡	BC 03500	『縄文土器出現』（講談社）図56 左奥
13	d-1	J字紋	d 朝鮮	西浦項3期 26号住居跡	BC 03500	『朝鮮半島の考古学』（同成社）図8-17
74	d-1	J字紋	a 日本	宮城県西林山遺跡	BC 03200	『縄紋土器大観1』（小学館）p120 #449
4	d-1	J字紋	a 日本	岐阜県堂之上遺跡	BC 02500	『全国古代遺跡ガイド』（小学館）p48
9	d-1	J字紋	c 中国	山西省裏汾県	BC 02500	『世界美術大全集東洋1』（小学館）図39 p48
1	d-1	J字紋	v ルーマニア	トルセスティ、ククテニ文化	BC 02500	『先史時代のヨーロッパ』（福武書店）p25
18	d-1	J字紋	a 日本	長野県曽利遺跡	BC 02300	『縄文土器出現』（講談社）図72
71	d-1	J字紋	r ギリシャ	クノッソス宮殿中期ミノス	BC 02000	『エーゲ・ギリシャの古代文明』（講談社）図17 p88
63	d-1	J字紋	r ギリシャ	ミケーネ時代中期	BC 01800	『ギリシャの考古学』（同成社）図42-2 p156
7	d-1	J字紋	m エジプト	レクミラの墓	BC 01500	『西アジア考古学3』（日本西アジア考古学会）p36
3	d-1	J字紋	m エジプト	tomb of Nakbt, Thebes ナクトの墓	BC 01400	『世界美術大全集3』（小学館）図330 p2-332
33	d-1	J字紋	r ギリシャ	クレタ島 クノッソス近郊	BC 01400	『世界美術大全集3』（小学館）図32 p3-46
67	d-1	J字紋	r ギリシャ	ミケーネ時代後期	BC 01400	『ギリシャの考古学』（同成社）図44 p158
24	d-1	J紋	v ルーマニア	ブクレシュティ・ノイ	BC 01200	『世界考古学大系12』（平凡社）図233 p106
29	d-1	J字紋	c 中国	西周 taotie pattern	BC 01000	『天理参考館常設展示図録』p76
8	d-1	J字紋	e 米州	ペルー、チャビンデワンタル遺跡	BC 00800	『世界美術大全集1』（小学館）図212 p1-254
3	d-1	J字紋	j タイ	バーンチェン、土器	BC 00800	『世界美術大全集東洋12』（小学館）図210 p262
17	d-1	J字紋	j フィリピン	パラワン島	BC 00800	『世界美術大全集東洋12』（小学館）図218 p265
42	d-1	J字紋	r ギリシャ	アトラトスの画家	BC 00700	『世界美術大全集3』（小学館）図105 p3-141
1	d-1	J字紋	n イラク	新バビロニアネ2世座の間	BC 00600	『グランド世界美術2』（講談社）図24

3-25. J字紋（d-1）の2次データ（紋様別・年代順）

　J字紋（d-1）は、シベリアのデータがないため、日本とブルガリアで同じころに始まった理由が不明である。恐らく中間のシベリアが関係しているであろうと思われるが、それは幻のデータとしてここにも表れない。
　この紋様は世界各地で広範囲に使われているポピュラーな紋様であり、データ数が多いため、形状は単純に見えても伝播によって広まったであろうと考えられる。
　L字紋（d-2）はJ字紋（d-1）の変形とも考えられるが、主として中国と

中南米に多く見られ、その他にあまり出てこないという地域的特殊性がある。そのためL字紋は各地で独自に始まった可能性が高い。

No.	紋記号	紋様名		国名	出土地名	年代	引用資料名
11	d-2	L字紋	c	中国	河南省殷墟	BC 01300	『世界美術大全集東洋1』（小学館）図39 p48
59	d-2	L字紋	c	中国	殷	BC 01300	『世界美術大全集東洋1』（小学館）図60 p71
6	d-2	L字紋	c	中国	西周期	BC 01100	「月報」（『世界美術大全集東洋1』）（小学館）p10
46	d-2	L字紋	c	中国	西周・陝西省扶風	BC 01000	『世界四大文明』（NHK）p60
30	d-2	L字紋	e	米州	ペルー、チャビン文化	BC 01000	『アメリカの先史文化』（学生社）p97
38	d-2	L字紋	e	米州	ペルー、チャビン文化	BC 01000	『アメリカの先史文化』（学生社）p97
15	d-2	L字紋	c	中国	河南省三門峡	BC 00800	『世界美術大全集東洋1』（小学館）図101 p101
52	d-2	L字紋	f	インド	ダーメクストーパ、サールナート	AD 00600	『世界美術大全集東洋13』（小学館）p15
15	d-2	L字紋	e	米州	メキシコ・マヤ（シチョカルゴ遺跡）	AD 00700	『世界美術大全集1』（小学館）図382 p1-366
25	d-2	L字紋	e	米州	メキシコ　チカンナの神殿2号	AD 00800	『世界美術大全集1』（小学館）図120 p1-140
39	d-2	L字紋	i	インドネシア	ダヤク族、西カリマンタン	AA 現代	『天理参考館常設展示図録』p31
5	d-2	L字紋	g	ベトナム	聖観像	AA 現代	展示品写真（ハノイ歴史博物館）

3-26. L字紋（d-2）の2次データ（紋様別・年代順）

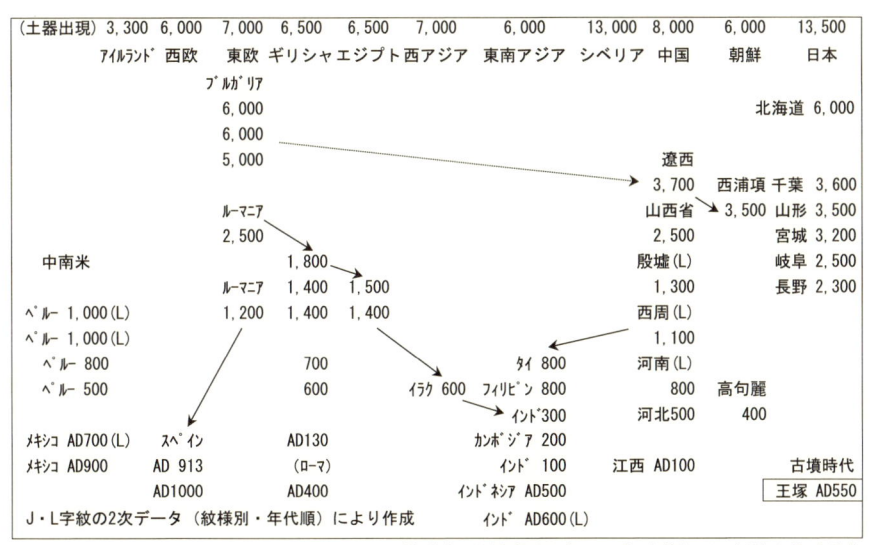

```
（土器出現） 3,300  6,000   7,000  6,500  6,500  7,000   6,000   13,000  8,000   6,000   13,500
           アイルランド 西欧  東欧  ギリシャ エジプト 西アジア 東南アジア シベリア  中国    朝鮮    日本
                    ブルガリア
                    6,000                                                       北海道 6,000
                    6,000
                    5,000                                              遼西
                                                                      3,700  西浦項 千葉 3,600
                                                                      山西省 → 3,500 山形 3,500
                    ルーマニア                                          2,500        宮城 3,200
          中南米     2,500                                              殷墟(L)       岐阜 2,500
                             1,800                                    1,300       長野 2,300
                    ルーマニア 1,400  1,500                              西周(L)
          ペルー 1,000(L)  1,200  1,400  1,400                          1,100
          ペルー 1,000(L)
          ペルー 800           700                    タイ 800         河南(L)
          ペルー 500           600           イラク 600 フィリピン 800     800      高句麗
                                                                              400
          メキシコ AD700(L)  スペイン   AD130            カンボジア 200            
          メキシコ AD900    AD 913   （ローマ）         インド 100    江西 AD100   古墳時代
                          AD1000   AD400   インドネシア AD500                  王塚 AD550
     J・L字紋の2次データ（紋様別・年代順）により作成      インド AD600(L)
```

（年代右に(L)を付けたものが「L字紋」、それ以外は「J字紋」）

3-27. J字（d-1）・L字（d-2）の開始年代（BC年）

次に示す「わらび手紋」（e-1）は世界的にポピュラーである。アイヌはわらび手紋を使っているから、古墳壁画の「わらび手紋」は当時の大陸渡来ではない（チャートの中で、紋様名無記入は「わらび手紋」）。

49

3 統計学的アプローチと科学的な理論化

No.	紋記号	紋様名	国名	出土地名	年代	引用資料名
17	e-1	蕨手紋	p	イラン	シアルクIII	BC 03500	『西アジアの初期農耕文化』(山川出版) 図版15
5	e-1	蕨手紋	z	ドイツ	ドナウ、テューリンケン	BC 03000	『世界考古学大系12』(平凡社) 図178 p79
5	e-1	蕨手紋	a	日本	岐阜県堂之上遺跡	BC 02500	『全国古代遺跡ガイド』(小学館) p48
26	e-1	蕨手紋	f	インド	モヘンジョダロ ビーズ	BC 02500	『世界四大文明ガイド』(NHK) p52
3	e-1	蕨手紋	q	トルコ	トルコ	BC 02300	『世界美術大全集東洋16』(小学館) 図144 p161
4	e-1	蕨手紋	q	トルコ	トルコ	BC 02300	『世界美術大全集東洋16』(小学館) 図145 p161
9	e-1	蕨手紋	a	日本	多摩ニュータウン遺跡	BC 02100	『縄文土器出現』(講談社) 図45
28	e-1	蕨手紋	f	インド	バナーワリー つぼ型土器	BC 02000	『世界四大文明ガイド』(NHK) p75
61	e-1	蕨手紋	r	ギリシャ	古宮殿時代	BC 02000	『ギリシャの考古学』(同成社) 図24 p85
4	e-1	蕨手紋	c	中国	夏王朝初代禹王九鼎	BC 01600	『月報』(『世界美術大全集東洋1』(小学館) p10
19	e-1	蕨手紋	r	ギリシャ	ミュケナイ、六角箱	BC 01550	『ギリシャ美術』(岩波書店) 図31 p51
47	e-1	蕨手紋	c	中国	甘粛省辛店甲遺跡	BC 01500	『世界古代文化史』(講談社) 図39 p326
49	e-1	蕨手紋	c	中国	甘粛省辛店甲遺跡	BC 01500	『世界古代文化史』(天理大学) p326
54	e-1	蕨手紋	c	中国	殷	BC 01500	『世界美術大全集東洋1』(小学館) 図54 p64
63	e-1	蕨手紋	c	モンゴル	内モンゴル自治区大甸子	BC 01500	『世界美術大全集東洋1』(小学館) 図151 p124
1	e-1	蕨手紋	z	スウェーデン	岩壁画 エステルケトランド	BC 01500	『世界考古学大系12』(平凡社) 図177
20	e-1	蕨手紋	r	ギリシャ	イアリリス(ロドス島)	BC 01400	『世界美術大全集3』(小学館) 図95 p3-114
31	e-1	蕨手紋	r	ギリシャ	クレタ島 クノッソス近郊	BC 01400	『世界美術大全集3』(小学館) 図32 p3-46
22	e-1	蕨手紋	v	ルーマニア	ブクルシュティ・ノイ	BC 01200	『世界考古学大系12』(平凡社) 図233 p116
44	e-1	蕨手紋	r	ギリシャ	テラ島西の家4室、可動陣幕	BC 00700	『世界美術大全集3』(小学館) 図258 p3-317
46	e-1	蕨手紋	a	日本	秋田琴丘高石野遺跡	BC 00500	『縄文の神秘』(学研) 図51
21	e-1	蕨手紋	a	日本	青森県川原遺跡ツボ	BC 00500	『北の誇り亀ヶ岡文化』(青森県教育委員会) p4
27	e-1	蕨手紋	a	日本	青森県長森遺跡	BC 00500	『北の誇り亀ヶ岡文化』(青森県教育委員会) p71 中右
32	e-1	蕨手紋	a	日本	青森県小向遺跡	BC 00500	『北の誇り亀ヶ岡文化』(青森県教育委員会) p119 上
39	e-1	蕨手紋	a	日本	青森県野面平遺跡	BC 00500	『北の誇り亀ヶ岡文化』(青森県教育委員会) p127
49	e-1	蕨手紋	r	ローマ	クラテル 鐘型	BC 00400	『世界美術大全集4』(小学館) 図148 p4-181
23	e-1	蕨手紋	c	中国	陝西省咸陽市	BC 00400	『世界美術大全集東洋3』(小学館) 図199 p205
16	e-1	蕨手紋	r	ギリシャ	クレタ島(百合の壁)	BC 00400	『世界美術大全集3』(小学館) 図26 p3-41

3-28. わらび手紋(e-1)の2次データ (紋様別・年代順)

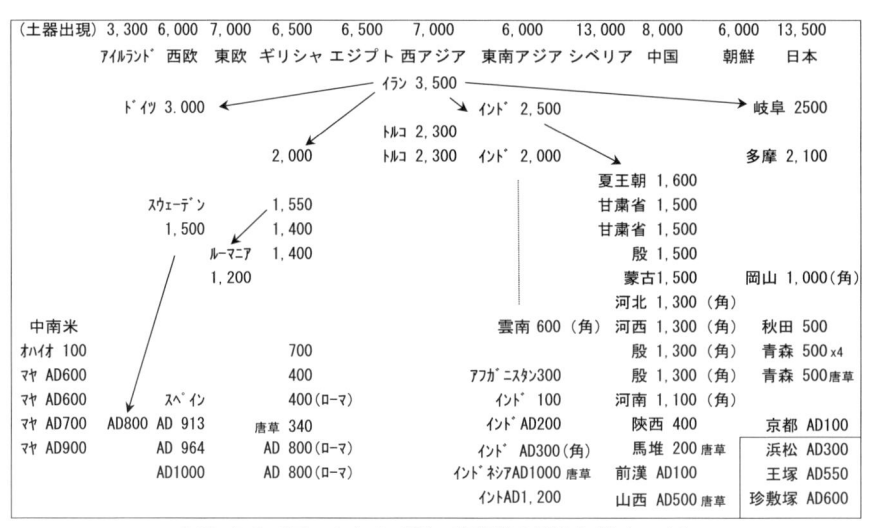

```
(土器出現) 3,300  6,000  7,000  6,500  6,500  7,000  6,000  13,000  8,000  6,000  13,500
          アイルランド 西欧  東欧  ギリシャ  エジプト  西アジア  東南アジア  シベリア  中国  朝鮮  日本
                                           ← イラン 3,500
          ドイツ 3.000 ←                                  → インド 2,500              → 岐阜 2500
                                     トルコ 2,300
                          2,000      トルコ 2,300     インド 2,000                     多摩 2,100
                                                                      夏王朝 1,600
                                                                      甘粛省 1,500
                     スウェーデン  1,550                                  甘粛省 1,500
                          1,500     1,400                              殷 1,500
                                ルーマニア 1,400                         蒙古 1,500    岡山 1,000(角)
                                     1,200                            河北 1,300(角)
中南米                                                                                
オハイオ 100                            700                   雲南 600(角) 河西 1,300(角) 秋田 500
マヤ AD600                              400                アフガニスタン300 殷 1,300(角) 青森 500×4
マヤ AD600                              400(ローマ)         インド 100    殷 1,300(角) 青森 500唐草
マヤ AD700        スペイン                唐草 340                         河南 1,100(角)
マヤ AD900        AD800 AD913           AD 800(ローマ)      インド AD200  陝西 400    京都 AD100
                 AD 964                AD 800(ローマ)      インド AD300(角) 馬堆 AD300 浜松 AD300
                 AD1000                                  インドネシアAD1000唐草 前漢 AD100 王塚 AD550
                                                         インドAD1,200  山東 AD500唐草 珍敷塚 AD600
```

3-29. わらび手・角わらび手・唐草紋の開始年代 (BC年)

No.	紋記号	紋様名		国名	出土地名	年代	引用資料名
58	e-2	茸紋	a	日本	栃木県坊山遺跡	BC 03000	『よみがえる縄文人』（氏家ミュジアム）図 145 左
66	e-2	キノコ紋	r	ギリシャ	ミケーネ時代中期	BC 02500	『ギリシャの考古学』（同成社）図 41　p154
7	e-2	キノコ紋	c	中国	河南省偃師市	BC 01900	『世界美術大全集東洋 1』（小学館）図 49　p62
10	e-2	キノコ紋	c	中国	安徽省阜南県	BC 01600	『世界美術大全集東洋 1』（小学館）図 39　p48
55	e-2	キノコ紋	c	中国	殷	BC 01500	『世界美術大全集東洋 1』（小学館）図 54　p64
65	e-2	キノコ紋	c	モンゴル	内モンゴル自治区大甸子	BC 01500	『世界美術大全集東洋 1』（小学館）図 151　p124
12	e-2	キノコ紋	c	中国	北京市琉璃河	BC 01100	『世界美術大全集東洋 1』（小学館）図 146　p122
61	e-2	キノコ紋	c	中国	陝西省史家塚	BC 01100	『世界美術大全集東洋 1』（小学館）図 85　p89
28	e-2	キノコ紋	c	中国	西周 taotie pattern	BC 01000	『天理参考館常設展示図録』p76
26	e-2	キノコ紋	a	日本	青森県は川中居遺跡	BC 00500	『北の誇り亀ヶ岡文化』（青森県教育委員会）p69 下左
45	e-2	キノコ紋	a	日本	北海道白老町社台 1	BC 00500	『縄文の神秘』（学研）図 28
26	e-2	キノコ紋	c	中国	河北省隋州市	BC 00500	『世界美術大全集東洋 2』（小学館）図 248　p232
1	e-2	キノコ紋	w	イギリス	バタシー出土　楯	BC 00500	『世界の考古学 3』（福武書店）p142
24	e-2	キノコ紋	c	中国	陝西省咸陽市	BC 00400	『世界美術大全集東洋 3』（小学館）図 199　p205
33	e-2	キノコ紋	c	中国	戦国　鏡	BC 00400	『天理参考館常設展示図録』p 81
9	e-2	キノコ紋	w	アイルランド	トリニティ大学　カーペット	AD 00680	『世界美術大全集 7』（小学館）図 84　p7-153
23	e-2	キノコ紋	f	インド	カジュラホ	AD 01200	寺院外壁写真（ガジュラホ寺院）
53	e-2	キノコ紋	i	インドネシア	パダン、チャンディプロ	AD 01300	『INDONESIAN HERITAGE』（Archipelago Press）p104 上
31	e-2	キノコ紋	c	中国	景徳鎮窯	AD 01400	『世界美術大全集東洋 7』（小学館）図 175　p236
76	e-2	キノコ紋	i	マレーシア	Makam RajaBeruas	AD 01500	『Malaysia Early History』（Archipelago Press）p111-7
122	e-2	キノコ紋	a	日本	北海道アイヌ　まな板	AA 現代	『アイヌ・暮らしの民具』（クレオ）p57

3-30. きのこ紋（e-2）の 2 次データ（紋様別・年代順）

上記「きのこ紋（e-2）」は、BC 時代の古いものは大部分が中国にあり、その他の国に現れたのは AD 時代が多いためフローチャートは書かない。各国で独自に始まったと思われる。

No.	紋記号	紋様名		国名	出土地名	年代	引用資料名
1	e-3	角蕨手紋	c	中国	河北省崇陽県	BC 01300	『世界美術大全集東洋 1』（小学館）図 73
3	e-3	角蕨手紋	c	中国	江西省新干県	BC 01300	『世界美術大全集東洋 1』（小学館）図 76
56	e-3	角蕨手紋	c	中国	殷	BC 01300	『世界美術大全集東洋 1』（小学館）図 55　p66
57	e-3	角蕨手紋	c	中国	殷	BC 01300	『世界美術大全集東洋 1』（小学館）図 56　p67
2	e-3	角蕨手紋	c	中国	河南省安陽市	BC 01100	『世界美術大全集東洋 1』（小学館）図 69
61	e-3	角蕨手紋	a	日本	岡山県総社市昭和町	BC 01000	展示品（倉敷考古館）
24	e-3	角蕨手紋	h	雲南	広西省　銅鼓 12191	BC 00600	『銅鼓の形式と紋様の分類』（山川出版社）図 67
11	e-3	角蕨手紋	g	ベトナム	壁掛け	AA 現代	商品写真（ホテル売店）

3-31. 角蕨手紋（e-3）の 2 次データ（紋様別・年代順）

「角わらび手紋」（e-3）は、中国文化圏以外に見られない。角わらび手紋と唐草紋原型はデータ数が少ないため、同系の「わらび手紋」（e-1）のフローチャートに含めた。

51

3 統計学的アプローチと科学的な理論化

No.	紋記号	紋様名	国名	出土地名	年代	引用資料名
34	e-4	唐草紋	a	日本	青森県土井1号遺跡岩版	BC 00500	『北の誇り亀ヶ岡文化』(青森県教育委員会) p121
14	e-4	唐草紋	r	ギリシャ	赤クラテル、ヘレネのトロイア到着	BC 00340	『世界美術大全集4』(小学館) 図152 p4-183
19	e-4	唐草紋	c	中国	湖南省馬王堆1号刺繍	BC 00200	『世界美術大全集東洋2』(小学館) 図207 p275
50	e-4	唐草紋	r	ローマ	皇女コンスタンティナの石棺	AD 00400	『世界美術大全集7』(小学館) 図58 p7-67
32	e-4	唐草紋	c	中国	山西省北魏平城遺跡	AD 00500	『世界美術大全集東洋3』(小学館) 図148 p163
8	e-4	唐草紋	i	インドネシア	中ジャワ ウオノボヨ 鉢	AD 01000	図録『ジャカルタ国立博物館』 p90
10	e-4	唐草紋	i	インドネシア	中ジャワ ウオノボヨ	AD 01000	図録『ジャカルタ国立博物館』 p93
9	e-4	唐草紋	g	ベトナム	Tian-Dynasty 甕	AD 01300	展示品写真 (ハノイ歴史博物館)
14	e-4	唐草紋	i	インドネシア	東ジャワ	AD 01400	『Ancient History』(Archipelago Press) p110
23	e-4	唐草紋	i	インドネシア	マルク州 ケイ島 壺	AD 01700	図録『ジャカルタ国立博物館』 p35
7	e-4	唐草紋	i	インドネシア	西ジャワ セラン 土器	AD 01800	図録『ジャカルタ国立博物館』 p79
64	e-4	唐草紋	i	インドネシア	スンバ島、男の頭飾	AD 01900	『Aets of Southeast Asia』(Powerhouse) p64
115	e-4	唐草紋	a	日本	北海道アイヌ 鉢	AA 現代	『アイヌ・暮らしの民具』(クレオ) p51
46	e-4	唐草紋	h	台湾	蘭嶼郷の舟	AA 現代	展示品 (順益原住民文化博物館)

3-32. 唐草紋(e-4)の2次データ (紋様別・年代順)

No.	紋記号	紋様名	国名	出土地名	年代	引用資料名
5	f-1	勾玉紋	x	フランス	(マドレヌ文化) イスリッツア洞窟	BC 10000	『世界美術大全集1』(小学館) 図43 p1-52
15	f-1	勾玉紋	t	チェコ	モラヴィア、ボスコヴシュティン	BC 03000	『世界考古学大系12』(平凡社) 図131
4	f-1	勾玉紋	z	ドイツ	ドナウ、ザクセン・アンハルト	BC 03000	『世界考古学大系12』(平凡社) 図178 p79
139	f-1	勾玉紋	a	日本	長野県中原遺跡	BC 02800	『日本の原始美術①縄文土器』(講談社) 図78
55	f-1	勾玉紋	a	日本	栃木県坊山遺跡	BC 02500	『よみがえる縄文人』(氏家ミュジアム) 図145
58	f-1	勾玉紋	r	ギリシャ	初期ミノア文化 壺	BC 02300	『ギリシャの考古学』(同成社) 図18 p58
59	f-1	勾玉紋	r	ギリシャ	初期ミノア文化 壺	BC 02300	『ギリシャの考古学』(同成社) 図18 p58
23	f-1	勾玉紋	a	日本	新潟県馬高遺跡	BC 02000	展示品写真 (東京国立博物館)
53	f-1	勾玉紋	a	日本	山形県カニ沢遺跡	BC 01500	『縄文の神秘』(学研) 図188
54	f-1	勾玉紋	a	日本	栃木県明神前遺跡	BC 01500	『よみがえる縄文人』(氏家ミュジアム) 図118
64	f-1	勾玉紋	c	モンゴル	内モンゴル自治区大甸子	BC 01500	『世界美術大全集東洋1』(小学館) p124 図151
45	f-1	勾玉紋	c	中国	殷	BC 01300	『世界の博物館7 河南省博物館』(講談社) 図20
1	f-1	勾玉紋	q	トルコ	ヒッタイト、キュテルペ	BC 01200	『グランド世界美術2』(講談社) 図26
14	f-1	勾玉紋	c	中国	西周後期	BC 00900	『世界美術大全東洋1』(小学館) 図101 p101
17	f-1	勾玉紋	c	中国	山西省曲沃県	BC 00900	『世界美術大全集東洋1』(小学館) 図134 p113
18	f-1	勾玉紋	c	中国	山西省曲沃県	BC 00900	『世界美術大全集東洋1』(小学館) 図134 p113
8	f-1	勾玉紋	n	イラク	バラフト 舟の絵	BC 00900	『世界美術大全集16』(小学館) 図91 p102
2	f-1	勾玉紋	h	雲南	青銅鐘	BC 00800	展示品写真 (雲南民族博物館)
29	f-1	勾玉紋	g	ベトナム	銅鼓面	BC 00700	『ベトナム銅鼓図録』(六興出版) p239 A-I-4
7	f-1	勾玉紋	n	イラク	サルゴン2世の宮殿図 舟の絵	BC 00700	『世界美術大全東洋16』(小学館) 図78 p92
28	f-1	勾玉紋	h	雲南	広南県 銅鼓 15384	BC 00600	『銅鼓の形式と紋様の分類』(山川出版社) 図95
3	f-1	勾玉紋	n	イラク	新バビロニアネ2世玉座の間	BC 00600	『グランド世界美術2』(講談社) 図24
24	f-1	勾玉紋	r	ギリシャ	ロドス島の皿	BC 00600	『世界美術大全集3』(小学館) 図115 p3-147
6	f-1	勾玉紋	u	ブルガリア	クコヴァ墓	BC 00600	『世界美術大全集東洋16』(小学館) p254
20	f-1	勾玉紋	a	日本	青森県亀ヶ岡遺跡土偶	BC 00500	『北の誇り亀ヶ岡文化』(青森県教育委員会) p2
28	f-1	勾玉紋	a	日本	青森亀ヶ岡遺跡土面	BC 00500	『北の誇り亀ヶ岡文化』(青森県教育委員会) p110 上

3-33. 勾玉紋(f-1)の2次データ (紋様別・年代順)

No.	紋記号	紋様名	国名	出土地名	年代	引用資料名
16	f-2	巴紋	c 中国	湖南省盤龍城	BC 01300	『中国の美術 5 銅器』（淡水社）図 5
58	f-2	巴紋	c 中国	殷	BC 01300	『世界美術大全集東洋 1』（小学館）図 58　p70
62	f-2	邑紋	c 中国	陝西省紙坊寺	BC 01100	『世界美術大全集東洋 1』（小学館）図 86　p90
62	f-2	巴紋	a 日本	青森県是川中居遺跡	BC 00500	『北の誇り亀ヶ岡文化』（青森県教育委員会）p115
51	f-2	邑紋	f インド	アンドラプラデシュ州	BC 00100	『世界美術大全集東洋 13』（小学館）図 104
12	f-2	邑紋	d 朝鮮	慶尚北道鶏林路古墳	AD 00600	『世界美術大全集東洋 10』（小学館）図 43　p84
8	f-2	邑紋	w アイルランド	トリニティ大学　カーペット	AD 00680	『世界美術大全集 7』（小学館）図 84　p7-153
6	f-2	邑家紋	w アイルランド	キリスト受難飾板アスローン	AD 00800	『世界美術大全集 7』（小学館）図 191
17	f-2	邑家紋	w アイルランド	ダブリン「ケルズの書」	AD 00800	『世界美術大全集 7』（小学館）図 91　p7-159
82	f-2	巴紋	a 日本	奈良元興寺	AD 01300	『日本の美術　鬼瓦』（至文堂）図 25
8	f-2	巴紋	g ベトナム	Ho-Dynasty　ガルーダ	AD 01400	展示品写真（ハノイ歴史博物館）
125	f-2	邑紋	a 日本	北海道アイヌ　お盆	AA 現代	『アイヌ・暮らしの民具』（クレオ社）p95
130	f-2	邑紋	a 日本	北海道アイヌ　サパンペ	AA 現代	展示品写真（札幌民族資料館）
19	f-2	巴紋	g ベトナム	ドラム　鼓面の紋様	AA 現代	展示品写真（チャム・ミュージアム）

3-34. 巴紋（f-2）の 2 次データ（紋様別・年代順）

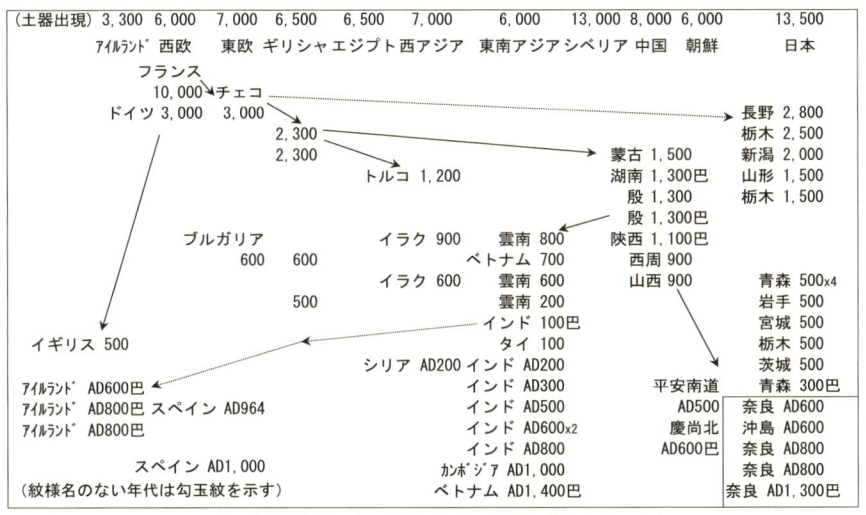

```
（土器出現）3,300  6,000   7,000  6,500  6,500  7,000    6,000   13,000 8,000 6,000        13,500
         アイルランド 西欧   東欧  ギリシャ エジプト 西アジア  東南アジア シベリア 中国   朝鮮         日本
              フランス
              10,000  チェコ                                                長野 2,800
         ドイツ 3,000  3,000                                                栃木 2,500
                     2,300                              蒙古 1,500         新潟 2,000
                     2,300                              湖南 1,300 巴      山形 1,500
                         トルコ 1,200                    殷  1,300         栃木 1,500
                                                        殷  1,300 巴
              ブルガリア               イラク 900        雲南 800           陝西 1,100 巴
                     600    600                         ベトナム 700        西周 900
                            500       イラク 600         雲南 600           山西 900
                                                        雲南 200                      青森 500x4
                                                        インド 100 巴                  岩手 500
                                                        タイ 100                      宮城 500
              イギリス 500                                シリア AD200 インド AD200      栃木 500
                                                        インド AD300                  茨城 500
         アイルランド AD600 巴                                                          平安南道 青森 300 巴
         アイルランド AD800 巴 スペイン AD964             インド AD500                    AD500  奈良 AD600
         アイルランド AD800 巴                            インド AD600x2                慶尚北 沖島 AD600
                                                        インド AD800                   AD600 巴 奈良 AD800
                 スペイン AD1,000                        カンボジア AD1,000                      奈良 AD800
         （紋様名のない年代は勾玉紋を示す）                 ベトナム AD1,400 巴                   奈良 AD1,300 巴
```

3-35. 勾玉紋（f-1）、巴紋（f-2）の開始年代（BC 年）

　日本の勾玉紋（f-1）は、フローチャートで見れば東欧発シベリア経由であろうか。全体的傾向はアジアが過半数を占めている。

　巴紋がきわめて独創的なデザインであることを考えれば、アイルランドの独自開始の可能性は考えにくく、ヨーロッパ大陸にはないため、インドからギリシャでの中継交易を通じて伝わった可能性が考えられる。

(3) 2次データによる総合分類表の作成

前記の2次データを使い、下記「図3-36 国別・時代別分布状態」を作成した。

地域	国名	基本形5種 データ数	基本形5種 最古年代	2次形17種 データ数	2次形17種 最古年代	年代別データ数 紀元前	年代別データ数 紀元後	年代別データ数 近現代	総計 合計	総計 比率
東アジア 米州	日本	53	90	94	60	v) 81	47	19	147	19%
	シベリア	2	iii) 100	2	ii) 100	4	0	0	4	0%
	中国、モンゴル	13	35	62	37	54	17	4	75	9%
	朝鮮	8	23	12	35	7	12	1	20	3%
	米州	20	8	23	10	7	29	7	43	5%
	小計 又は最古年代	96	100	193	100	153	105	31	289	36%
南アジア 東南アジア	インド、パキスタン	32	25	44	25	31	31	14	76	9%
	ベトナム	12	7	32	7	12	12	20	44	5%
	雲南、台湾	20	5	30	20	17	2	31	50	6%
	インドネシア	15	15	62	2	7	33	37	77	9%
	タイ 他	8	10	10	8	8	8	2	18	3%
	ポリネシア	8	AD18	15	AD18	0	9	14	23	3%
	小計 又は最古年代	95	25	193	25	75	95	ii) 118	288	35%
西アジア	エジプト他	i) 20	38	4	20	17	3	4	24	3%
	イラク	8	50	9	50	17	0	0	17	2%
	イラン	i) 16	57	3	35	19	0	0	19	2%
	トルコ 他	8	52	7	23	12	1	2	15	2%
	小計 又は最古年代	52	57	23	50	i) 65	4	6	75	9%
欧州東部	ギリシャ、ローマ	21	50	54	30	69	4	2	75	9%
	ウクライナ	2	17	3	iii) 100	5	0	0	5	1%
	チェコ	1	iii) 150	1	30	2	0	0	2	0%
	ブルガリア	1	60	7	60	7	0	1	8	1%
	ルーマニア他	1	30	8	25	5	0	4	9	1%
	小計 又は最古年代	26	150	73	100	i) 88	4	7	99	12%
欧州西部	アイルランド、英国	8	20	16	20	12	12	0	24	3%
	フランス	7	150	5	100	5	0	7	12	1%
	スペイン、ポルトガル	4	35	12	AD10	4	11	1	16	2%
	ドイツ 他	3	30	10	30	7	4	2	13	2%
	小計 又は最古年代	22	150	43	100	28	27	10	65	8%
合計		291		525		409	235	iv) 172	816	100%
総計816に対する比率		36%		64%		50%	29%	21%	100%	

インドネシア：インドネシア、マレーシア
タイ他：タイ、カンボジア、ラオス、ミャンマ、フィリピン
インド：インド、パキスタン、ブータン、マダガスカル
エジプト他：エジプト、アンゴラ、コンゴ、ケニア
ルーマニア他：ルーマニア、スロバキア、ハンガリー
トルコ他：シリア、トルクメニスタン、シュガニスタン、新疆
米州：USA、メキシコ、パナマ、ペルー、パラグアイ
ドイツ他：ドイツ、ベルギー、デンマーク、スウェーデン

3-36. 国別・時代別分布状態（N=816、52ヶ国、最古年代はBC世紀）

ここで初めて分かったことがいくつかあるので簡単に説明する（説明対応項目は表のマス目に i〜v で示した）。

i)　欧州東部と西アジアは、紀元後よりも紀元前のデータが圧倒的に多く、特に西アジアは基本形のデータ数が 2 次形のデータ数より多いため、渦巻紋の起源地を思わせるような規則性がある。中でもエジプトとイランは特に基本形の割合が高く、基本形が 80% 以上である（マス目の i を参照）。

ii)　東南アジアは紀元前より紀元後のデータ数が多く、さらに現代のデータ数が最も多い。渦巻紋の始まりが遅かったため、最盛期は近現代なのであろう。ポリネシア人は民族史が浅く、その歴史は 3,000 年（メラネシア人）や 1,500 年（ハワイ諸島人）であるため、最盛期は同じく近現代のようである（マス目の ii を参照）。

iii)　前 1 万年以前の特に古いものが、シベリア、チェコ、ウクライナ、フランスにあることが目立ち、世界最古のオーリニャク文化やグラヴェト文化の発祥地と関係がありそうである（マス目の iii を参照）。

iv)　紀元前のデータ数は合計 408 個で全体の 50% であり、紀元後のデータ数は 236 個で 29%、近現代は 172 個で 21% と次第に減少している。「BC 時代のデータ数 408 個は平均の BC27 世紀*の数値」と仮定すれば、単純計算で 1 世紀当たり約 5% の減少率となり、減少速度は意外に緩慢である（マス目の iv を参照）［*図 3-37、「(ii) 全紋様平均発生時期」の世界平均は BC27 世紀］。このまま推移すれば渦巻紋は今後 20 世紀間絶滅しないと言えそうだが、そんな先のことは神のみぞ知る、である。

v)　2 次データから、日本で渦巻紋が最も盛んに使われた時期は縄紋晩期の亀ヶ岡文化期で、紀元前のデータ数 81 個中 32 個（40%）が晩期で占められている。渦巻紋が晩期に多かった理由は、当時地球寒冷化が進んでしばしば飢饉が世界各地を襲ったため、日本では環状列石墓地がふえ、太陽光熱の強化祈願文化が時代の最重要課題になったためであろう。

3　統計学的アプローチと科学的な理論化

(4) 各紋様の国別開始時期一覧表の作成

　図 3-37 は、年代順に変換した 2 次データの国別総括表で、各国において各種紋様が初めて現れた時期を示しており、今回の研究を最終的に集約した結果のデータである。

　基本形が早く始まった地域は、平均値でみるとシベリアが BC100 世紀で最も早く、東欧が BC80 世紀で 2 番目、西欧が BC63 世紀で 3 番目、西アジアと日本が BC51 世紀で 4 番目である。日本と西アジアが同じくらい早く始まり、エジプトの BC31 世紀より早いのは意外なことである。逆に遅い方を見てみると、東南アジアの BC16 世紀が最も遅く、次に遅かったのは中国の BC18 世紀でこれも意外であった。ただしシベリアはデータ数が極端に少ないため、平均値に片寄りを生じてあまり実用的な平均値データになっていない。

　2 次形の方を見ると、やはりシベリアが BC100 世紀で最も早く、東欧が BC38 世紀で 2 番目（ここまでは基本形と同じ順位である）、西アジアが BC27 世紀で 3 番目、日本と西欧が BC18 世紀で 4 番目と 5 番目、エジプトが BC16 世紀で 6 番目であるから、やはり日本がエジプトより若干だが早いのは意外で、縄紋文化の先進性が際立つといえる。遅い方を見るとアイルランドの BC1 世紀が最も遅く、次は東南アジアの BC2 世紀が 2 番目に遅い。

　傾向として、基本形が現れた順番と 2 次形が現れた順番にはあまり大きな違いがない。この結果を見ても、私が採用した統計学的手法による調査結果に大きな間違いはないであろう。

　もうひとつの発見は、土器が西方に伝わったときとほぼ同じルートを、今度は渦巻紋が伝わって行ったことが分かったことである（土器が特別早く現れた東アジアを除く）。

　さらに大きな発見は、図 3-37 の平均年代の計算結果から、オリエントから西ヨーロッパにかけて、鉄器文化のように 2 次文化加速論（青銅器の伝播速度より鉄器の方が速くなった）が成り立つことも分かった。

数字は紀元前世紀（土器開始年代は古代オリエント博物館資料 2009 年版）

国名		アイルランド	西欧	東欧	ギリシャ	エジプト	西アジア	東南アジア	シベリア	中国	日本
土器開始（i）		33	60	70	65	65	70	60	130	80	135
日紋	A	30	フランス 150	スロバキア 30	27	15	シリア 40	パキスタン 28		35	36
単渦紋	B	30	ドイツ 30		30	35	トルコ 52	タイ 10	100	14	55
半円紋	C	30	ポルトガル 45	チェコ 150	14	31	イラク 50	マレーシア 10		（朝鮮 10）	48
光輝日紋	D	30	ポルトガル 45		25	38	イラン 57	パキスタン 25		1	25
光輝紋	E	30	ポルトガル 45	ブルガリア 60	50	37	イラン 57	ベトナム 6		20	90
基本形平均		30	63	80	29	31	51	16	100	18	51
卍紋	a.1			ブルガリア 45	16		イラク 50	インド 25		後 16	現代
四渦紋	a.2				6			ベトナム現代			5
渦マンジ	a.3				6			雲南現代			
S字紋	b.1	5	デンマーク 15	ブルガリア 40	30	16		インド 25	100	4	55
回紋	b.2			ウクライナ 100	8		イラク 50	ベトナム 7		15	15
双頭紋	c.1	30	フランス 5		6		イラク 6	雲南 6		20	25
火炎紋	c.2	後 8	ドイツ後 9	スロバキア:現代	16			雲南 6		2	5
四頭紋	c.3	後 8						ベトナム 3		2	5
ジョイント紋	c.4	後 7	スウェーデン後 8					インドネシア後 13			5
J字紋	d.1		スペイン後 10	ブルガリア 60	20	15	イラク 6	タイ 8		37	60
L字紋	d.2							インド後 6		13	
蕨手紋	e.1	後 8	ドイツ 30	ルーマニア 12	20		イラン 35	インド 25		16	25
キノコ紋	e.2	5			25			インド後 12		19	30
角蕨手紋	e.3							雲南 2		13	10
唐草紋	e.4				4			インドネシア後 10		2	8
勾玉紋	f.1	5	フランス 100	チェコ 30	23		トルコ 12	雲南 2		15	28
巴紋	f.2	後 7						インド 1		13	5
2 次紋平均		1	18	38	15	16	27	2	100	11	18
(ii) BC 世紀		195/9=22	290/9=32	294/8=36	326/17=19	187/7=27	415/11=38	143/16=12	ii＝世紀数計/紋種類数＝全紋様平均発生時期		
(i-ii)		11	28	34	46	38	32	48	土器⇒紋様、経過世紀数		

*２次資料①「紋様別年代順リスト」により作成
* 平均年数計算において紀元後年数はマイナスし、近＋現代は AD19 としてマイナス計算した。
*(ii) は (i-ii) を計算するための資料であるため、土器以前の紋様は無効とし、2 番手データで計算：A フランス→スペイン BC45C、C チェコ→ウクライナ BC17C、f.1 フランス→ドイツ BC30C、b.2 ウクライナの 2 番手データなし。
*(ii) の計算で、近現代と紀元後は除外（データ分布が土器発生から離れすぎているため）。

3-37. 紋様別・国別・最古級年代表

3 統計学的アプローチと科学的な理論化

　２次文化加速論がここにも存在することは、最下段の「土器⇒紋様、平均経過世紀数（ⅰ-ⅱ）」から分かる。
　大陸文化の中心地であったギリシャ、エジプトは土器から渦巻紋までの経過世紀数が長く（46～38世紀）、その西方の西欧、イギリスは経過世紀数が短い（28～11世紀）ので、渦巻紋の伝播速度が次第に早くなっていたことが分かる。このように、「２種類文化の同一ルート伝播」、および「２次文化加速性の原則」が、今回の分析結果においても並行的に存在することが分かったので、その点からみても、私のデータ解析結果に大きな間違いはないであろう。
　紋様によってはその伝わり方が必ずしも共通の規則的な伝わり方ではないものがある。例えば光輝紋(E)、双頭紋（c-1）、四頭紋（c-3）、きのこ紋（e-2）などで、伝播によらず各地で独自に始まった可能性が高いものがあり、それは比較的遅い時期に始まった紋様にその傾向が見られる。光輝紋(E)だけはカゴの編み目紋様から始まった可能性が高いので、各地独自開始紋様の中では逆に発生が最も早い方に属する。
　「調査結果の全体像を代表的な言葉で表現する」必要があるため、結果を具体的な数字で示し、その平均値に現れた規則的普遍性を把握し、全体を数値的表現で理論的に結論付けるということが重要な意味を持っている。これが統計学を必要とする理由でもある。ここには、有名学者に時折見られるような個人的主観やイデオロギーが介入する余地は全くない。
　このようにデータを使って種々の指数計算を繰り返し、その結果の答で未知の世界に初めて理論的に結論を導入することは、統計学的理論を応用して考古学的理論を展開することにほかならず、これは「理論考古学」の範疇に入る研究であろうかと思う。今後全く未知の世界に足を踏み入れ、ブラックスボックスのように皆目不明である事象を数理的に整理し、科学的理論付けをする場合に必要な新手法になる。理系卒の私が、長年の経験の延長線上に統計学のほのかな光源が見えることに気付いた結果の研究

プロセスである。

　今後資料を更に詳細に調べれば、より古い時代のデータが出てくることがあるだろうが、今回のデータ・サイズが816個と大きいのに対し、今後現れる最古級新データはあまり多くないだろうと思われるので、その影響はあまり大きくなく、したがって今後本書の基本理論が根本的に変わるようなことは起こらないであろう。

4　ヨーロッパの渦巻紋

　図3-37「紋様別・国別・最古級年代表」で最古級年代の平均値を見ると、基本形でも2次形でも欧州東部（平均で基本形BC80世紀、2次形BC38世紀）および、西アジア（平均で基本形BC51世紀、2次形BC27世紀）が特に古い年代を示しており、渦巻紋の起源地を思わせる。

　オクスフォード大学の人類学者スティーヴン・オッペンハイマー氏は著書 (注4-1) の中でこう述べている。

　「ヨーロッパで最早期のオーリニャク文化は47,000年前ごろのブルガリアに現れた。そのような移動を示す遺伝子的な等価物を探していくと、南起源ではあるが5万年前ごろに西ユーラシアの特長となっていた複数の母系による早期の中東の殖民が見つかる」と。これは、私の総括データから推定できる渦巻紋の起源地と思われる場所と偶然にも一致する。この点からも私の研究結果に大きな間違いはないであろう。

　ヨーロッパはBC1万5千年以前から太陽崇拝紋様（基本形）発祥の地であったが、BC1万年をすぎてから太陽紋は使われずに消えていた。ヨーロッパで再び太陽紋が使われるようになったのは、オリエントで2次紋様が普及し始めてそれがヨーロッパに入ったBC6,000年ごろからであるように見える。

　ヨーロッパ諸国の中で、東南アジア諸国同様に今も民族衣装やアクセサリーに渦巻紋を日常的に使っている民族は、オリエント文明の影響を直接

4 ヨーロッパの渦巻紋

受けた古代文明国のギリシャとイタリア、それにヨーロッパ先住民であったケルト人の国アイルランド、スコットランドとフランスのブルターニュ地方、および民族交代がなかったブルガリア、ハンガリー、ルーマニアなどのスラブ民族が住む東ヨーロッパ諸国である。

だが新石器時代に北欧の辺境地にいたゲルマン民族はこの伝播ルートのさらに北側に住んでいたらしく、またワインや贅沢品は怠け者を作る原因になるとして他部族との交易を禁じ、若者に対しては他部族襲撃と物品略奪の武力行使を練習目的で奨励していたという(注4-2)。そのためケルト人などの他部族が避けていたことが原因で、渦巻紋文化を受け入れる機会がないまま大移動の時代を迎えたらしい。それが原因で現在ドイツ、フランス、イギリス、アメリカの各地では、日本と同様に先住民族以外は渦巻紋文化を持っておらず、従って渦巻紋の知識は日本人同様に皆無であり、文献は何もない。

現在西ヨーロッパで見られる唐草紋などの紋様は、古代ギリシャ文化が西洋文化の起源であるという認識により、単に装飾模様として導入され普及した結果であろう。フランスの国立先史学博物館の元館長ジャン・ピエル・モエンが書いた「巨石文化の謎」を読むと、ニューグレンジ遺跡（アイルランド）にある多数の渦巻紋（主に単渦紋とS字紋）を彫刻した巨石の説明において、「太陽の運航を表現していると言われる」としか書いていない。

それ以上のことは渦巻紋文化の知識がないから何も書いていない。それでも渦巻紋彫刻が太陽であることが分かるだけ日本の学者より認識が高いように見える。ベルンハルト・マイヤー氏の『ケルト事典』(注4-3)には、ヨーロッパ先住民ケルト人の太陽信仰について次のように書かれている。「最も古い例証は、太陽の図像がカギ十字（スワスティカ）や日輪として表れる。太陽がすでに青銅器時代の信仰に重要な役割を果たしていたことは多数の考古学的発見で明らかである」。つまり大陸文化圏では、先史文化における太陽信仰の認識度が、極東の島国より高いことがはっきりと分か

る。

　ヨーロッパの学者は一般にキリスト教徒が多い。旧約聖書の物語はこの上ない先史時代の教科書（モーゼの「十戒」、「サムソンとデリラ」などのハリウッド映画になった物語もある）であり、新訳聖書でも「ヨハネ黙示録」には天使と悪魔の闘いが多く表れるため、無宗教の人が多い日本人学者にくらべて、キリスト教国の学者の方が世界の先史文化、古代史文化の理解を深める結果になっているように思う。日本では、聖書はキリストの説教書かと思って見向きもしない人が多いのではないかと危惧する。旧約聖書はキリスト生誕以前のユダヤ古典文書を集めて作られているから、意外なことが分かることがあり、新訳聖書でもヨハネ黙示録では意外なことが分かる。

　例えば、ヨハネ黙示録には悪魔と闘う天使ミカエルの話が出てくる。ミカエルは天界で悪魔の大きな赤い龍と闘って、龍は地上に投げ落された。つまりキリスト教国では龍は悪魔として描かれ、龍を退治するミカエルの勇姿がヨーロッパの伝統的絵画文化の一つになっている。その龍の顔も姿も中国の龍と全く同じである。龍は中国に伝わってから、なぜか吉祥の動物になった。神話の世界では時代と国が変われば悪魔がお助け神になることが時折ある、ということが分かる。

　無宗教の話が出たついでに書いておきたい。ある著名な考古学者が「日本の考古学者は多くがマルクシズムである」と言っていた。私がプロジェクトの仕事で何十回も往復した鉄のカーテンの入口、チャーリー・チェック・ポイント、つまりベルリンの壁が崩壊してすでに20数年も過ぎ、時代の変化とともに大陸社会はすっかり変わった。当時の東欧はどこに行っても監獄同然の町で、歴史上最悪の不幸な社会制度の時代であった。あらゆるものが衰退の坂道を転げ落ちていくありさまを、私はこの目で10数年にわたってしっかりと見届けてきた。彼らは生きる気力を失っているのかと思うことがあり、ポーランドのアウシュビッツもかくの如しかと思う

こともあった。今やレーニン像は幽霊にもなれないスクラップと化し、世界からその名を抹消され、完全敗北した。しかるに大陸の東端から離れた弧島には、大陸で何が起こっていたのかを理解できず、世の中の仕組みも理解できない音痴学者がいて幽霊がまだ取り付いているらしい。日欧間の先史文化理解度の格差を考えると、幽霊と心中したい学者がいる国だからではないか、考古学以外は何も知らなくてもよいと思っているのではないか、と考えてしまうことがある。

　日本は、考古学者数が世界一多い国であるというならば、強力なリーダーシップのもと、世界の先頭に立つ研究を進めるという気概とプライドをもって活躍されることを切望する。日本の理工系学問には世界トップクラスの技術がいくつもあるが、文化系学問にはそう言えるものがいくつあるのだろうか。

　日本のノーベル賞受賞者は理工系学者に片寄りすぎている。

5　中国より先に日本で始まった

　日本文化の起源はすべて中国からきたと考える学者が多いが、渦巻紋に

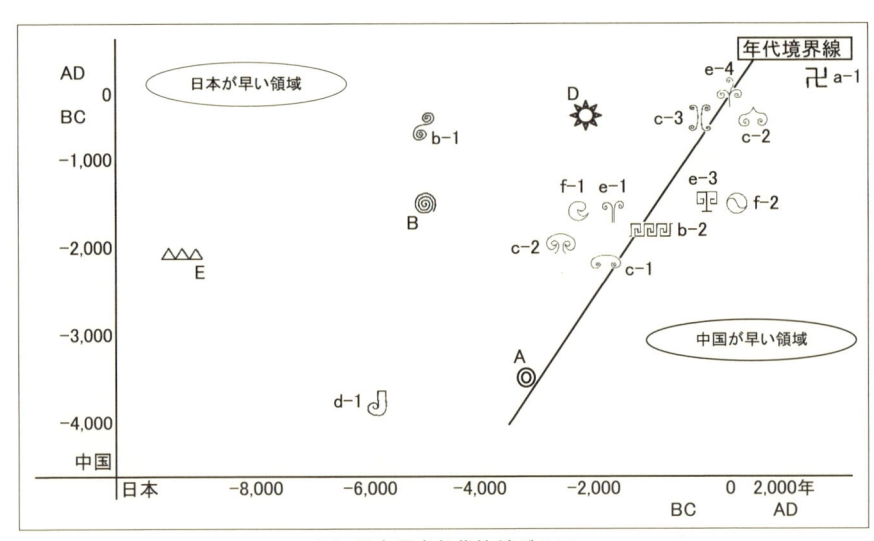

5-1. 日中最古年代比較グラフ

関する限り、日本最古級の渦巻紋は中国最古級の渦巻紋よりはるかに古い。

図3-37をみても日中の差は歴然としており、中国は基本形が日本より平均で33世紀遅く、2次形は日本より平均で7世紀遅いという結論が出ている。

図5-1のグラフは、図3-37における日中両国の年代データを使って作図したものである。図の年代境界線近くにプロットされている紋は、両国の紋様開始年代があまりへだたっていないことを示すが、境界線から左に離れるほど日本が早く、右に離れるほど中国が早い。

このグラフでは左に離れているもの（日本が早い）が目立って多く、右に離れているもの（中国が早い）は明らかに少ないことが一目で分かる。

日本の方が中国より10世紀以上も早かった主な紋様を比較してみると、
基本形の最古級年代：
光輝紋(E)：　　日本BC90世紀、中国BC20世紀、その差70世紀
単渦紋(B)：　　日本BC55世紀、中国BC14世紀、その差41世紀
光輝日紋(D)：　日本BC25世紀、中国BC1世紀、その差24世紀
2次形の最古級年代：
S字紋(b-1)：　 日本BC55世紀、中国BC4世紀、その差51世紀
J字紋(d-1)：　 日本BC60世紀、中国BC37世紀、その差23世紀
キノコ紋(e-2)：日本BC30世紀、中国BC19世紀、その差11世紀
勾玉紋(f-1)：　日本BC28世紀、中国BC15世紀、その差13世紀
のようになり、中国での開始時期が日本よりかなり遅かったことは動かしがたい。

中国よりも日本に先に伝わったものが多いということは、オリエントや東欧で生まれた渦巻紋が中国を通らずに日本に来たことを意味し、日本発の渦巻紋は中国を通らず直接オリエントに行ったことを意味する。

そのことは、オリエントから日本に物資や情報が入るルートと、中国に入るルートは別のルートであったからであり、中国と日本の直通ルートは

5 中国より先に日本で始まった

まだ存在しなかったことを意味する。

　東西両アジア間には、歴史上3つの主要な交易ルートが存在した。一つは、東アフリカを出発したアダムとイヴが8万年前にインドに到達し、インドから東南アジアと沖縄を経由して6万年前に日本に到達した海岸沿いの南廻りルートである。縄紋時代が始まる少し前から地球温暖化が始まり、インドネシアのプロト・マライ人が激しい温暖化を避けてこのルートを北上し日本に移住したため、インドネシア人（当時はプロト・マライ人種）と日本人は共通の遺伝子（C1, C3, O3など）を持つ。

　だが黄海と東シナ海の海岸線は、氷河期終了後の地球温暖化と寒冷化を繰り返した数千年の間、毎年平均100m前後という激しい海進・海退現象が続いていた（注5-1）ため、中国の海岸には都市が生まれず、そのため黄河中流文明地と日本が直接つながるルートはまだ存在しなかったのである。

　二つ目は日本－アムール河－バイカル湖－オリエントの北廻りルートで、4万年くらい前にできた東西ユーラシアを結ぶ最古のルートから日本に入るルートであった。アムール・サハリン文化が日本に直結していため、アムール河流域先住民と縄紋人の共通遺伝子（M10）が存在し、フィンランド先住民のサミア族を含む北ヨーロッパ人と日本人に共通の遺伝子（Z）も確認されており（注5-2）、それは小野小町を含む色白の秋田美人が生まれた由縁でもある。アイヌの熊送り儀礼の起源は北欧先住民族にあり、そこからアムール・ウリチ族（アイヌの先住地民族）に伝えられ、それが北海道アイヌに伝えられたというルートである。

　三つ目は後年シルクロードの名で呼ばれたルートで、これは黄河中流域文明地から中央アジアを通ってオリエントにいたるルートだが、シルクロードには初期人類拡散の痕跡がない（注5-3）。

　では日中の交易、情報が直接つながったのはいつごろだろうか。日本の米は朝鮮から伝えられたものだが、その遺伝子をよく見ると、中国産米に

だけ含まれていて朝鮮には存在しないb型遺伝子の米が大阪の池上曽根遺跡から出土したのである（注5-4）。さらに同遺跡の大型建物の柱が年輪年代法測定によりBC52年であることが分かった（注5-5）。つまり日中間の情報や交易が直接つながったのは、その少し前のBC2～3世紀ごろからではないかと考えられる。つまり弥生時代が始まって多くの朝鮮人が日本に渡来し、倭王朝ができたころに中国との直接交流が始まったと言えるようである。

　渦巻紋が日本にやって来たルートを考える場合、中国もインドも東南アジアも日本より遅かったことから考えて、旧石器時代が終わり縄紋時代開始後間もなく渦巻紋が現れた日本の場合は、もっぱら北廻りのアムール河ルートで伝わったことになる。

　中国文化を崇拝する日本の文学者や歴史家の中には、中国の長江河口付近で発見された河姆渡遺跡（BC5,000～BC3,000年）の稲作文化が直接日本に伝わったという人がいるが、それは文学的ロマンを求める情緒すぎる素人発想であり、何の証拠もない。世界最古の稲作がBC10,000年ごろに長江中流域で始まってから下流域の河姆渡に届くまで5,000年もかかった（注5-6）理由は、籾米があるだけでは稲作技術は伝わらないからであり、プロジェクト的性格の米作技術者集団が移住しなければ成功しないからである。そのため河姆渡を北上した稲作が朝鮮半島経由で九州に伝わるまでに3,000～4,000年を費やしたのである（注5-7）。中国の外洋航海開始の歴史を見れば、河姆渡の稲作農耕技術集団も漁師たちも、歴史的に見てまだ東シナ海を横断して来日する外洋船も航海術も持っていなかったことは間違いない。

　また朝鮮半島において渦巻紋が始まった時期はBC3,500年ごろである（注5-8）。これは中国の渦巻紋開始時期（BC3,700年）の2世紀後であることを考えると、朝鮮半島の渦巻紋文化は中国から伝わって始まったといえる。

6 人類最古の情報ハイウェイ

図6-1のブロック・ダイアグラムにおいて基本ルートを構成する北方ユーラシアの草原地帯は、北緯50度周辺を東西に横断しており、サハリン－アムール河－バイカル湖－ウクライナ－チェコ－イギリス－アイルランドなどが、この地域帯に位置する。

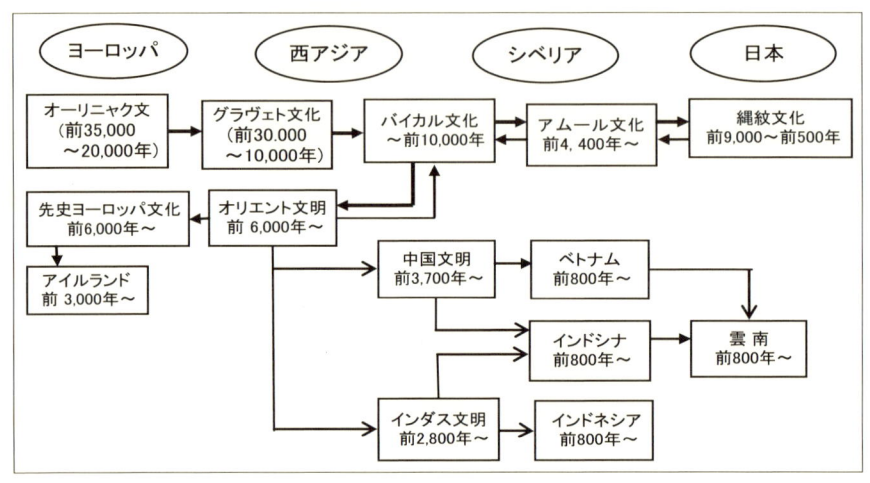

6-1. 人類最初の文明の道 （年代は渦巻紋の最古年代、但しオーリニャク、グラヴェトは文化期）

それはユーラシアを東西に横断して縄紋日本に通じていた人類最古の交易ルートとほぼ同じであり、渦巻紋文化が始まったころの文化と情報が伝わる唯一のハイウェイであったといえるだろう。

中国産の絹織物がアムール・サハリン経由で北海道に運ばれたことが、12世紀の藤原忠実の「中外抄」（1143年）に書かれている(注6-1)。このことからも、このルートは縄紋時代から続く伝統的な大陸交易のルートであったことが分かる。

また「日本語はアルタイ語系の言語である」という言語学者が世界的に多数を占める(注6-2)。日本語の語彙はオーストロネシア（南島）語系の語

彙が多いが、文章を規則的に構成するための文法はオーストロネシア語系ではなく、明らかにアルタイ語系の特徴を持っており、アルタイ語の語順は日本語とよく似ている。またオーストロネシア語の語順はどちらかといえばシナ・チベット語の方に似ており、日本語の語順とは全く異なる。

アルタイ山脈はモンゴルの西端にあり、そこから東方の北東アジアはアルタイ語系の言語圏である。氷河時代において、アムール河中下流域に住むブリヤート・モンゴル人たちはアルタイ祖語を話し、25,000年前の旧石器時代後期から始まった地球最終最大の寒冷化を逃れ、暖流の影響でしのぎやすい日本に人類学的移住を果たし、細石刃文化と日本祖語の基礎文法を日本にもたらした。

その後、縄紋時代が始まるころから急激な地球温暖化時代（50年間に平均気温が7度も上昇）に移行し、スンダ大陸（氷河時代はボルネオとバリ島までインドシナ半島と陸続き）のインドネシア地方からプロト・マライ人が北上を始め、連続的移住で北日本まで移住し、それに伴ってオーストロネシア語系の語彙が日本に入ったと考えられるため、沖縄・九州地方にその人種的痕跡と語彙の痕跡が強く見られる。

最後は、満州・ツングース祖語（アルタイ語系言語）を話していた朝鮮人が弥生時代と古墳時代に日本祖語の最終形成にかかわる歴史的移住を果たし、日本語に最終的影響をもたらした。韓国人は日本語の上達が早い理由は、文法と語尾変化が日本語と韓国語はよく似ているからで、韓国人は日本語の単語さえ覚えれば日本語を使いこなせるようになるからである。

これらの日本祖語形成にかかわった民族が渦巻紋の日本伝播にもかかわっていたことが、今回の調査で明確になった。最後の日本祖語文法形成にかかわった朝鮮人は、日本に渡来してから渦巻紋文化を絶やすことにかかわる歴史を残したけれども、「日本祖語形成にかかわった諸民族」と「日本の渦巻紋文化形成にかかわった諸民族」が同民族であったことは、私のこの理論に矛盾がないことを示している。

7 装飾古墳の渦巻紋は太陽の輝き

　日本の装飾古墳には、内部壁面に色鮮やかな渦巻紋が沢山描かれたものがある。図7-1は、その代表的な福岡県の王塚古墳（6世紀前半）の前室内部の写真で、無数の渦巻紋が所狭しと描かれている。当時はまだ高松塚古墳の壁画（700年ごろ）のような人物を描ける絵描きがまだ来日していなかったため、渡来人である支配者が土着の画家に描かせた結果、土着民文化である渦巻紋を中心とする日本独特の壁画が描かれたのである。

7-1. 福岡県王塚古墳内部の緻密な壁画紋様
（古墳時代後半550年ごろ）特別史跡指定

　壁画には、武器や武具とともに意味不明という渦巻紋や無数の光輝紋が一緒に描かれているため、歴史家にはこの壁画を描いた目的が理解できず、「悪霊が古墳内に入らないように、僻邪と呪術性が目的で描かれたのであろう」という説明がほとんど全部を占めている。

　このような解釈は、太陽神の渦巻紋文化を持たない民族としてはやむをえないことかもしれないが、誠に遺憾ながら、その解釈は完全に違うといわざるをえない。なぜなら、これらの紋様は今まで私が説明した渦巻紋に一致するものばかりであり（一部に変形はあるが）、それ以外の紋様は描かれていないといってもよいからである。この壁画の渦巻紋様は太陽の輝きをシンボライズして描かれたものであることは間違いない。

　王塚古墳においても、太陽の再生とともに王が生まれ変わり、再び現世に表れることを祈り、復活した太陽の輝かしい光が玄室に射し込んでいるように見せるため、太陽のシンボルである渦巻紋や光輝紋が壁画として無

数に描かれたものであることは、もはや疑う余地がない。

　当時の支配者たちは渡来人であったが、魏志倭人伝の卑弥呼の説明を読んでも分かるように、「倭人は身分の高低にかかわらずみんな入れ墨をしている」と書かれているから、少数派だった渡来人たちも土着民文化を受容して入れ墨をしていたことが分かる。埴輪にも顔に入れ墨をした戦士像があり、入れ墨付き埴輪は古墳時代後期まで作られていた。

　入れ墨は、BC2,000年ごろのエジプトのミイラの胸にも見られ、大変古い歴史を持つ文化であるが、縄紋人の入れ墨は成人の通過儀礼として実施されていたと思われる。渡来人が土着民の入れ墨風習に染まってしまうくらいだから、渡来人は全国的に見れば当初はマイノリティであったことは明らかである。それは弥生時代後期（3世紀ごろ）の話で、日本の人口はまだ60万人ていどの時代であった。縄紋人は渡来人との関係が良好に維持された状態下にあり、直接戦争をしたことはなく、両民族の関係は割合良好であったといえる。

　前漢（BC202～AD8年）の山東省で始まっていた壁画古墳が3世紀には向岸の遼東半島から朝鮮北部の高句麗に伝わり、それが4世紀に日本に伝わって石棺に装飾が施され始め、5世紀後半から古墳内に壁画が描かれるようになった。百済と新羅は国家としての誕生が4世紀で遅く、壁画古墳の数も少なかったため、そのころはまだ日本の古墳文化に直接影響を与えるほどではなかったようである。

　中国の壁画古墳は山東省、河南省、およびその東南に接する江蘇省の徐州から連雲海にかけて、つまり黄河下流文明域の一帯に特に多いのだが、上流の四川省とその周辺地域にも多数存在する。特に江蘇省の徐州は漢の高祖劉邦の出身地で劉邦の親族や貴族が多く、大商人や大地主が集中して経済が発展した地域であった。従って豪華な古墳が多い。土地が広い国だけに古墳の規模も日本にくらべて桁違いに大きく、石室は家のように部屋数が多いものが普通のようである。その画題は、繁栄を極めた華やかな王

7 装飾古墳の渦巻紋は太陽の輝き

権支配時代の宮廷生活、戦勝行進図、狩猟図、迎賓図、舞楽飲食図が圧倒的に多い。このように繁栄を極めた高貴な人が、黄泉の国でも変わらずに楽しい生活をして欲しいとの想いを込め、その霊を慰めることを目的にこれらの絵が描かれていたのである。葬送儀礼図のような悲しい暗い絵は例外的に存在する程度であり、僻邪を意味する図は四神図だけである(注7-1)。

　高句麗は、遼東半島を経由して魏の文化を取り入れて成長し、3世紀に魏の壁画古墳文化を直接取り入れた。壁画古墳は当時の首都であった吉林省集安市（鴨緑江沿岸部）に21基、遼寧省に2基あり、その後遷都した平壌市とその南部にある南浦周辺に69基が残されているという(注7-2)。画題は中国と同じで人物風俗画が中心であるが、例外的に日紋だけを多数描いた「環紋塚」（5世紀の遺跡）という遺跡が吉林省の通溝に存在する。この環紋塚は壁画内部を見た感じがどことなく福岡県の日の岡古墳にも似ているので、環紋塚の紋様が日本の古墳紋様として伝わったのではないかという学者もいて、可能性として充分にありうることであろう。

7-2. 宝貝（子安貝）

　中国、雲南省の昆明市立博物館では、当時の通貨であった宝貝（子安貝、図7-2）を大きな壺一杯にたくさん入れた副葬品が展示されている。宝貝の生息地域は真珠貝の生息域とほぼ同海域で、形が子宝を産む女性器に似ていたことから縁起がよいこの名がついたらしく、しかも真珠貝より小型でもっと沢山とれたので通貨としての価値を得て流通するようになったのであろう。

　朝鮮の古墳では大勢の女官や官吏が壁面に描かれ、日本の古墳には遠出に必要な馬も描かれているから、それらの壁画の内容は、黄泉の国でも生前と同じような幸せな暮らしができるようにとの願いから、副葬品や壁画の題材を選んでいたことが分かる。昆明博物館員の説明もそうであった。

　亡き王者が、黄泉の国でも今まで同様何不自由なく暮らせるようにと熟

慮した結果、宝貝のほかに、狩りに必要な弓矢、馬、忠実な武官、奥方の霊も亡き王の霊とともに来世に行ってもらう必要があるとの考えが成り立ち、それらの人たちには王とともに死ぬことが求められ、実際にそうした歴史が長く続いた国もいくつか存在したが、そういうことが実行された時代の社会背景として、輪廻転生という人生観が定着していた時代であったから、そのような「黄泉の国への道連れ」が可能であったと思う。

そう考えれば、古墳内部の副葬品や壁画に描かれた人や動物や財宝などは、すべて死者の霊に携行してもらうために必要なものを用意したのであり、生まれ変わりに重要な復活のシンボルである太陽もそこに描かれたと考えることができる。

九州に来た渡来人が土着の美術家に壁画製作を依頼したとき、土着人は人の姿を上手に描けないことが分かったので、代りに何の絵ならば描けるかをたずねたところ、土着の芸術家が「太陽の再生力を借りて亡き人の再生を願うため、亡き霊は鳥の案内に従って沈んだ太陽とともに闇夜の世界を舟で東に進む。だから太陽の再生力を呼び込むために太陽の光を表現する各種の渦巻紋を描いてはどうか。太陽光線は来世に行くために必要である。渦巻紋ならば種類も多く、きれいな紋様絵図ができあがる」と申し出たであろうことが容易に想像できる。これは土着芸術家からの提案であった。その施主である渡来人は、生まれ故郷の「環紋塚」にそういう太陽紋があったことを思い出し、結局それが壁画の画題として承諾され、九州の古墳に日紋と各種渦巻紋が実現した、というストーリイも可能性として充分にありえたことである。

学者の中には、「高松塚古墳の壁画内容は、高句麗よりも中国の壁画内容の方に似ている」という人がいるが、いずれをまねたにしても、壁画は決して除魔・僻邪を目的に描かれたことにはならない。彼らの宇宙観からいえば、副葬品には初めから僻邪用と言える遺品は埋葬されていないはずである。従って、日本の古墳の装飾が何を表しているか不明である場合は、

7 装飾古墳の渦巻紋は太陽の輝き

「僻邪、除魔」が目的に描かれたのであろうとは、めったなことでは言えないはずである。考古学者が太陽神信仰の話も紋様美術も抽象画も自然宗教も輪廻転生の哲学も理解不足のまま今日に至ったからであり、深く考えずに安易に「僻邪、除魔」と発言して片付けてしまったため、調査研究の機会を失ってしまったと考えないわけにいかない(注7-3)。

作家の松本清張氏は「これは僻邪除魔の紋様ではなく、もっと日常的な紋様だと思う」と発言していた。さすがに作家は人の心の動きを重視する唯心論的研究者であり、縄紋人の信仰心や渦巻紋使用の意図が理解できる人であると思った。

中国、朝鮮の装飾古墳は来世の楽園での幸せを願う王族文化であったことを考えれば、副葬品と壁画を施す目的は日本においても高句麗と同じであったはずである。日本で装飾古墳が作られ始めたころ、古墳内に王族や官吏の人物画を描ける絵かきはまだ朝鮮から来日していなかった。日本で初めてそのような人物画が古墳に描かれたのは奈良の高松塚古墳が初めてである。渡来人は渦巻紋文化を持っていなかったため、高松塚古墳の100年ほど前に描かれた王塚古墳の渦巻紋は明らかに縄紋系渦巻紋文化を継承する土着の芸術家によって描かれた。

朝鮮の銅鐸も土器同様に無紋であったが、日本の銅鐸には太陽の渦巻紋と人物グラフィティ（線描画）が豊富に描かれている。その理由は、製作者であった土着民が古墳に渦巻紋を描いたのと同じ理由で銅鐸にも太陽紋を描いたからであり、首長の葬送儀礼においてこの銅鐸が打ち鳴らされたと考えられる。中国やベトナムの先住民族の中には、今も葬送儀礼で銅鼓を打ち鳴らす部族がいるので、銅鐸は銅鼓文化の流れを継承したものと考えて間違いないであろう。

銅鐸に見られるグラフィティは渡来人の母国であった中国、朝鮮、モンゴルなどには見られず、インドから東南アジア、中国雲南地方にかけての洞窟などに見られるシンプルな線描画である。つまり縄紋人の血には、

インド系の雲南文化や越文化を持つ中国南部の民族が日本に移住した証拠が残っている。日本の横穴墓の線刻画はその名残の文化であろう。

　古墳の造営は、渡来人の技術指導により土着民によって施工されたが、施主が渡来人であったことを考えれば、装飾紋様が持つ太陽信仰の意味については、渦巻紋文化をもたない渡来人に対して十分な説明がつくされ、施主・施工両者の打ち合わせによる意思疎通が図られ、渦巻紋を壁面装飾に描くことについては両者間に当然合意があったと考えるべきであろう。渡来人が亡き王の霊を黄泉の国に送るとき、彼らの伝統文化である来世での幸せな生活を願う絵を描かせずに、避邪や呪術の絵を描かせたとは私には考えられないことである。むしろ私のように考える方が、素直で常識的な判断であると思う。

　エジプト新王国の首都ルクソールにあるセンネジェム墳墓（BC13世紀、図7-3）の壁画に、彼岸をめざす死者の霊と先導役の鳥が乗った舟の絵がある。空の太陽は暗赤色で中の目玉がなく、さらに太陽の外周に守護神の蛇が巻きついているから、これは日没後の冥界を東に向かう輝かない太陽の意味であろう。つまり死者の霊が沈んだ太陽とともに冥界を東へ向かって航行し、太陽と共に復活することを願った絵であると考えられる。古代エジプトではこのような来世観がすでに確立していた（注7-4）。

7-3. エジプトのセンネジェム古墳壁画（部分）

　一方、福岡県の珍敷塚古墳（6世紀後半）には、エジプトのセンネジェムの壁画によく似た構図の壁画（図7-4のスケッチ）が描かれている。

7-4. 福岡県珍敷塚古墳壁画

左の舟部分スケッチ

73

7 装飾古墳の渦巻紋は太陽の輝き

　この壁画では右側に小円と蛙があってこれは月を意味するものだというから、ここに月を描いた理由は、日没後の太陽と死者の霊が夜中に冥界を東へ向かって進んでいく様子を表現したからであろう。
　つまりエジプトと日本の両国の壁画は共通の宇宙観によって描かれたものであることが分かる。
　インドネシアのスマトラ、ランプン州で昔から通過儀礼に使われていたタンバン・マジュ（図 7-5）という敷物がある。この刺繍の絵

7-5. スマトラのタンバン・マジュ

は「霊が乗った舟の上に鳥と太陽がある」構図である。ベトナムの銅鼓にも、船の上に鳥（死人の霊の象徴）がいて、船の漕ぎ手は鳥を来世に送る人として鳥の羽根を頭部に着けたバードマンと呼ばれる人たちが船を漕いでいるという、よく似た構図の絵がたくさん描かれている。いずれも世界的に殆ど同じ宇宙観が共存し、その宇宙観に基づいて夫々の絵が描かれたと見て間違いない。古事記の神代の条にも「天の鳥舟」の存在が書かれている。
　アイルランドのニューグレンジ墳墓（BC3,000 年）では、冬至の朝の太陽が玄室の壁に差し込むように作られている。これは、太陽が復活を始めて次第に光が強くなる新年の始まりを意味し、同時に太陽復活の力を借りて王の復活を願ったからであろう。この墳墓のマウンド周囲には、ボルネオの巨石（図 1-1）と同じような多数の S 字紋や単渦紋が彫刻された巨石が配置されており、正に世界共通の宇宙観が存在していたことが理解できる。
　また秋田県の大湯環状列石遺構（縄紋後期、BC1,500 年ごろ）では、万座と野中堂の両列石の日時計を結ぶ線が野中堂から見て夏至の日没方向に一致するため、一年で最強の光を王墓に呼び込む意味があり、さらに「栗の木などの作物を植える時期になった」ことを住民に知らせていたと

考えられる。青森の三内丸山遺跡（縄紋前期～中期、BC3,500～BC2,000年）の巨大6本柱のヤグラも夏至と冬至の方角に関係があるという。イギリスのストーン・ヘンジ（BC3,000年）では、夏至の朝に入口のヒーリング・ストーンの影が中央サークルの正面ゲートに当たるように作られている。

三内丸山の復元ヤグラは、発掘した位置から少し離れているからという理由で、元の位置で同じ現象が見られたとは限らない、とある考古学者が言っていた。太陽と地球間の距離は無限に遠い距離であるのに対し、ヤグラのシフト距離はせいぜい100～200メートルていどだから、原位置にあった時の方角を維持しておけばこの程度のシフトでは全く問題にならない。考古学研究も天文学の知識も取り入れて、研究を進めるべきではないだろうか。

これらの巨石文化による遺跡は、いずれも太陽の光を玄室に呼びこみ、太陽復活の力を借りて死者も共に復活してもらいたいという強い願いが込められており、併せて祭祀の場としても利用され、同時に方位として農耕カレンダーの役目も持たせて作り、日本の前方後円墳は灌漑用水池も兼ねて作られたと考えるのが妥当であろうと私は考えている。そう考えなければ、王墓建設だけの目的のために国中の集落の働き盛りの男の大半をかき集め、数年も数十年もの歳月を費やして巨大遺跡建設のプロジェクトに従事させることは、いくら王でも確信がもてなかったはずである。

この問題は、王が「いかにして国民を国家的大事業に協力させるか」を政治判断する場合、国民に対する王権政治の影響力を考えれば、むしろ王として当然配慮していた条件であったと私は考える。だが考古学者は、王が国民を統治する場合の政治的影響力を考えるのが苦手なのだろうか、そこまで考えた人がいないように見えるのだが、実際の学界はどうなのだろうか。天文学と農耕カレンダーの関係理解や、遺跡の向きと天体の動きの関係を調査する学者は、海外でもほとんど天文学者のようであり、考古学者はうさんくさそうに無関心でいる場合が多いように見える。

7 装飾古墳の渦巻紋は太陽の輝き

　例えばエジプト、クフ王の大ピラミッド（BC2,620年、高さ147m）の場合も、天文学的に見れば農耕カレンダーを兼ねて作られた形跡がきわめて強い。ピラミッドの傾斜面は52度で、日中は春の彼岸から秋の彼岸まで北側斜面に日が当たるが、彼岸をすぎれば日が当たる時間は次第に短くなり、最後は正午だけしか日が当たらず、その翌日から全く日が当たらなくなる。その正午だけ日が当たる最終日は10月14日であり、春の開始日は3月1日である。10月14日に最後の日当たりを遠くから確認した農民たちが「麦を植える5日前になったことを知る」という天文学者の解説（注7-5）がある。私の計算では、その場合ピラミドの北方（ナイル河下流方向）約52キロまでの範囲に住んでいた農民たちがそれを目視で確認できた、ということも分かった。その先には、ノロシなどの伝令制度が当然あったであろう。

　著名な科学雑誌「ネイチュア」の創刊者であるノーマン・ロッキャーは、「天文学の発祥は、古代文明の発祥と切っても切れない深い絆で結ばれている」といい、「とくに農耕文明の発達にとってはきわめて重要な役割を果たしていた」という。そもそもエジプトは、穀物植え付けに必要なナイル河の洪水がいつ始まるのかという問題が最重要課題になっていたため、早くから天文学が発達した。最初の暦を制定したのはBC4,241年であり、BC2,000年には天文学者が日食月食を予言したほど発達していた。シリウス星が地平線上に現れる地点や夏至の日の入りに主軸を設定した神殿もいくつかあり、古代エジプトの天文学は桁違いの進歩をとげていたことが分かる（注7-6）。エジプトを支配したユリウス・カエサルがそれを知り、エジプトの暦をローマに持ち帰ってユリウス暦を制定したほど先進的暦であった。考古学者や歴史学者はこのような問題をだれも取り上げないが、私には無視できないことであるため、あえてここに紹介しておきたい。

　太陽の復活と密接な関係を持つ天文学的方位の意義を持つ巨石遺構は、世界各地に存在する。それらは世界共通の宇宙観に基づいて作られており、

輪廻転生に通ずる哲学でもあったことを考えれば、巨石文化は基本的に強大な復活力をもつ太陽神と死者の霊を結ぶ文化を形成して始まったと考えて間違いないであろう。

8　縄紋芸術は前衛派芸術

(1) 井寺古墳の直弧紋を解明した

8-1. 熊本県井寺古墳
5世紀。壁画彫刻の図版

8-2. デフォルム前の
元の単渦紋
（太い左まきの渦巻線）

　初期の壁画古墳である熊本県の井寺古墳（5世紀）の直弧紋の彫刻（図8-1）は、抽象画に関心がある人なら分かることだが、まるで二科展の入選作を見るような超現代的で前衛的な構図と配色で構成された大胆な壁画彫刻である。

　彫刻を始めるにあたり、土着のデザイナーは大きな単渦紋をあしらったデッサンを施主に見せたが、それは渡来人にとって意味不明の紋様であったため、施主はこれをきらって強く修正を求めたのであろう。

　そこでデザイナーは単渦紋をモチーフとして残し、そこにX型の直線を入れ、円弧を鋭角化した上、円弧と鋭角、内部と外部、赤と白、実存と空間、善と悪、真と偽、支配と従属など、彼らの心の内面にある二項対立の視点をもとに渦巻紋を分解し、各部の断片をシフトし、傾け、直角に

ターンしてX型直線にそわせ、赤白の配色を逆にするなどの移動も含めて、意識的な操作を繰り返して別の絵に再構築したのである。

このように、直線を使って円弧を鋭角化して絵を再構築する技法は、ピカソらが20世紀初頭に伝統的美意識による創作に決別し、もっと自由で新たな表現を目指して注目を集めた「分析的キュビズム」の新造形法に通ずる技法である。そういう目で見れば、この元の絵は、壁画の中心部に渦の丸い起点があり、そこから太い渦が左巻きに大きく拡がる単渦紋であったことがはっきりと分かるのである（図8-2）。この絵がかくれた渦巻紋から展開された抽象画であることが分かったとき、私は縄紋芸術家の素晴らしい前衛的心意気がこの彫刻からにじみ出てくるのを感じ、今まで遠いものに感じていた井寺古墳の彫刻が、急に身近な現代的存在に感じた。この発見は、私個人として見れば些細な発見にすぎないのだが、研究史としてみれば90年以上もの長年にわたって完全放棄されていた直弧紋の謎が、やっと一人の素人によって解明され、最終結論に達した瞬間である。

この絵におけるこのような謎解きは、前衛美術の造形理論を知る人なら可能なことで、そこがこの問題のキーポイントである。直弧紋の仮称を与えた浜田耕作氏（後年は京大総長）が、この紋様が何を意味するか解析を試みていたころ（報告書作成は1916年）は、パリで1905年ごろに生まれたキュビズム造形法の時代からやっと10年が経過したころであり、まだ日本に紹介されていなかったであろう。だがその後昭和の時代になり、キュビズムが日本の美術界に伝えられたあとも、この絵の謎解きに誰も挑戦した人がいなかったことは、誠に遺憾なことであったというほかない。人はだれでも忙しい仕事の俗世界から離れて自由時間を過ごす時、反動的に心が落ち着く芸術、文学、旅行などの趣味、またはスポーツに飛び込むことが多いのだが、現代美術に興味を持った考古学者は一人もいなかったのだろうか。

古墳の施主は無紋文化社会に育った人であったため、このような絵画技法に無知であったことが幸いし、この貴重な前衛的壁画彫刻が歴史に残された。このように縄紋系土着芸術家たちが常に進歩的造形哲学を持っていたことが分かっただけでも、この研究は重要な考古学的意味を持つと思う。
　これらの古墳壁画の模写に半生を捧げた日下八光画伯は「壁画はすべて日本古来の描法であり、大陸の技法の影響を受けた壁画は一つもない」(注8-1)と述べているから、すべての壁画は縄紋系芸術を継承した土着の美術家によって描かれた事は間違いない。縄紋人は元々前衛的デザインが得意な人たちで、各地にいた優れた芸術指導者たちが、交易市場で毎回新しい美を競い合っていたはずであると、私は考えている。
　世界の土器土偶をみても分かるとおり、平凡な原始生活の中での平凡な生活の中からは、縄紋文化のような精神的に優れた前衛的芸術作品は決して生まれない。当時あれだけの想像もできない素晴らしい芸術的土器と土偶が出現した原因を考えると、何か特別な社会制度があって、その特殊条件下に置かれた芸術家たちが、競争するように新モデルの創作に励んだ結果であろうと考えられる。その特殊な社会条件とは、発達した貴族制度のような特殊な身分制度であったろうと考えないわけにいかない。現代の台湾原住民のなかには、まだ貴族制度が残っている部族がいる。縄紋人の末裔と言われる北アメリカ原住民の中にも、貴族制度が残っている。だからそれは縄紋時代にあり得ない話ではなく、むしろ可能性が非常に高いと私は考えている。そう考えなければ、あのように世界的にも例外的に高度な縄紋芸術が作られ続けた理由が説明できない。そういう意欲的な理論付けが学問にとって最も重要なことであるはずだが、それが見えてこない。
　詩人の宋左近氏は縄紋土器や土偶を美術品として愛好した人であるが、彼が親しくしていたある古美術商の話(注8-2)によれば「縄紋土器や土偶を買っていく客10人のうち、4人は前衛芸術家であり、一般の考古学愛

好家はわずかひとりにすぎず、残り 5 人は欧米人である」というから、このコメントも注目に値する重要な証言である。

　戦後、縄紋文化の美術的価値が見直されるきっかけになったのは、パリ留学から帰国した前衛芸術家の岡本太郎などによる「縄紋芸術爆発論」に始まる。河出書房新社の文芸別冊「岡本太郎」(p.122・128)によれば、岡本太郎は、縄紋土器をこういって讃えた。「強烈な電流にたたかれたようなショック。それは久しく求めていたものにぶつかった歓びだった。瞬間のスリル、無限の動揺、勝利の歓喜──縄紋土器はそういう精神状況の上に成り立った表情なのである。(中略) 形態のどぎついまで誇張された盛り上がり。それは単なる塊ではなく、その内容に不思議な空洞の遊びがあったりする。これは 20 世紀のアヴァンギャルド芸術によってはじめて自覚された近代造形の課題であった。彫刻は 19 世紀までは、空間を外におしのける塊として考えられてきた。現代彫刻はその内部に空間をとり込んでしまった。空間は背景ではなく、彫刻の構成要素になったのだ。これは大変な美の革命であった。この技術を原始の土器はすでに数千年前に鮮やかにマスターして、危機の空間美を誇っている」。つまり太郎は、芸術的土器を「前衛的彫刻芸術」として見ていたのである。

　考古学の本にはこのような美術的な解説は何ひとつ書かれていないから、縄紋土器も土偶も前衛芸術のカテゴリーに入るという意識を持つ人は少ないだろうと思う。私もそういう記事は一度も見たことがなかった。考古学者はそのような芸術観を持ち合わせていないからであろう。つまり井寺古墳の前衛的構図の壁画も含め、縄紋系芸術は全般的に前衛芸術のカテゴリーに分類されるべき作品群であり、そういうものが 4 千年も 5 千年も昔の原始時代に作られていたこと自体が驚異であるというほかない。

　前衛芸術はヨーロッパに始まり、アメリカに現代美術として広まったため、日本よりもヨーロッパとアメリカに理解者が多く、日本はまだ途上国といえる。大英博物館で 2009 年に開催された特別展 "The power of Dogu"

が大成功を収め、20万人近い人々が入場し絶賛を博した理由が、これで分かる。

　縄紋土器・土偶の大袈裟で独特な超立体的装飾が生まれた根底には、彼ら縄紋人のアニミズムとシャーマニズムの影響があったことは間違いない。アフリカや東南アジアで見る現代彫刻の独特な表現様式を見ると、シャーマニズムの影響と前衛芸術的美観が融合しているように感ずることがある。

　シャーマニズムは世界のいたる所に普遍的に存在した原始宗教である。世界中がそのような原始宗教的な社会環境にありながら、縄紋人だけがそれを特異な前衛芸術的コンセプトで具象化に成功し、表現力豊かな芸術作品に仕上げた天性の才能はほかに類を見ず、彼らの首長、祭司、貴族、芸術指導者たちがたぐい稀な才能の持ち主たちであったことは、現代人である我々が称賛をもって認める以外にない。

(2) 少しだけでも抽象画を理解しよう

　井寺古墳の直弧紋を理解するためには、最低限の渦巻紋文化と抽象画の知識を持ち、その特質を少しでも理解しておく必要がある。全く無知のままでは直弧紋の由来が理解できず、従って装飾古墳文化の理解もむずかしいということになる。今までこの問題が千数百年の長きにわたって放置され、誰も解決し得ないまま現代にいたった原因は、関係者のだれもが、渦巻紋の由来と抽象画の知識、この両方を持ち合わせていなかったためであろう。

　一般人にとって前衛芸術はとかく馴染みにくく、分かりにくい。私にも分かりにくいが、それでも若いときに院展系（*）と日展系（**）の先生について少し日本画の勉強をしたことがある（* 代表格は元芸大学長の平山郁夫、** 代表格は美人画の松村松園）。また友人の中には武蔵野美術大学卒の専門家もいるので、たまには少し議論することもある。彼は典型的な抽象画嫌いの画家である。美術作品を目の前にしたとき、心に素晴らしい感動

8 縄紋芸術は前衛派芸術

をおぼえるのは、自分と作者の間に「心の響き合い」を感ずるからである。美術にも文学にも何も感じない人は、その素晴らしさを理解できないだけではなく、人生において心に感動をおぼえることも少なく、それが何かを始める行動のきっかけになることもあまりないのではないかと危惧する。だがそういう人の方が世の中を無難に切り抜ける人である場合が多い。

　若い時に日本画を描いた経験と知識は、今になって大変役にたっている。そのひとつは、インドのアジャンタ洞窟遺跡に描かれた壁画の絵の具がはがれ落ちた跡をよく見ると、白い胡粉（ごふん）を下塗りにふんだんに使った跡が見えるので、これは日本画の元祖に違いないと直感したことである。胡粉の「胡」は西方から中国に渡来したものに付ける文字である。古代エジプトの壁画にも同じ塗り方で白色のベールが描かれている。またパリに留学していた藤田嗣治画泊の有名な謎の乳白色は、あの独特の白さからいって、彼は日本から持ち込んだ日本画用の胡粉を白の油絵の具に混ぜたに違いなく、それ以外にないはずだが、油絵画家は胡粉を知らないらしく、このことはほとんど知られていないようだ。このように少し理屈っぽい私は、抽象画の理論にも関心があり、二科展もその会員の個展も数回見て感動しており、カンディンスキーやシャガールの特別展なども見ているから少しは分かるつもりである。

　抽象画が分かりにくい原因は、絵画として表現する場合に、外から見た形態を描かずに、そのものが内部に擁する精神的な内容を探り、画家がそれをどのように感じたのか、その内部からにじみ出てくる何かを表現することが必要で、画家の感情や心の動きをキャンパス上に表現するから、絵を見ただけでは何を描いたのか分かりにくいからである。

　例えば岡本太郎の大阪万国博会場入口にあるシンボルタワーを見ても分かる通り、パリに留学した彼の抽象画の基本はヨーロッパの太陽神信仰文化に基づいている。彼の絵の中には太陽のコロナ、火炎模様がたくさん使われている。太陽以外のものにも放射状の火炎が頻繁に描かれており、そ

れを実物の釣鐘にもたくさん着けている。この放射状の抽象的なアクセサリーの意味は、エネルギーが発散する様子をコロナや火炎の形で抽象的に表現した結果であることが分かる。

　逆に抽象画に強い関心がある人は、絵を見た瞬間、その新鮮さに強く心を打たれ、感動し、わくわくする。それは、その人が持って生まれた天性、感性の問題であり、理屈ではないから、なぜそう感ずるのかを言葉で説明することはむずかしい。ピカソの抽象画を買い支えた画商のカーンワイラーは、キュビズムの重要な解説者であったが、彼はこう言っている。「絵の中の女性は女性ではない。彼女は記号の集合体であり、それを私は「女性」として読むのである。絵画とは記号の創造なのである」と。つまり一般絵画の「構図」の代りに、抽象画では、「記号による画面構成」があるといえそうだ。

　アイルランドは、ヨーロッパ先住民であったケルト人の文化が色濃く残る国で、トリニティ大学の図書館には代表的なケルト文化の紋様美術が描かれた8世紀ごろの福音書「ケルズの書」がある。これには日本と同じ渦巻紋が無数に描かれており、さらに全体を構成する渦巻紋集合帯も渦のようにうねっているという徹底ぶりで、ちょっと異様な感じがするくらい複雑化した紋様であり、これは明らかに前衛美術派の表現に属する。岡本太郎はパリ留学中に見たケルズの書の渦巻紋を知っていたので、縄紋美術の前衛性がアイルランドの紋様と共通することに驚いていた。ダブリンの教会に飾られている8世紀のキリスト像の胸（巻末の集成表、アイルランド＃5に掲載）には、青森県明戸遺跡出土の亀ヶ岡土偶の胸に刻まれた紋と同じ四頭紋（巻末の集成表、日本＃40）がついている。キリスト像の方が新しいので、その四頭紋の渦巻き部分は日本の銅鐸の四頭紋（巻末の集成表、日本＃77）と同じく、丁寧に巻かれた四頭紋であり、そういう共通性にも驚かされる。日本とアイルランドという大陸両端の島国だけに表れた

8　縄紋芸術は前衛派芸術

前衛美術渦巻紋の起源を語ることは、大変に興味深い。

*

　20世紀前半に活躍した抽象画家ワシリー・カンディンスキーは、モスクワの芸術アカデミーの教授や美術館長もつとめ、後年はドイツ、ヴァイマル州立バウハウスの学長代理もつとめた人で、キュビズム派の流れをくむ構成主義や新造形主義から派生したバウハウス派を形成した理論家である。

　彼は前衛芸術に携わる者の必修条件として、次の4点を著書であげている。(注8-3)

① 宗教や芸術の中に精神の存在を認める人であること。
② 唯物論者のように、絶対的なものを形態に求めるべきでないこと。
③ 自己の人生の行く手が広く開けており、邪魔な制限が何ひとつないこと。
④ 自己が挑戦した前衛芸術作品に対して、周囲の人たちの嘲笑と非難の対象となっても、常に勝利を勝ちとっていくこと。

　岡本太郎もほぼ同じ内容のことを主張している。縄紋系の前衛芸術家たちも当然そういう立場にあった人たちであり、誰にも支配されない自由主義の芸術家たちであったがゆえに、あのように斬新で新しいオブジェを自由に作れたのである。縄紋時代はそれほど素晴らしく平和で自由な時代であったことが分かり、彼らの行動基準は「現代人の常識以上の自由な心と謙虚な宗教心」の中にあったことが分かる。

　だが残念ながら、日本の考古学者は上記カンディンスキーの4項目全ての条件と正反対の立場にある方々ばかりであるように見受けられる。そのため前衛芸術系の画家が描いた渦巻紋中心の古墳壁画内容が理解できなかったことは、無理からぬことであったかもしれない。

　僭越な言い方になるが、日本の考古学界では使用目的が分からない出土

品は、祭祀用や僻邪目的であろうと判断することが習慣的に優先され、それが許されてきた特殊な世界であったように思う。

　一方で、何事にもきびしい計画の作成と計画通りの進捗管理が求められ、「世界トップクラスの技術力を誇れる優れた完成品」としての評価結果を求められる民間企業において、私は新プロジェクトを担当する度にその夢に全力でぶつかり、プロジェクトが完成する度に自分が大きく成長して新しい世界観ができ、ひと回り大きくなった自分を感じていた。そのような生き方からみれば、考古学界は安易優先という閉鎖社会の行動基準で動いていたように見えることがあるのだが、実際はどうなのだろうか。

　壁画模写に半生をささげた日下八光氏の業績として、「壁画の高度な紋様模写」と「壁画内容の解析」がなされたことに敬意を表するが、氏は専門の画家であっても抽象画の知識が皆無であったため、やはり古墳紋様の由来を解析できなかった。芸術家は自己の作品に対して一種のイデオロギーを持ち、その信念は驚くほど固く、従って一般の画家は激しいアンチ抽象派であるから、抽象画の可能性を考える人はいない。

　現代ではキュビズム描法があまり使われなくなったが、キュビズム画がパリに誕生後20年くらい経過すると、そこから様々なモダンアートが派生し、特にアメリカではそれが現代の隆盛時代を迎えた。それでも抽象画が生まれてまだやっと1世紀をすぎたところである。だが縄紋系前衛美術家によって創作された古代キュビズムの直弧紋は3世紀から6世紀まで約300年も創作活動が続いた。その後に前衛芸術が世界に表れたのは20世紀になってからであったという歴史を考えれば、日本における古代キュビズムの出現は、まさに世界の驚異的出来事であったというしか言葉がない。キュビズム的直弧紋を描くには特殊な意欲的才能と根気が必要であった。だが渡来人との混血が進むにつれて前衛芸術家の気概を持つ人が次第に減少し、500年ごろにはついに直弧紋が途絶えてしまったのである。

(3) キュビズム紋だけが直弧紋

　5世紀の井寺古墳のキュビズム紋は、直線と円弧による複雑な構成であり、ほかに類例がない紋様であったため、浜田耕作元京都大学総長（考古学者1938年没）は紋様が解析されるまでの間の仮称として「直弧紋」と名付けた。その後発表された後輩の小林行雄氏による直弧紋研究でも、紋様の起源も意味も中途まで解析されただけで結論がでず、今日までこの仮称が使われてきた。

　だがその後、この名称が紋様とは別に一人歩きしている。井寺古墳のキュビズム紋様とは構成要素がまるで違う紋様でも、直線と円弧の両方が使われている紋様ならすべて直弧紋と呼ばれているらしく、混乱の感がある。キュビズム手法でデフォルムされた井寺古墳型紋様と、単純な直線と円弧が単にコンビネーションで描かれただけの紋様は厳密に区別されるべきものである。井寺古墳のようにキュビズム的手法でデフォルムされ、再構築された紋様は、ここではとりあえず「キュビズム紋」と呼ぶことにする。

　また倉敷市楯築遺跡（弥生時代）の「亀石の紋様が直弧紋の元祖」ではないかという学者が何人かいるが、私がスケッチした3面図（図8-3）で分かるように、亀石（長さ約1メートル）の紋様は「日紋」と「S字紋」と「J字紋」（一部に変形がある）の3種類だけを並べて構成したものであるから、これは直弧紋とは何の関係もない。むしろ日紋が上下

8-3. 岡山県楯築遺跡の亀石

2段に3個づつ、計6個ある（左側下面図）ので、日の岡古墳の日紋配置に似ている点に注目すべきと思う。日紋6個は6日間、または6人を示すと私は思うが、それが何を意味するかはまだ分からない。

福井県の足羽山遺跡の石棺の紋様（図8-4）も現在は直弧紋に分類されているが、その判断は違う。これも直弧紋ではなく、明らかに「半円紋」(C)の連続紋である。つまり福井県には近畿から直弧紋が伝わっていなかったのだ。同じく出雲にも直弧紋が現れていなかった。

8-4. 福井県足羽山遺跡の石棺
5世紀初頭。この紋様は直弧紋ではなく、連続半円紋である。

　出雲に直弧紋がなく、出雲と福井の両国に5世紀初めから日紋と光輝紋が現れていた。

　この埋葬用紋様文化の伝播現象は、当時出雲も福井も大和政権とは無縁の独立した連盟王国であり、出雲が丹後、若狭、敦賀、福井を同盟的に支配していた古代日本の二重王権政治の歴史に一致する証拠であるということができる。

　私の渦巻紋分類により（私が調べた資料範囲において）、大和朝廷の直弧紋は出雲連盟国に伝わらなかったことがはっきりしたといえる。

　渦巻紋を起源とする最古のキュビズム紋は、奈良の纒向石塚から出土した木製アクセサリーで、弥生時代後期の3世紀のものである。だがこれには直線がないため、学者は「これは直弧紋ではなく弧紋だ」というのだが、2個の単渦紋をデフォルムした紋様であるから、まぎれもなくキュビズム紋＝直弧紋である。

　卑弥呼の死が245年ごろであり、場所は同じ纒向であったから、その親類縁者が使っていたものと思われる。そのころは渡来の支配者人口がまだ多くなく、彼らも土着人のまねをして入れ墨をしていたくらいだから、紋様文化を持たない渡来人は縄紋系の土着彫刻家がデザインして作ったローカルなものに若干の違和感を覚えながらも、力強いデザインが気に入って友好的にそのまま使っていたのであろう。弥生時代において土着民と渡来

人の間には戦争もなく、割合良好な関係が保たれていた。戦争を起こしたのは後年における渡来人同士であったことが考古学上から理解されている。それはゲルマン民族がライン河を越えて先住民ケルト人の土地に進入した時と同じ結末である。ケルト人たちもゲルマン人と戦争をしなかったが、後からそこに侵入してきたゲルマン人同士が戦争をした。NHKは稲作文化史のTV放送の中で「弥生人が日本に来て、土地争奪問題のため縄紋人と戦争をした」と説明していたが、大河ドラマ的大衆受けをねらった創作的不正確な表現であり、それは考古学者の学説と違う。戦争が起こらなかったことの論理は「10　渡来人増加による土着文化の消滅」の中で、多民族国家における人種問題として別に説明する。

纒向石塚のアクセサリーと大阪（河内）の貝製腕輪（図8-5）の作者たち、つまり当時の抽象画的紋様デザイナーたちは、以前に遊び半分で、数個の鏡を向かい合わせ、その中をのぞいてみたり、ピラミッド状に立てて中に置いた渦巻紋を反射させたり、鏡の中だけの不思議な千変万化の模様世界を見ていたことがあったに違いない。その時の万華鏡のような華麗な反射紋様を鮮明に覚えていた

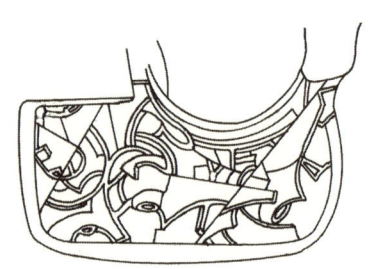

8-5. 大阪府紫金山遺跡の貝製腕輪
（古墳時代初期）

ので、それにヒントを得て考えだしたキュビズム紋であったと、私は考えている。

今まで誰も描いたことがない特別な絵や紋様を描く場合、デザイナーは必ず目標とするコンセプトを日ごろから頭の中に描いておいたものを手掛かりに進めるのであり、全く無のまま真空状態からいきなり描き始めることはありえない。新しい機械の設計図を書く場合でも同じである。

そういうヒントになるものを見て心の中に新しい形式の紋様像があったからこの貝製腕輪の複雑な紋様が作られたのである。私がこのことに気がついたのは、直弧紋の中に必ずX型に交叉する直線があり、それが子供のころ

に見た万華鏡の線を思い起こさせたからであった。そこで私は実際に2枚の鏡のふちを合わせ、その前に渦巻紋を置き、向こうに立てた鏡に反射させながら2枚の鏡の角度を少しずつ変えてみた。

鏡の角度が90度になった時（左の絵ではa1,=a2=45度、11=12=0）、井寺のようなX形の直線が表れたので「しめた」と思った。さらに図8-6のように手前の鏡を3枚にし、a1とa2を色々な角度に変化させると紋様が次第に複雑化した。図8-7はそのとき鏡の左右両端に見えた紋様の円弧で、一人では写真撮影がむずかしいので今はこれしかお見せできないが、興味ある方はもっと極度なデフォルムが表れるまで鏡の数をふやし、角度を様々に変えて試してみることを勧めたい。

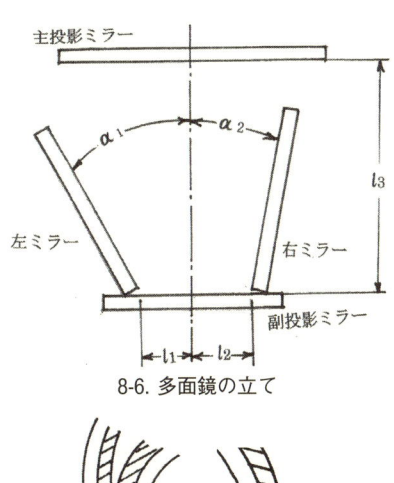

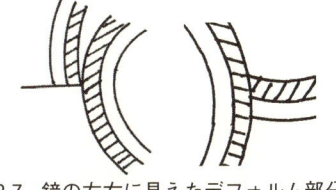

8-6. 多面鏡の立て

8-7. 鏡の左右に見えたデフォルム部分

これがヒントになって古代キュビズム紋が始まったのであろうと私は考えている。縄紋時代にキュビズム紋が現れなかった理由は鏡がなかったからで、キュビズム紋のヒントになる多面鏡のデフォルメションを見る機会がなかったからである。弥生時代に銅鏡が現れ、それがキュビズム紋様を生み出すきっかけになったことはほぼ間違いなく、それ以外の理由はないだろう。

初期のキュビズム紋である大阪紫金山遺跡の貝腕輪（図8-5）は、日本の古代美術史に残る最高峰の作品といってもよいくらいだ。500年ごろに表れた井寺のキュビズム紋は「分析的キュビズム」と呼ばれる造形法であるのに対し、それより150年前の350年ごろに作られた貝製腕輪の紋様の方は「総合的キュビズム紋」と呼ばれ、立体的に再構築されていることが

最大の特徴である。これは「分析的キュビズム紋」よりもレベルが高い創作法である。高級な貝腕輪が先に表れ、150年後の井寺では「分析的キュビズム紋」にレベルダウンした理由は、渡来人が次第に増えて混血が進み、土着の優れた縄紋系芸術家が育ちにくくなったからである。混血が進むほどその傾向は次第に強まり、キュビズム紋の後続デザイナーが生まれず、やがて消滅した。

「直弧紋は単渦紋がキュビズム化した紋様である」と明らかに分かる作品は、井寺古墳の石障（平らな石板を石室壁際に立てたもの）が代表的なもので、説明用に掲載した図8-1の紋様がキュビズム紋の起源探索用として最も分かりやすい一駒である。同じ石障上に並べて描かれている他の5駒の紋様は更にデフォルムを繰り返してもう少し複雑にしてあるから、元の絵が何であったか、ちょっと分かりにくい。

大阪の紫金山近在の彫刻師が貝製腕輪に抽象芸術の直弧紋を作り、それを見た無紋文化の渡来人が今まで見たことがない複雑ですばらしい出来栄えにすっかり心を奪われてしまったことは容易に想像できる。紋様の意味は分からなくても、複雑怪奇でありながら規則的で力強い構成美を感じたからである。

南洋産の高価な貝殻に彫刻して作った腕輪であるから、当然王侯貴族が装飾用腕輪として愛用していたものである。応神天皇がそれまでの卑弥呼系の倭朝廷を倒して河内朝廷を立てた時代に当るので、応神天皇の親族に関係ある高貴な人が作らせた物ではないかと考えられる。

だが今日に至るまで貝輪の紋様が何を意味するのか解明されず、副葬品として埋葬されていたためにこの紋様も僻邪・呪術の紋様と見なす学者が多いが、高貴な人が呪術の紋様を腕輪に彫刻させて愛用するはずがない。「僻邪」の文字が信じられないほど安易に使われているように見える。この紋様は、貝輪を身につける人の幸運と名誉ある立身出世と諸国支配を完成する王権政治の強化を目指す人生の守り札として、その人が身につけるのにふさわしい充分に素晴らしい高級装身具であったのだ。

直弧紋が九州に伝わったときに初めて現れた場所は、朝鮮を出発した渡来人が博多湾や唐津湾に上陸した場所ではない。朝鮮から南下して九州が見え始めたときに、むしろ博多湾も唐津湾も避けて玄界灘を西方に迂回し、さらに長崎県沖を南下し、早崎瀬戸海峡から東の有明海に入ってその東岸に到達し、福岡県の筑後川沿岸近くの集落と、熊本県の宇土半島沿いに北上した地点の集落にだけ現れ、それ以外の土地には表れていない。
　つまり唐津湾や博多湾沿いの渡来人集中地域を避けて通り、逆に裏側の渡来人が少ない有明海沿岸を選んで彫刻されたのである。そのため装飾古墳は大和の中央文化ではなく、地方文化であると定義されることになり、それは全国的な現象であった。その原因については「10　渡来人増加による土着文化の消滅」で詳しく述べる。
　九州の古墳に使われた紋様と同じ紋様が東北の古墳にも現れた理由は、元々土着の縄紋系渦巻紋文化は縄紋時代から全国に同じ紋様文化として存在していたものであるから、両地方に同じ土着の紋様が現れたのは不思議なことではない。九州地域と東北地方に同じ紋様がある原因を説明するために、一部の学者がいうように、多氏一族の関東・東北移住説を持ちだして結びつけようとする必要はないと思う。考古学者は縄紋土器に描かれた渦巻紋をほとんど知らないことは、大変意外なことであった。

9　日本の同心円紋論争

(1) 銅鏡は太陽紋を模して造られたもの

　この問題は日本の歴史家、考古学者、美術家などの間で、想像以上に盛んに議論されている。銅鏡が作られた目的を基本に立ちかえって考えれば、「副葬された銅鏡は被葬者の地位と身分の高さを誇るために作られ、家宝として保有され、副葬されたものであり、銅鏡は決して僻邪を目的として作られたものではない」ことを先ず念頭におく必要がある。一旦「僻邪」の文字で片付けられると研究はそこで停止し、半永久的に研究が拒否される恐れがあるため、「僻邪」という言葉は危険な用語である。それよりも、

鏡は主体性のない物体であるため絵の題材になりえず、絵に描かれることはほとんどないのが世界の美術界の常識である。昔のギリシャでは、鏡をみると自分の顔の表面が吸い取られて鏡面上に見えるのだから、やがて死にいたるという迷信があり、鏡は嫌われていたくらいだ。

銅鏡の実物を見ると、円板と大きな鈕で全体の形状が構成されていることが最大の特徴である。だが大阪の安福寺や福岡県筑後川下流の石人山の石棺上面に彫刻された同心円は、中心部の円があまりに小さすぎて、とても鈕とは言えない微小な点にすぎない。微小な点で表現されている理由は、これが銅鏡の鈕ではなく、中国殷時代の甲骨文字の「日」の形を表現したからであると考えれば、外円に対して内円が極端に小さい理由の説明がつく。

図 9-1 は少数民族の納西（ナシ）族が使う東巴（トンパ）文字（世界遺産）と甲骨文字を比較して示した絵で、雲南省昆明市の民族博物館そばの少数民族村で見たものであるが、下の矢印の字が甲骨文字の「日」の文字で、中に小さな点がある。甲骨文字の解説書にも、「太陽の形。中央の点は黒点とも、太陽の中に鳥が棲むという神話の表現ともいう」[注9-1]とあり、これが石棺や壁画に彫刻されたと私は考えている。従ってこれは鏡ではなく、太陽を表した紋様なのである。銅鏡の証拠として光輝文（三角紋）を持ちだす人がいるが、銅鏡には三角紋が描かれていないものがたくさんあるから、三角紋だけでは鏡説の物証としては不十分である。

太陽紋起源を提唱する私は、同心円は全て日紋であると考えている。なぜなら縄紋土器にも描かれているからで、縄紋時代にはまだ銅鏡はなかったが、それでも縄紋人が土器に同心円を描いていたから、これは日紋であることにほかならない。古墳に同心円を

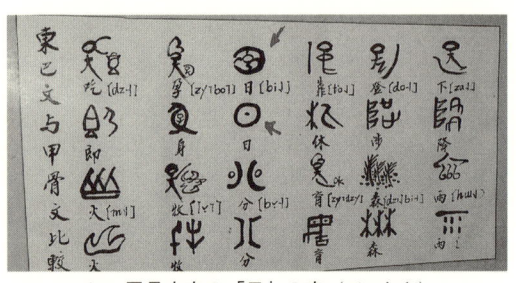

9-1. 甲骨文字の「日」の字（下の矢印）

描いた人は、同じ縄紋系土着芸術家である。古墳の絵や紋様は、渡来人が自分たちの文化で描いたものではない。

　しかし日本では銅鏡説が有力で、的説もある。縄紋土器に同心円紋があることを、多分知らないのだろう。私が調べた範囲では、海外に鏡と考えられる同心円は一例もなく、すべて日紋である。資料で見た限りだが、中国、朝鮮の古墳にも銅鏡が描かれた絵は見たことがない。鏡説の学者は、鏡である証拠としてヒモで吊り下げたように見えるものや、円周に三角紋があることを理由にあげるが、単にそれだけで表面的なことしか書いておらず、それ以上に物証としての掘り下げた確信的な理論的説明が何もない。だからその解釈は直感的で、先入観的思い込みであるとしか言えない。

　この同心円は本当に鏡と言えるのか、私が否定する科学理論的、確信的な理由を書いておこう。

　石棺内に副葬品として置かれていた鏡はすべて棺の床面に置かれていたものばかりで、実際にヒモで吊り下げられた状態で見つかったと書いた文献は何もない。吊り下げる理由も必要もないから吊り下げなかったのである。もしヒモで棺内に吊り下げたならば、鏡の一端に穴があいていなければ、ひもを結びつけられない。だがそのための穴があいた鏡があったという記録はどこにもない。第一、先人の偉大なる身分を象徴する宝物の銅鏡に、そんなみにくい穴をあけて傷を残していいはずがなく、それは決して許されない行為である。さらに当時は銅剣の時代で鉄剣はまだ作られ始めたばかりであり、青銅を自由に削れる硬い焼入れ鋼製の細い工具はまだ実用化されていなかったはずだ。また、もし銅鏡中央の鈕にヒモを結んだとすれば、吊り下げたときに鏡は水平（真横）になり、決して絵のように垂直（縦）にはならない。だからヒモに見える線はヒモではないのだ。井寺古墳の絵でヒモのように見える縦線を見ると、右端の2個の同心円をつなぐ2本の線はたるんで曲がっているから、鏡を吊り下げているヒモでないことは明らかである。

　古墳壁画を模写した日下八光氏が鏡説を強硬に主張している例として、

図4-3に示す「珍敷塚古墳の絵の同心円も鏡だ」と主張している件がある。さらにこの同心円紋を「そばにある船に結びつけて考えるべきでない」とまでいうから、私には真意が理解できない。さらに井寺古墳の石障右端にある「たるんで曲がっている線」は自分の鏡説にとって都合が悪いため、この曲がった線だけを消した絵を著書に掲載していた(注9-2)。優れた業績を残された故人であるから申し上げにくいのだが、それは証拠改ざんに相当し、その行為によって彼の鏡説論文は無価値といえるのではないだろうか。

　ではあの同心円の縦線は一体何なのか。科学的理論を標榜する拙稿では、「太陽が西の空に沈む状態を、軌跡の縦線で代用表現したもの」であろうと理解している。「死者の霊が、タイミングよく西に沈む太陽のそばに行けるように」という願いをこめて、太陽が沈んでいく意味を表す代用線を描いたのだと思う。「これは朝日ではなく夕日である」という意味である。太陽が沈むときは輝度が極端に弱くなり、周囲に蜃気楼のようなものが見え隠れすることがあるので、一部の縦線はゆるゆるに描かれたのではないかと思う。

　だが私は鏡説も的説もあえて完全否定しないでおこう。確率の法則では100%の確率は存在せず、確率は常に100%未満という原則があるからで、科学者として一方ではそれを否定することはできないという矛盾も残る。

　直弧紋の名付け親である浜田耕作氏は、日本の考古学者には珍しく「同心円は太陽紋である」と言い、つぎのように述べている。「これを太陽の形を示すものとするは最も普通にして穏当な解釈なる可く、太陽を崇拝し、太陽神話を有したる古代民族が特に太陽の威徳を感じたることは大なりしは言うまでもなく、これを表徴として紋様として示すに至りしや最も有り得べきことに属す」(「肥後に於ける装飾ある古墳及び横穴」p86、大正6年の報告書)。浜田耕作氏は単なる考古学者に終わらず、京大総長まで昇りつめた研究者である。その背景には世界の宗教哲学に通じていた人であったことを考えれば、氏の太陽起源説は容易に理解できる。同氏のように世界

の中心的古代文化に通じ、太陽信仰文化に通じていた考古学者が大正6年から現代にいたるまでの約90年の間に何人か表れてもよさそうに思うのだが、それは路上でダイヤモンドを拾うくらいむずかしいような気がする。

岡本太郎は、九州の千金甲古墳に描かれた沢山の同心円を見て「アイルランドのニューグレンジ遺跡に刻まれた渦巻紋様と気味悪いほど共通性が見られる」と言った。同心円も渦巻紋も太陽紋であることを彼は知っていたので、パリ文化育ちの彼は太陽紋をよく理解していたことが分かる。

同心円の結論として、日本は世界で例のない鏡説の国であり、古代世界史の流れと大きく相違する国であるといわざるをえず、残念ながらいかにも大陸から離れた孤島独自の解釈という感がぬぐえない。私はむしろ、銅鏡が中国で作られ始めた初期のころ、銅鏡は逆に日紋や光輝日紋の形状をまねて作られたものであると考えている。中国は今も渦巻紋が見られる国であるから渦巻紋文化に対する理解は日本と違って全国的であり、北京オリンピックの開会式会場の装飾にも渦巻紋がかなり使われていたことを、私ははっきりとおぼえている。

(2) インド文化調査の必要性

中国の歴史家は、中国文化の基層文化であるインドの歴史文化をよく研究する（日本や朝鮮の歴史を研究する人はまれ）。だから日本の歴史家も、中国人歴史家のようにインドの歴史文化を勉強することを希望する。特にインドの宗教、哲学、天文学、数学、医学、美術が中国に与えた影響は大きい。日本人学者はインド文化にうといせいか、中国文化説明の書物には仏教以外のインド渡来文化を殆ど書かないが、インド人が書いた中国文化紹介の書物にはインド渡来の中国文化がよく説明されている。つまり表面だけの中国文化を見ても、その基層文化がどこの文化であるかまでは研究していない日本人が多いようだ。従って古代ギリシャやインド文化と中国文化との関係をよく理解していないことが問題点として残ったように感じられ、それが今回の問題点となったように思われる。

9　日本の同心円紋論争

　ギリシャの地理学者ヘカテウス（BC6世紀）が、世界で初めて世界地図を銅板に描いた時の地図(注9-3)を見ると、西にヨーロッパ大陸があり、その南にアフリカ大陸があり、その東隣にアラビア半島があり、その隣にインド亜大陸があるから、そこまでは大体似ている。だがその東側を見ると、カスピ海はヨーロッパの東端に広がる最果ての海になっており、もはや陸地は何もないから中国はもちろんない。

　次に、ギリシャの歴史家ヘロドトス（BC5世紀）が書いた東方交易路の地図を見ると、黒海の北側に住んでいたスキタイ人の話として、アルタイ山脈南側の匈奴の土地と中国の西安を結ぶ交易路が示されているから、そのあとで中国の名がギリシャに知られるようになったのであろう。

　『漢書』によれば中国とインドの貿易はBC2世紀ごろから始まり、交易が盛んになるにつれて、中国は積極的にインドの先進文化を移入するようになった。

　ゾロアスター教徒であった中央アジアのパルティア人やクシャナ人が、2〜3世紀ごろから仏教に改宗して仏典を漢訳して中国に運び、中国に仏教が芽生え始めていた。それでも法顕が中国人として初めてインドに渡って仏教を修めたのは5世紀で、それは日本の古墳時代中期であったから意外に遅い。大和政権が百済から仏教を導入したのはその1世紀後の6世紀だからこれは意外に早い。ちょうどそのころ、南インドの達磨大師が中国の広州に来て禅仏教を伝えたから、これもあまり早くない。

　また玄奘三蔵法師と義浄がインドに留学したのは7世紀であるから、それは日本に仏教が入ってきたあとのことであり、中国がインド文化導入の結果として、古代ギリシャ文明を中心とする世界の哲学などの主流文化の仲間入りを果たしたのは、我々の予想よりかなり遅かったように見える。つまり中国文化だけを見ている人は、外観は分かってもその基層文化を知ったことになりにくく、そのため古代の中心文化であった太陽信仰や天体観測が盛んなエジプト、ギリシャ、インドの自然神崇拝哲学との関係があきらかになりにくいように思えるのだが、どうだろうか。

ヨーロッパの学者は、インド文化をギリシャ、エジプトと並ぶ先輩格のように尊重するが、日本の学者は中国文化中心主義でインドの歴史文化を見向きもしない人が多いようだ。その理由は、インド文化はヨーロッパ文化への影響が少なかったから、というヨーロッパ文化基準主義であろう。さらに中国文化は日本人の好きな漢字だから分かりやすいが、インド文化は片仮名、ラテン文字、ナーガリー文字だから日本人が好きになれない文字、という理由も影響しているような気がする。日本の学者がイギリスの大学に招聘されて行くと、インド文化に無知であるため、インド文化の話が出ると殆どの人が恥をかくことを、私はケンブリッジ大学の人類学博物館に行った時に大学の研究者との話で初めて知った。これは国家的損失ではないだろうか。

　日本人が読むギリシャ文化とエジプト文化の書物は、ローカルのギリシャ人、エジプト人が書いたものではない。ヨーロッパ人が出土品や文献を頼りに調べ、著者が育ったヨーロッパ文化の解釈に基づいてヨーロッパ人向けに書いたものを基本にしているため、ほとんど王朝文化の盛衰物語ばかりである。そのため、本来は価値が高い自然現象の神格化による渦巻紋などの土着文化や風土に関する地方文化があっても、ヨーロッパの著者が関心がなく無知に等しい土着文化は、その価値を知らないから著書に取り上げない。そのため我々日本人も知るすべがないという欠陥書である。

　一方、インド文化の書物は、インド人が伝統的インド文化に基づいたインド人自身の目線で書いた著書が日本語に翻訳されたものがあるから、そこには太陽渦巻紋文化の話もはっきり書かれている (注1-1)。イギリス人が書いた別のインド神話の書物では、太陽神信仰は書いてあるが、著者は渦巻紋を知らないから当然太陽起源の渦巻紋文化は何も書いてない。私の場合は初めにインド文化に取り組み、そのあとでエジプトとギリシャ文化を調べた。結果的にそれがよかったと思っている。

　中国人学者の研究順序も私と同じである。私が滞在したインドネシアをはじめとする東南アジア諸国は、すべてインド文化の国（ヴェトナムだけ

は中国文化で例外）であるから、インドネシア帰りの私は古代インド文化を先ず図書館で調べ、その後上智大学と東京外語大で聴講生になり、アジア文化副専攻科目である東南アジア史とインド文化史を1年間学んだ。ギリシャとエジプトの文化は高校世界史B、NHK学園の講座、図書館で学んだ。一般の人にとってインド人が書いたインド文化史を読む機会がなければ、渦巻紋文化を知る術がないだろうと思う。

　私がこのようなラッキーな運命に出会った事を考えると、私の前世は縄紋美術家か、インドの洞窟芸術の関係者だったかもしれない、と勝手に想像している。

　ヒンズー教の火の神アグニ、太陽神スリャ、暁の女神ウシャスなどの自然現象の神格化と神話と伝説を聞いても、それを単なる昔話として無視する人は、古代人の自然神崇拝の宗教も輪廻転生哲学の存在もその歴史も理解するにいたらず、それに由来する紋様美術を含む諸々の古代芸術文化に接することもなく、そのため日本の先史文化芸術も古代文化芸術も理解できない部分がかなり残る、という結果になっているように思う。このことは、今回の理論付けと解釈が進展するに連れて、私自身が痛切に思い知ったことである。できるだけ古い時代の独特のローカル文化を、できるだけ具体的に調べることがキーポイントであり、インド文明におけるローカル的な風土が分かれば、エジプト、ギリシャの風土は当たらずといえども遠からずで想像できるのである。

　例えば古代インド最古の文献「リグ・ヴェーダ」はBC1,100年ごろから書かれ始めたが、チャクラヴァルディ氏の著書によれば、当時はまだ文字も筆記具もなく、もっぱら口述に頼る伝承の歴史であった。そのため法顕はインドで三蔵教の口述ができる人を方々探し歩いたという。だがそれは古代ギリシャに劣っていたわけではなく、ホメロスも、ピタゴラスも、プラトンも口述を基本とし、BC300年ごろにユークリッドがアレキサンドリアで数学を教えていた時も本がないから口述で教えていたことを、詳しく説明している。おかげで私は古代ギリシャの意外な側面と事情を知るこ

とができた。

　世界的に寒冷化が進んだ縄紋後期から晩期への移行期（BC1300～BC1000年ごろ）は世界的に飢饉が頻発し、太陽熱祈願を目的とした渦巻紋多用の亀ヶ岡文化が東日本で栄えた。アーリア人は寒冷化が原因でインドまで南下移住し、バラモン教国家が始まった時期でもある。だがエジプト王政（多神教）はもっと徹底しており、新王国時代第18王朝のBC1,340年ごろ、アクエンアテン王は太陽神アテンを唯一の神とする宗教改革を断行した歴史を持つ(注9-4)。それほど根強い太陽神崇拝の国であったことは、太陽神信仰が渦巻紋様文化の興隆につながるという解釈に展開するのに重要なキーポイントであり、元京大総長の浜田耕作氏もこのことを充分に理解していたことは間違いない。

　古代インドの宇宙論は観測による論考も入っていたが、その後の天文学の進歩でそれが使えなくなり、頭脳で導きだした概念と理論が多いため分かりにくい。だがそれはギリシャの宇宙論と同じであるという特質を持つ。輪廻転生の考え方は、インドとギリシャの双方でほぼ同じころに始まった哲学である（輪廻転生の詳細は「11　明らかになった縄紋人の來世観」を参照）。

　ギリシャには4頭立ての金の馬車が太陽を載せて東から西へ駆け巡るという神話がある。ニコラ・プッサンが1635年ごろに描いたこのテーマの絵をみると、太陽神アポロンが、分、時間、日、月、年、世紀の精霊たちと共に天空を駆けており、凱旋用2輪馬車の上で太陽を地上に向けて抑えながら立っている。アポロンは唯一最高の天馬操縦技術を持つ神であるが、人間に生ませた息子パエトンにせがまれて馬車を1回だけ操縦することを許してしまった。案の定、馬車は天空で失速し、低空のヨロヨロ飛行になり、ナイル河の神が驚いて逃げたためサハラが砂漠になったという。

　インドにも太陽が7頭立ての巨大な馬車にのって東の空から西の空に駆け抜けるという神話があり、この馬車はスメル山（須弥山の語源）を中心軸として山を右に見ながらまわる。車軸の内側は北極星から糸で吊り下げ

られている。インド神話は理屈っぽくて分かりにくいが、ギリシャ神話はロマンティクで分かりやすいという民族性の違いを感ずる。

またデンマークで出土したBC12世紀の青銅製の「太陽の馬車」がある(注9-5)。この写真をみるとギリシャとインドに伝わる「天馬が東の空から西方に向けて太陽を運ぶ伝説」と同じ太陽信仰伝説が存在していたことが分かる。おそらくヨーロッパ各地に存在したであろう。

参考に中国の神話を見てみると中国独特の民話的太陽神話が数編あり、その中の一つに「6頭の龍が引く車に太陽を乗せて義和が御者になって大空を東から西に渡る」という神話がある(注9-6)。この一編だけはインド神話の伝播と思われる。

ギリシャとインドに同じ神話や哲学がいくつか存在する理由は、日本の「因幡の白ウサギ」や「羽衣の松」などの神話がインドネシアにもあるという事実と同じ理由に基づくといえるだろう。

文字と言語文化の話が出たついでに申し添えるならば、私は昔から漢字廃止論者である。今や日本語は外国人も使う時代になったが、外国人に日本語を教えた私の経験からいえば、漢字が障壁になってこれ以上勉強する人がふえず、一つの漢字の読み方が幾通りもあり、熟語はむずかしくて覚えられず、画数不明でほとんど辞書を引く手段がないに近いという巨大なハンディキャップを負いながら勉強している。だから魯迅が「漢字が滅びなければ中国は滅びる」と言ったのは、とても分かりやすい言葉である。その中国で、今は小学校でラテン文字による併音（ピンイン）を教えている。外国人はこの併音で勉強するから海外で急速に普及し、日本びいきと言われた国でも今は日本語離れが進む国に変わってきた。

世界的に見て、漢字文化が滅亡期に入ってからすでに久しい。永遠に続いた文化はない。漢字文化は今、滅亡の終末期をむかえた段階にあるといえるだろう。その進行速度が早まることはあっても、遅くなることはあり得ないから、中国でもやがて漢字を廃止する時代がくる。

魯迅に遅れること100年の日本は、「漢字が滅びなければ日本が滅びる」

ことを覚悟してかかるべきであろう。最大の問題は日本の単語の半数は漢語であることで、漢字廃止前にこれを日本語に置き換えなければならないという遠大な問題が横たわっている。日本よりも中国のほうがはるかに漢字を廃止しやすい条件がそろっているから、日本は間違いなく世界で最後まで漢字が残る改革遅れの国になり、それが日本の国際性をさらに遅らせることを怖れる。学界には私と同じ漢字廃止論者がいるはずだが、動きが感じられない。漢字は消えても書道芸術として漢字を残す方法はあると思うし、それまで廃止することは私は考えていない。

世界はすでにボーダーレス世紀に入ったが、日本の英語力が世界最低であろうとも小学校の英語教育に反対し、英語の第2公用語化に反対する学者のなんと多いことか。日本は世界の変化に対応する能力がない国になっており、あらゆる面で世界レベルから30年くらい遅れ、国際的にも活力を失ってしまった。進んでいるのは工業開発技術と癒し文化だけだろう。世界では民族の数だけ言語の数があるから、会議で集まっても言語があまりに多様すぎて統一できないという弊害を除くための解決策は、今は英語を唯一の国際語として使う以外に方法がない。国際化に向けた各国の取り組みは世界の国々で何十年も前から進められてきた改革であるが、日本だけが国内の反対が根強くいまだに何もやっていない。

30年近く前のことだが、インドネシアでは行政、教育、経済、産業界で英文書類が公文書として通用していたし、役所では英語を話せない人はいなかった。外国人である私が出席する会議を英語で進めるのは普通のことで、誰も疑問を持たない。モバイルフォンは、近隣諸国やヨーロッパに行くときも自分のものを持ち歩いて使っているから、外国人からみれば日本にはモバイルフォンはないも同然であり、遅れは歴然としている。特に財界の指導力低下が甚だしい。マスメディアは重要理念を主張すべき基本使命を忘れ、部数拡大の大衆迎合記事に重点を移した責任が大きい。社説の中には、まるで新入社員の作文みたいな低レベルのものが平気で掲載されることがある。教育者もジャーナリストも、多国籍企業のビジネスの実

体を具体的に知らず、空想で論争しているように見える。

　ただし英語だけ得意でも、専門技術にうとい人は使い物にならないことを忘れないでいただきたい。専門技術が優先するのであり、英語はその付属技術である。

　大陸から外れた国である日本は、世界の孤児になりかねないほど大陸文化が通じにくい国であり続けている様子をみていると、縄紋時代の昔から、外敵との直接接触がほとんどない国であったため、内向きの民族性がほとんど変わっていないことがその原因であるような気がする。今、日本の政治には、革命家的政治力を発揮できる人物が必要なくらい遅れてしまった。先ずやるべきことは、総理大臣の任期を4年間無交替に法改正することから始め、年中行事のような無益な政局争いを止めさせるべきである。それを可能にするのは、一般国民の自覚と熱意を代表するマスメディアの社会的使命感である。

10　渡来人増加による土着文化の消滅

　多民族国家におけるマジョリティとマイノリティの民族問題とは具体的にどのようなものか、異民族がきわめて少ない日本人には理解しにくいかもしれない。だが古墳時代は渡来人が急激に増加していた時代であったため、まさに国内にこの民族問題をはらんでいた時代であったのだ。この問題は、日本に渦巻紋の古墳壁画が表れた理由と、渦巻紋が消滅した原因の説明にもなるので、少し詳しく説明しておきたい。

　朝鮮の三国時代（高句麗、百済、新羅）の歴史は、その年代が日本の古墳時代にほぼ相当する。この三か国は、主に中国の秦、漢、魏の王権交替の度に祖国を追われた実力者たちが朝鮮に逃れて建国した国であるとの伝説が強い。彼らは朝鮮でも互いに新国家の勢力対立に明けくれていた。古墳時代末期の7世紀になると、高句麗が百済を滅ぼし、次に新羅を滅ぼし、最後は高句麗が唐に滅ぼされた。彼らの亡命先として日本が最も近くて安全であり、その上当時の大和朝廷が必要としていた兵衛府、中務、民部な

どの判官や主典クラス、諸国国司の判官候補、それに天文、暦、医道、鍛冶の先進技術者などが日本に帰化することが歓迎されていたため、日本は都合のよい亡命先として利用され、膨大な渡来人が亡命、帰化していた時代である。

日本書紀の応神天皇14年（283年）とその元の資料である古語拾遺には、「百済の弓月君が120県の民を率いて帰化した」と書かれているから、日本と同盟関係ができる前からすでに多数の渡来人がしばしば日本に帰化していたことが分かる（注10-1）。

九州北部の豪族は、鉄資源確保のため入手が容易な新羅と通商していたのだが、大和朝廷は九州北部勢力の増大を抑える意味もあり、新羅と対抗する百済に鉄資源を求めたので早くから百済との関係が深く、5世紀に同盟関係を締結し、帰化した百済人は大和王権の基盤である畿内に集中的に居住していた。

百済人は、自分たちの先代である後漢を滅ぼした北魏とは交易がむずかしかったためか、中国との交易や新文化の導入は東シナ海を横断して長江下流域の杭州湾にある会稽との間で行われる場合も多かったようである。中国南北朝の抗争から南宋国になり、南朝を追われた人たちが対岸の百済に亡命していたこともあり、百済と会稽は長らく親密な関係にあったようだ。百済に交易に行った倭人たちは、百済人の世話で会稽にも時折交易に行っていたことは自然のなりゆきであろう。百済の鉄資源として、対立する朝鮮北部産（高句麗領）の鉄鉱石を簡単に入手できないため、会稽で入手した鉄鋌（原料鉄）を朝鮮に運んで使っていたことが鉄の分析結果で分かっており、大和朝廷はその鉄を百済から入手し、5世紀ごろに製鉄技術と鍛造技術も百済人の指導のもとに日本に導入された。

福岡県赤井手遺跡や長崎県富原遺跡から出土した鉄鋌は、不純物としての銅が朝鮮北部産のものよりかなり高い割合で含有しているため、これは朝鮮半島内製造の鉄鋌ではなく、中国の山東半島から長江下流にかけて存在した含銅磁鉄鉱の鉱山で採掘された鉱石が原料であろうと、鉄の専門家

によって判断され (注10-2)、歴史的な裏付けもなされている。

　会稽付近の文化は、歴史的にも日本と大変関係が深い。5世紀の宋以前の呉国時代（後漢滅亡直後で日本の弥生時代）から日本に渡来人がきていたことは呉服の語源を考えれば理解できる。会稽は南朝の杭州湾に面している。BC5,000～3,200年に栄えた河姆渡遺跡はこの会稽の近くで日本稲作文化の起源地といわれ、遣唐使が入港した寧波（ニンボー）も近く、新しい仏教を導入するため渡航した空海、最澄、道元たちの舟も寧波に入港した。

　さらにこの地域は日本の照葉樹林帯と同じ中国南部の照葉樹林帯であり、自然環境はもちろん、食文化や日常の生活文化も日本文化によく似ており、日本の基層文化と深い関係があるという歴史上の社会的特質を持つ。照葉樹林帯の南にあるハノイ歴史博物館には、日本刀の元祖と思われる細身で少し反り返った刀剣が展示されている。それらのことを考えると、古墳時代の日本に渡来した人たちの中には、支配王権がめまぐるしく変わる南朝時代の会稽から亡命した人たちも多かったに違いない。弥生人の頭骸骨の中に中国南部人の特徴を持つ頭骸骨が多いということはそれを物語っている。ただし当時の船は中国の大河中流域文明の河川用を大型化した船であったため竜骨がなく、箱型平底構造で外洋航海には向かなかった。従って東シナ海横断航海は嵐に会えば船底破損による遭難が多かった。そのため会稽から嵐が少ない黄海を航行し、百済経由で日本に亡命した人たちが多かったと思われる。弥生時代に、中国にしかない遺伝子を持つ米が大阪の池上曽根遺跡で見つかったことは、それを物語っている。

　三国時代を通じて百済は何回も国家存亡の危機に見舞われ、その度に王侯貴族は亡命的に日本に渡来した。朝廷は、同盟関係にある百済の亡命者を近くの近畿に住まわせ、彼らが持つ先進技術を利用し、国家の基礎づくりに役立てた。時には新羅や高句麗の亡命者が日本に亡命したこともあるが、朝廷との関係がなかったので朝廷の仕事についた者はいなかったようだ。

百済に対する日本軍の度々の援軍派遣もむなしく、百済はついに7世紀に高句麗に滅ぼされ、国家は消滅し、王侯貴族、高級官僚は雪崩を打つように日本に逃れ、大和朝廷の手厚い保護を受け、天皇との婚姻関係が成立するほど深く保護された。帰化した百済人は朝廷と関係が深く、宮内省、兵部省、民部省に入り、国司の制度化、畿内の河川改修、国土開発などを通じて大和朝廷繁栄に深くかかわり、多大の貢献を果たした。百済人は官人として登用されることが多いため、大部分は天皇が住む大和、山城、河内に住んだので、今も河内地方には百済系の地名や神社仏閣が残っている。
　百済滅亡の時、当時の天智天皇は近江の大津（琵琶湖南端付近）に都をおいて住んでいたため、百済の皇子や高官ら700余人を近江蒲生郡に住まわせ、また百済男女400人を近江神前郡に住まわせたという記録がある(注10-3)。その結果、琵琶湖に注ぐ河川の治水工事、沿岸の灌漑工事による土地開発と、琵琶湖から大阪湾に流れる淀川水系の水路整備などが実現した。
　江戸時代に東北産の米や材木などを琵琶湖経由で京都に運んで繁盛した大津の近江商人や、のちに自ら北海道に渡って瀬戸内海経由の北前船航路を展開し、大阪港との交易で繁栄した近江商人たちの活躍ぶりを見ると、彼らは百済朝廷関係者たちの末裔であろうか。
　新羅は、中国が漢王朝になったとき、秦国から逃れた高官たちが建国した国だというが、高句麗の勢力増大に圧迫されて日本に逃れ、秦氏を名乗り、大和朝廷の仲介で京都盆地を開き、農耕、養蚕、機織りを導入した人たちであった。朝廷と縁戚関係が深い備前などの瀬戸内海各地豪族の首長となったものも多く、地方の開発に尽くし、地方の豪族勢力が拡大する結果になった。
　蘇我氏は、5世紀以降の百済の国難を助けたとき、多数の百済帰化人を日本に連れ帰り、彼らの力を最大限に利用して勢力を増大することに成功した人であり、仏教伝来は物部氏追放をもくろむ蘇我氏の尽力により予想以上に早期に実現した。また朝廷近くの高近郡に豪族の高市県主がいた記

録があり、奈良東大寺の大仏鋳造プロジェクトの記録でも大鋳師の名前の中に「高市大国」「高市真麻呂」の名前が記されている。大仏開眼供養は752年であるから、百済滅亡から80年後であったことを考えれば、百済から渡来した鋳造技術者の直弟子たちによる指導のもとに、空洞の大仏鋳造という先端技術が実現したことは間違いない。空洞の鋳造技術は現在も彫刻美術の先進技術であり、その先端技術は工業用精密鋳造分野でも進歩がいちじるしい。

　天平8年、第九次遣唐使とともにインド僧二人が大仏開眼供養のため大宰府に到着した。ベトナム半島のチャンパ王国（林邑＝リンユウ）にいた高僧「仏哲＝ブッテツ」と、バラモン僧の「菩提遷那＝ボーディセナ」である。この仏哲が開眼法要で日本初の雅楽の舞を披露した。インド生まれの雅楽はすでに中国から日本に伝えられ演奏されていたので、中国渡来の雅楽に合わせてインド僧が舞ったのである。玄奘三蔵法師が大乗仏教を求めてインドに留学したのは7世紀であるから当時の中国仏教はまだ歴史が浅かったらしく、雅楽の舞がまだ中国に伝えられていなかったため、8世紀の大仏開眼法要にインド僧を招聘した可能性が高い。このような事情をみると、開眼法要は当時として大変大胆なプロジェクトであったことが分かる。この高僧二人はその後、大安寺に客員教授として長年滞在し、法要の実技を指導した。天皇が海外の実力者を集めて最大限にその力を利用し、天皇の実力を国の内外に誇示し、開眼法要を国家事業として成功させた聖武天皇のプロジェクト立案力も大変すぐれていたことが分かる。

　本格的な奈良朝廷時代がスタートする前の時代に位置する古墳時代は、朝鮮から次々と移住してきた渡来人の新技術や政治能力が最大限に利用され、このような奈良朝廷文化の基盤作りが盛んに進められていた過渡期の時代であったことが分かる。

　6世紀（古墳時代後期）の人口はすでに540万人になっており、古墳時代初頭（300年ごろ）の60万人にくらべて9倍にもなっていた（この数字はあまりに急激な増加であるため、疑問視する学者も多い）。その大部分は渡

来系による人口増加であろう。それが土着の渦巻紋文化消滅を早める結果になった。6世紀は装飾古墳時代の最後を飾る最盛期で、福岡県南部の筑後川流域、その南の熊本県全般に、続いて関東、東北南部において古墳壁面に渦巻紋様の装飾が沢山描かれた。福島県の羽山横穴奥壁の壁画は仏教の説話を主題にした絵であり、仏教文化の影響が表れた最初の壁画であったと日下八光氏はいう（仏教渡来は6世紀だから時代考証が少し早すぎる感がある）が、絵の描き方そのものは相変わらず土着文化のままであった。
　渦巻紋装飾古墳は、渡来人の支配力が次第に強まり、渦巻紋文化が消え行く歴史の途上において造られたものである。当時の日本は渡来人による完全支配権力の地域と、その新支配力がまだ見られない土着民だけの地方権力（どちらも装飾古墳がない）と、その中間の混合勢力（装飾古墳が造営された）がモザイク状に混在する多民族社会における多元的文化の移行期時代であったのだ。
　だが古墳築造は莫大な地方財政を消費するため、7世紀に朝廷から大型古墳の制限令が出され、装飾古墳も終末期を迎えた。そのころから前方後円墳に変わって方墳が現れ、特に九州、出雲、丹後、北陸の政治文化地域に広まった。これは当時の中国北朝における唐の墓制の影響が高句麗経由で渡来したものという（注10-4）。
　また6世紀には支配者の間から入れ墨の習慣が消えた。理由は「入れ墨は、中国で犯罪者に対する処罰として行われるもの」であることが、多数派を占める渡来人によって重視されるようになったためである。古代ギリシャでも入れ墨は囚人に彫っていた。その後、当然のことながら一般人の入れ墨も次第に消滅した。
　多数派を占める支配者と渡来人による文化支配が次第に強まり、土着の伝統文化であった各種渦巻紋もついに日本から消える結果となり、奈良時代以降は全く見られなくなった。ただし、このような弥生、古墳時代の文化が伝わらなかった北海道のアイヌと沖縄には、入れ墨文化も渦巻紋文化も残った。

10　渡来人増加による土着文化の消滅

*

　多民族国家における異民族がマイノリティからマジョリティに変わるにつれて政治支配力が増大する例を紹介する。近代における東南アジア各国での土着民と華僑の人口比率大小差による両民族間の力のバランスの強弱差を見ると、それがよく分かる。私が体験したインドネシアのジャワ島と隣のマレーシア（マレー半島部）の両国の場合を比較してみる。人種はどちらも新マライ系人種で、言語も同じマレー語というきわめてよく似た文化圏である。人種構成も、古墳時代の日本社会（マライ系縄紋人種と朝鮮系渡来人）に似ており、参照する場合の設定条件としても適当であると思う。

　インドネシア最大の人口が集まるジャワ島（人口約1億人）は日本の本州よりすこし小さい島で、首都ジャカルタがある。東南アジア諸国では、どこでも華僑が経済界を掌握している。何事も人情最優先で他人を強制することをきらう現地人は、その優しい性格が原因で経済活動を仕切る力が大変弱く、彼らも自分でそれを認めているから華僑の経済活動を自由に認めている。華僑がいなければ競争市場原理が支配する近代経済社会が成り立たないことは厳然たる事実であり、それがいいとか悪とかという問題にはならない。マレーシアではマレー半島に首都クアラルンプルがあり、同じく華僑が経済活動を仕切っている。だが裏に廻れば、ジャワでもマレーでも中国人はあまり快く思われていないのだが、そのことはどちらも口にしないというしきたりがある。

　両国の大きな違いは、中国人の人口比と政治的安定度である。ジャワ島のチャイニーズは人口の10%程度（他の島では5%弱）でしかないが、マレー半島では30%を越えている。その差は、直接チャイニーズの支配力と社会秩序の安定度の差となって表れている。つまりジャワ島で政治問題の暴動（スハルト大統領追放劇の暴動で私も日本に2回脱出した）が起これば、現地人の人口が90%で圧倒的に多いから、わずか10%のチャイニーズは自力でこれを抑えることができないという弱い立場にある。独裁政権は華

僑から多大の資金援助を受けているから、大きな政治混乱が起これば異民族で少数派の中国人は現地人の暴力の対象になりやすく、多数の死者が出る。そのため政治問題が社会暴動に発展すれば、政府は威信をかけて街に戦車を並べる。中国人社会には直ちに緊急臨時便を仕立てる地下組織があるらしく、思いのままに短期間に海外に集団脱出する。その俊敏な逃げ方は、何事も慎重で結論が出ない日本人にくらべて格段に手際がよい。スラバヤには日本の航空便が飛んでいないため、ジャカルタにくる臨時便にはすぐにとび乗れない。行動前の議論に夢中な日本人は、命の安全よりも大義名分が先に立ち、領事は在留日本人の海外脱出手段の結論を出せず、事前の準備不足が露呈してやりきれない。私は2回共個人でジャカルタ経由の予約を取って日本に逃げた。

　この実績は重大なノウハウであるため、後日私は機関誌編集長として臨時増刊号「国外逃亡マニュアル」を書き、在スラバヤ日本人会全員に配布し、会事務所の貸し本棚にも残した。

　一方マレー半島では、約30%のチャイニーズがいるから政治的にも社会の支配力が強い。そのためジャワ島よりも暴動が起こりにくく、治安もジャワ島より安定しており、教育や技術のレベルもジャワ島より高い。またジャワ島のエンジニアはマレーシアよりも英語が通じにくいため、外国人が現地人と話す言語は一般にインドネシア語であるのに対し、マレーシアでは外国人は現地人と英語で話し、マレー語を話さない。そのため外国の技術導入はマレーシアの方が進んでいる。

　先進文化を持つ渡来異民族の人口が少ない国ほど、渡来人の政治的支配力と文化的影響力が弱い。逆に、渡来異民族の人口が多いほど政治的支配力も文化的影響力も強いことが、はっきり格差として表れている。

　つまり先進国の渡来人が10%程度ではまだ政治的支配力が強くないため、渡来人にとっては土着民との融合政策が必要であり、意見の違いがあっても土着民の方が押し返す力を持っているから、土着文化が有利に残

るという原則がある。

　だが力のある渡来人が30％以上になると土着民をほぼ完全に統治できるようになるため、渡来人文化がまかり通るようになり、土着文化は衰退の一途をたどる、というのが多民族社会における支配力変動の原理である。

　この「多民族国家支配の原則」を古墳時代の日本に当てはめて考えても大きな問題はない。古墳時代の土着民と渡来人の人口比率を考えれば、古墳に壁画装飾が施された熊本県と福岡県南部、それに太平洋側の東北地方南部では渡来人の人口は当時せいぜい10％程度で、まだ少数派であったため土着民の輪廻転生哲学を受入れ、土着文化の渦巻紋が古墳壁画に描かれたのである。逆に畿内や九州北部、瀬戸内海のように、古墳に装飾が施されなかった中央文化地域における渡来人の人口比率はすでに30％を超えていたため、古墳に土着文化の渦巻紋を描くことは無紋文化の支配者が承諾しなかったのである。そのため装飾古墳が作られることがなかった。

　さらに7世紀、8世紀になって渦巻紋と入れ墨が日本から消えた。そのときの渡来人支配力はすでに大きく、地方でも人口の半数を超えていただろうと思う。土着民といってもすでに混血がすすみ、畿内の純粋土着民は、完全にマイノリティ化していたことは間違いない。

11　明らかになった縄紋人の来世観

(1) 輪廻転生観は先端医療技術になった

　王の復活を願うため、土着民が太陽復活とともに王復活の祈りを込めて古墳内に太陽の渦巻紋を描いていたということは、「渦巻紋を日常的に描いていた縄紋人はすでに輪廻転生を理解していたのであり、その哲学を人生においてすでに実践していた」ことを意味すると考えてよい。

　輪廻転生は南インドとギリシャに始まり、古代文明各地でも紀元前の早い時期から存在していたことが知られている。ギリシャの哲学者プラトン（前427〜前347）、ローマのカエサル暗殺に加担した弁論家キケロ（前106

〜前43年)、イエス・キリスト、ユダヤ人の出エジプトを先導したモーゼ（キリストの生まれ変わりとも言われる)、釈迦、インド独立の父ガンジーにいたる聖人君子たちも生まれ変わりを信じていた。さらにヨーロッパ先住民族ケルト人のドルイド教徒（イギリスに末裔が現存）は、「今生で借金が払えなければ、次に生まれ変わった時に払えばよい」ことになっていた(注11-1)というから、輪廻転生が普遍的に徹底していたことが分かる。

　人間の魂と肉体を区別して考える人生観は、ギリシャの叙事詩人ホメロス（BC8世紀）の作品にも見られる古い思想で、BC5世紀ごろには魂を天と関係させ、肉体を大地と関係させる思想が表現されている。「魂と天」の方を「大地と肉体」より尊重する思想が表れ、やがて輪廻転生の時代になったと考えられる。

　現代インドの輪廻転生観もよく似ており、天と大地を結ぶのは火葬の煙である。遺体を火葬したときの煙は魂となって天に昇り、それが雨に混じって大地に降り注ぎ、その雨で育った農作物を食べた人の精子と卵子に宿り、生まれ変わりの次世代人になると考えられており、これは「五火説」とも呼ばれる。

　縄紋人も大陸文化の民族と同様、輪廻転生を生命の法則として信じていたことは間違いない。その哲学がなかったと否定する方がむずかしい。死とは肉体が「母なる大地」へ帰ることを象徴し、地母神が司る「母なる大地」からもう一度胎児として生まれてくると信じられていた。だから母の胎内にいたときと同じ屈葬側臥の形で埋葬されたのであり、土偶は地母神信仰の象徴と考えられ、従って女性として作られたと考えるべきであろう。

　一方では、霊は肉体を離れ、まぶしいほどの天空の光の中を宇宙に向かい、ほかの肉体に宿る機会を待つと考えられ、天空の太陽光を渦巻紋として土器土偶に表現する文化を持つにいたったと考えて間違いない。ひとくちに土器というが、渦巻紋を施した宗教的彫刻要素が高い美術土器は実用品ではなく、交易取引用美術品や宗教行事用装飾品として作られたもので

あり、日常の実用土器の性格とは区別して評価すべきであろう。

現在、輪廻転生の哲学について最も関心が高い国は、意外にもその伝統が最も浅いはずのアメリカである。理由は輪廻転生観を退行催眠で利用した精神障害患者の前世療法が1980年代からアメリカを中心に急速に普及し始め、1990年に13カ国から300人の医師や研究者がワシントンのジョージタウン大学に参集して国際会議が開かれ、それ以来この精神分析と療法が盛んになったからである（注11-2）。前世療法とは、退行催眠によって得られた前世でのトラウマ（心の傷の後遺症による精神障害）を引き出し、精神科医との対話によって現在のトラウマを解消する療法である。普通の催眠療法と異なり、高度な前世展開技術が必要であり、高レベルの先端技術療法である。

アメリカの精神科医R. A. モンローは、1960年ごろから自分の生き霊が肉体を抜け出して浮遊できることを知り、その体験を著書にしたところ、同じ体験を持つ人が「私もそうで、誰にも打ち明けられずに悩んでいた」と打ち明けてきた人が何人かいたというから、世の中は広い。モンロー氏は1973年にモンロー応用科学研究所を開設し、自分の生き霊経験から得た新治療技術を開発して治療に使い始めた。患者はこの治療中、体は眠っているが頭脳は覚醒している生き霊の状態で、独特の音響をイヤホンで患者に聞かせると、それにつれて脳波も変化することが分かり、それは生き霊が自由に遠くまで浮遊できるようになる技術であるという。

生き霊の話となると、源氏物語にこれが頻繁に出てくるのでご存知の方も多いと思う。死霊ならまだしも、六条御息所の生き霊が正妻である葵の上の病床に表れ、怨念で取り憑き、御禊の行列見物で屈辱の牛車事件に泣いた恋の恨みを、罵詈雑言で叫び、葵の上を苦しめたという話が出てくる。平安時代の昔から日本でも生き霊、死霊の話は作り話ではなく、実際に信じられ、存在していたことが今になって理解できる。

私は最近になって、生き霊が本当に存在するらしいことを知ったが、幸

か不幸か、まだ死霊や生き霊の影響を直接受けたことがないように思うので、まだ確信的とはいえない。

　日本では来世を信じている人は12%だが、アメリカ人は大人の67%が死後の世界を信じている（注11-3）というから、今やアメリカは輪廻転生の最先進国である。仏教国日本はその後塵を拝する後進国で20〜30年遅れているように見える。私の知人たちは年配者が多いせいか、実際に輪廻転生観を持つ日本人に会ったのはまだ僅少である。かなりの人生訓を持つインテリ男でも私の説明を信用できず、アメリカの臨死体験例を報告した立花隆氏の話を紹介しても氏をばかにする人がいる。だが日本でもこの療法が始まって認識され始めたあとは、主に若い人を中心に輪廻転生論者が少し増えただろうと思う。ある教授の調べでは、最近の学生の輪廻転生論者は半数を超えているという。

　数年前から、アメリカでは初対面の人に「あなたの前世は何でしたか」と冗談まじりに聞く人がいるというから、その浸透ぶりが分かる。日本人で、初対面の人にそんな質問をする人はいそうもないし、私もまだ質問するような雰囲気は持てない。ケルト人のドルイド教徒を思い起こさせるような、かなり徹底した状態のアメリカの現状をみると、世の中は我々の想像以上の速さで変化しているのであり、うっかりしているとおいてきぼりを喰らう時代であることが分かる。日本人は、年代による認識の差があるとしても、概して世界の新しい動きや変化に無関心で無知な人が多い。

　アメリカの実情に関する立花隆氏の調査書や、モンロー診療所で前世療法のトレーナーになった坂本政道氏解説の類書などが出ているが、日本では同療法の奥山医師の著作（2000年）などが少し出ている程度で、医師の著書がまだ少ない。日本の治療レベルがどこまで進んでいるのか、そのレベルが分かる説明がないが、少し普及し始めているようだ。日米間でこのようなレベル差が生じた原因は、この治療の場合、医師がその人格を集中させるのにかなり宗教的自覚が必要であろうと思うのだが、日本の医師は

仏教徒が多いとはいえ実質無宗教に近いため、アメリカの医師ほど宗教心が厚くないことが原因ではないかと思う。

　アメリカではこの療法を"Past Life Therapy"（前世療法）といい、モンロー氏の著作は"Journy Out of the Body"（体外からの旅立ち）というタイトルであり、日本のように「催眠療法」（Hypnotherapy）という言葉は使わない。日本が「催眠療法」の文字で通す理由は、昔からあった普通の「催眠療法」（無痛分娩、不眠症などに使う）の延長と考えているからだろうが、催眠療法は昔から医師でなくても可能であったから、「催眠」の文字はレベルが低い用語に見られやすいため、日本も従来の催眠療法と区別し、用語は国際的な「前世療法」に統一すべきと思う。

　モンロー医師による音響技術利用のヘミシンク技術は「死者のとる意識も可能となり、死後の世界も自由に探索することができる手法」であるといい、それを実体験したこの療法のトレーナー坂本政道氏は「自分の頭の上がやたら明るく輝き、まるでサーチライトをつけているみたいだ。光は前方だけでなく四方八方へ放射されているようだ」と書いている（注11-4）。

　坂本氏は催眠中に宇宙に飛び出して乙女座銀河団（地球から6千万光年のかなた）まで飛んだ経験を持つという。にわかには信じがたい気もするが、モンロー所長のヘミシンク技術の基準によるフォーカス・レベル42（レベル10から49まであり、数字が高いほど覚醒意識状態から遠くなる）により実施されているので、彼の優れた経歴からも嘘八百を並べているとは考えにくい。その体験から、彼は「太陽も惑星も地球も、地球上のすべての生命も、山や岩なども、すべて生命エネルギー、愛情エネルギーの表出なのだ（同p.122）」という。

　ただ、乙女座銀河団へ行ったとは言うものの、そこに「乙女座…」の看板があるわけではないから、実際はどこの銀河に行ったのか怪しいと言えば怪しい気がしないでもないが、銀河団名の特定はともかく、彼の生き霊がそれらしい宇宙に行ってきたといえるように思う。

参考までに書くと地球がある天の川銀河の大きさは、薄い円盤状の直系10万光年、厚さ5千光年の広がりである。銀河中心に直系1万光年の球状部（バルジ）があり、そのバルジから数本の渦巻状の腕が外に向かって展開するように星が散らばっている。地球は銀河のバルジから3万光年離れた場所に位置する太陽系にある。地球がある天の川銀河は、その周囲に40個ほどの銀河があるという割合小さな銀河群の中のひとつである。そのような地球から天の川銀河を飛び出して5900万光年先の乙女座銀河団（2千個近い銀河がある巨大銀河集団）に行くことは、「死者のとる意思も可能な音響技術」による「生き霊の別世界行動である」としかいいようがないのだが、あまりにスケールが大きすぎて、私にはまだ完全納得できていない。

　カナダ、トロント大学医学部精神科でこの療法を実践する J. L. ホイットン主任教授は、著書の中で次の通り述べている。「"エジプトの死者の書"は紀元前1,300年の昔に書かれた死後の手引書である。エジプトの原典の題は"日の光の中に出現する"という題で、生から死への移行の体験を正確に表現したものである。目もくらむばかりの光や圧倒的な明るさが中間世に入ったときの際立った特徴である。宇宙意識という大洋のように広大な体験とは、この光を知覚する作用のことであろう」と（注11-5）。

　日本の催眠治療医師、奥山氏が実施した治療例（注11-6）にも、「催眠状態の人は、頭上につねに太陽のような明るい光を感じている。その光は宇宙そのものであるように思われる」と書いている（文要約の意味）。これらのことから、死者の霊を来世に導くためにも太陽の強い光が墳墓に差し込むことが求められていたことがはっきりと分かる。先史時代の巨石墳墓はそのような構造に設計されていたものが多く、日本の玄室壁面にたくさんの太陽渦巻紋が描かれた理由もこれで全て納得できる。

　奥山氏は著書の中で「前世で、自分の亡骸（なきがら）に妻が取りすがって泣いている様子を、霊になって上から見ていた」という患者の生き霊の

話を紹介している。我々は、小さな子供をしつけるときの代表的な言葉として「死んだお爺ちゃんが天からあなたを見ているから、誰も見ていないからといって悪いことをしてはいけませんよ」と言うのが定番だったが、あれは本当のことだったのだ。前世では徳川と闘った武田軍の侍であった人、数十回生まれ変わった人、エーゲ海の小島の王であった人など、実に多様で無国籍な前世の霊を見る思いがする。古代ギリシャ時代において、すでに天父神説が存在していた理由が、これで納得できる。

　我々が日常生活の中で天空や宇宙を意識することはめったにないが、それでも死後は宇宙に行くらしい、ということは、インド、ギリシャの人生論が宇宙論につながっていることに通ずる。人類生命の起源が、宇宙から地球にやってきたことを考えれば、死後はその生まれ故郷である生命エネルギーの宇宙に帰ると解釈すべきなのであろうか。

　カナダ大学のホイットン氏はさらに続け、「輪廻転生が真実だという証拠については、ほとんどが状況証拠ではあるが、きわめて有力なものが揃っている現在、輪廻を認めるのに特に問題はない」と明言している（注11-7）。

　いずれにしても、現代においてさえも、世界的に見て想像以上の高い割合で輪廻転生が信じられていることが分かる。長年にわたってヨーロッパから輪廻転生が消えていた理由は、4世紀にローマ皇帝により認められたキリスト教だが、6世紀のユスティアヌス皇帝の布告によって教会が輪廻転生の教義をとがめ、キリスト教徒を組織的に迫害し続けたためである。その後現代にいたるまで、ヨーロッパ文化では「輪廻転生は、キリスト教を知らない異端の民族の迷信である」と考えられてきた。そういう常識で通っていた輪廻転生が、30年前にアメリカで始まった前世療法により、完全に古代と同じ認識の世界に戻ったと言える。

　以上の歴史的ことがらを考えれば、縄紋系弥生文化がまだ残る6世紀ごろの古代日本で、古墳内壁に生まれ変わりの象徴である太陽の渦巻紋を描

いた縄紋系芸術家たちは、縄紋時代から伝統的に輪廻転生を理解していた人たちであったと考えて間違いないであろう。

　ところが、インドではBC500年ごろ、伝統のカースト制度（身分制度）が厳しすぎて、個人の人格を無視するバラモン教に反対する人々が現れ、もっと個人の心の奥深さを尊重するウパニシャッド哲学が生まれた。これは後年のヒンドゥー哲学の基礎になったもので、ウパニシャッド哲学では「宇宙に根本原理があるなら、私も宇宙の一部だから私の中にも宇宙が宿っている」と考える。当時インドでは、厳しいカースト制が原因で貧しく不幸な人たちが一生救われず、再び生まれてくることを望まない人たちが多くいる世の中であった。そのころ現れた仏陀は、転生を繰り返す悩みから解放されるべく解脱（げだつ）の道を説いたが、神と宇宙の精神構造は理屈が難解で理解されにくかったため、次第に仏教が衰退に向かう原因になった。あまり深く考えると我々凡人は迷うばかりであるから、現代では先進技術である精神医学用前世療法の研究と実践により、輪廻転生観が先端医学療法として有効に生かされている、と考えれば、それでよいように思う。

　一言付け加えれば、日本の若者は人生の目的が分からず悩む人がいるようだが、むずかしく考える必要はない。「人は誰しもよい子孫を残すためにこの世に生まれてきた」のである。それが自然の神の摂理である。人生におけるかけがえのない絆（きずな）、それはこの世に生まれてきた自分の子や孫を含む家族であり、子孫のためによりよい社会作りに励むのが当然である。そう考えれば、人生の目的はおのずから分かる。

　当初、輪廻転生が宗教の形で世界各地に広まり始めたころの社会状況を考えてみると、その影響による社会不安の発生を防ぐ必要があったため、人々が安心できるようにそれを住民に正しく説明し、思想を統率して社会不安を除くため、説教、祈祷、祝詞、呪文が始まったと考えられ、そこに宗教家のような祭司役の必要性が生じたはずである。さらに前衛芸術を創

造した縄紋人の芸術熱心とその指導者の存在を考えると、当時の芸術には精神高揚のシャーマニズム的祈りが当然伴っていたため、あの激しい火炎土器類をみれば、縄紋時代には宗教と祭司が存在したと思わないわけにいかない。宗教も祭祀も存在しなかったという方がむしろ理屈に合わず、それは宗教について何の持論ももたない唯物論者がいうことであろう。

　どのような古墳壁画を描くかについて、施主の渡来人と施工者である土着芸術家が打ち合わせた時、そこには祭司が必ず立ち会い、相方の同意が得られるまで一緒に議論したはずである。古墳は偉大な元首長の墓であるから、渡来人が納得するまで紋様の種類や構図や並べる順序など、細部にわたって祭司との間で友好的な議論がくりかえされたすえに、やっとあのような壁画に決まったのである。朝鮮には渦巻紋が存在しなかったが、輪廻転生の哲学はあったと考えて間違いない。だから土着芸術家が来世でのよみがえりを象徴する渦巻紋を古墳に描くことを施主たちに勧めたとき、施主たちは輪廻転生を知っていたから渦巻紋の壁画内容を承認したのである。もし渡来人が輪廻転生の哲学さえも持ち合わせていなかったならば、渡来人はどの古墳にも渦巻紋を描くことを決して許可しなかったに違いない。

　昔ある一人の縄紋人が、死の間際に妻に見守られながらこう言った。「おれは君と一緒に暮らせて、本当に幸せな人生を送った。来世でも君の生まれ変わりをさがして、また夫婦（めおと）になりたい…」と、粋でういういしい言葉を残して安らかに死を迎えた人が実際にいたであろう。それは来世で新人生を迎えるための、すがすがしい態度である。そのとき残された妻の目に涙が光っていたとしても、それは別れを惜しんで流す涙ではなく、来世でも夫婦を約束してくれた夫の気遣いを思っての嬉し涙なのである、と考える方が来世を信じた縄紋人らしいストーリではないか。

　二人は土笛と土器ドラムと唄のアンサンブルで結ばれた仲で、祭りのときは厳かな雰囲気つくりの神祭り用「木やり唄」を演奏し、賑やかな雰囲

気作りの神楽用「神事劇歌謡」の演奏も得意なバンドで活躍していた。黒目が大きく愛想がよくて人気があった笛吹きの子を、ほかのメンバーと競ってやっと夫婦になれたのだから、男は彼女の家に毎晩通い続けた若いころを思い出して、来世でも同じ子に巡り合いたいと夢見てそういったのである…という夢のような話も実際にあったに違いない。

そういう人生の一つのあり方を考えることが縄紋人の精神文化論研究のスタートになるはずであり、このような小説のようで夢みたいな感性豊かなストーリーを描けない人は、一つの想像が次の次元の想像に展開しにくい人であろうと思われ、すばらしい絵画を見ても美的感銘が湧かない人も共に感性が弱い人で、このような研究にはあまり向かない人であるように思う。

ある考古学者の著書に思いがけないことが書いてあった。その考古学者が地元の病院長に招かれて訪ねて行ったところ、思いもよらない質問を受けたという。「世界的な優れた文化遺産を残した縄紋人は、どのような心構えで自分の死に向き合っていたのか、それを教えていただきたいのです」と。病院では医師が患者の死と向き合うことは避けられず、患者の死に際の苦悩に対処するときの心構えをあらかじめ考えておきたいとの敬虔な心から、縄紋人にその答を求めてみたい、と考えたのだろうと思う。一般の人たちは、考古学者は縄紋人の人生観や死に際の心構えも研究しているだろうと考えているから、院長の質問は当然の質問であったと思う。

ところがその考古学者は突然の質問に驚き、自分にそのような認識も知識も研究意欲も皆無であったことにあらためて気がつき、院長に一言の返事もできない自分を恥じるばかりで、自分の研究目的は一体何だったのかと、無念の気持ちを引きずりながら重い足取りで病院を去るしかなかったという。

考古学者が考える縄紋人と、医師が考える縄紋人は同じではなかったのである。死に臨む縄紋人の心の問題も考える医師と、土器土偶の縄紋文化

だけを考える考古学者の違いである。現在の考古学界は唯物論学者が多い集まりであるらしく、縄紋人の死に対する心構えや人生観、前衛芸術家の世界観などについて具体的な答を何も探してこなかったといえる。むしろ意識的にそれを避けて来たという方が当っているように思う。この院長の質問に対する答を即刻用意できる人は、考古学界にいるのだろうか。縄紋人の心や美術観や輪廻転生の人生観に関する研究にだれも取り組まず、「それは自分の仕事ではない」と決めて傍観者になっていたのではないか。

　私がここに書いた「縄紋人の来世観」が最適な答とは言わないが、もしせめてこのようなことが院長に伝えられていたならば、その方が無言のまま帰るよりも、少しは院長に受け止めてもらえたのではないかと思う。

　私は渦巻紋の研究をしたことが幸いし、その副次的産物として思いがけなくも「縄紋人は縄紋時代から輪廻転生の宇宙観を持っていた」という縄紋人の基層文化に到達しえたことは、この研究の最大の副産物であった。

　坂本氏は「真の自分とは、肉体とは独立して存在するものである」「死後の自身の存在に疑いがなくなる」と書いている。また奥山氏は「死ぬということは、肉体から離れて生きるということである」と書いている。

(2) 縄紋文化の人間賛歌

　縄紋人の心の問題を研究するときの最大の問題点は、一体誰がこれを担当すべきかが曖昧なことである。総合大学において考古学は文学部に置かれているから、その場合は文学部長がその最高責任者であることは間違いない。そもそも文学部は「人の心の感動、感情の動き」に関する文字表現を研究する学問であるはずだが、縄紋人の心の研究に関する限り、文学部長が責任を果たしたといえるような研究結果が表れた形跡がないように思う。そのため表面上は文学部の研究でありながら、実際には唯物論的研究で終わっているという矛盾がある。この矛盾を解消するためには、文学、芸術、宗教、集団社会論、交易論などに通じた人が考古学者になるべきで

あり、それは大学院卒で充分可能な修得範囲である。また考古学者には遺物出土地の地層確認が求められ、それは地質学の範疇であるから、地質学を含む天文学も習得したあとで考古学を専攻することも必要だと思う。そのような改革を実行できる指導者がいまだ現れず、100年前と同じ狭い枠の中で考古学を続けているから、私は指導力不足を嘆くのである。

縄紋人の自然神信仰、世界観、宇宙観などを研究する場合、日本国内でその証拠を探すことが困難ならば、せめて大陸やほかの主流先史文化における自然神信仰の研究から、その延長線上で推定する方法が残されていたはずであるが、そのような柔軟な対処による第2、第3の作戦で研究する努力がなされた痕跡がほとんど見られない。学問の守備範囲があまりに狭すぎることが視野を狭くし、研究の前進を拒む大きな原因になっている。

縄紋人の心を探求するとき、物の外観だけで判断する人ではなく、その内部に秘められた力が外ににじみでる文化を感じとり、それを文字に置き換えて大胆に表現できる才能が必要である。外観ではなく内部に秘められた心の内部を読む技術は、前衛彫刻や抽象画の表現技術にも似ている。それはとりもなおさず、研究者は縄紋人の心と同じ状態になることが求められることを意味する。即ち前衛芸術を理解できない人には、この仕事はまず無理なように思う。

また、あれだけ素晴らしい芸術土器と土偶を作った芸術家が大勢いたのであるから、ほかの文化である音楽、踊り、宗教行事などの分野でも当然優れた才能ある人たちがいたと考えなければ理屈が成り立たない、との基本理論で研究を進める必要がある。一つの国で、土器土偶だけが世界のトップクラス製品だが、ほかの分野は見る影もない貧弱さ、という極端なアンバランスな社会はありえない。豊かな心の人々が住む社会だから他分野の文化も優れていたと想定すべきで、縄紋人はそれを具象化するのに充分な、豊かな心の持ち主たちであったと考えるべきであろう。それにふさわしい文化、それが輪廻転生による死生観を基層とした、祭司により統一

された宗教文化社会の中心文化であったと考えられる。優れた宗教には、優れた祈りの唄、舞、奏楽、祝詞が伴うので、これらの文化も素晴らしく芸術的で高水準なものであったと考えるべきであろう。従って土器笛や土器ドラム以外にも、木製笛、多弦琴などのメロディー楽器、木製ドラム、カスタネットなどのリズム楽器など、多種多様な楽器が他にもたくさん作られ、踊り子の衣装は美的装飾や首飾り、腕輪、アンクレットがあふれるほどつけられ、集団歌謡、集団舞踏もあり、芸術性が高く格式ばった祈祷奉納が行われていたと考えるべきであろう。

　交易団の船乗りたちは、三内丸山港に到着するまでの長旅において最大の努力を払って遭難をかわし、「板子一枚下は地獄」の航海に耐えて港にたどり着いた人たちであり、迎える側も同じ体験を持つ人たちであった。彼らが寝泊まりしていたロングハウスではその労をねぎらう歓迎の宴で酒宴歌が歌われ、盛大な唄と踊りが披露されていたことは間違いない。唄、音曲、舞の文化はトップクラスの芸術家による素晴らしいものが提供されていただろう。縄紋文化は、そのような才能ある人々を讃える人間賛歌の文化であったのだ。

　三内丸山の船着き場から集落入口までの道路幅が12メートルもあった理由は、船着き場を降りた船乗りたちを歓迎する音楽や踊りに囲まれながら行進するために、道路幅を12メートルの広さに作ったと考えなければ、ほかに理由が見つからない。他方、大陸の代表的大国であった古代バビロンの遺跡の城門入口、イシュタル門の前に立つと、城門の入り口は僅か3列程度の軍団が行進して通れる程度の幅しかない。外敵の襲撃に備えるため、城門入口は意識的に狭く作られたとはいえ、これが当時の世界の大国バビロンの城門かと疑うほど狭い。三内丸山の道路は歓迎行事をするのに充分な幅の広い道路であったことを考えると、戦国社会の歴史文化と平和社会の歴史文化の違いの大きさに、改めて想いを新たにする。

　縄紋交易に関する研究では、出土品の分類による産物と文化の移動問題

についてかなり解明されている。だが、社会的経済活動として交易を見る場合は、交易の規模や交易実務が行われた場所、形態、組織、それに宿における世俗的文化など、交易の本質的な実態システムなどについての解明が必要であるが、目に見えるような解明がまだなされていないように思う。最大の問題はロングハウスの用途が不明なままであり、「集会所か冬場の作業場として使われていたのではないか」という意見しか出ていない。私の長年の生産工場勤務の経験から考えれば、ロングハウスは交易用の倉庫兼宿舎であったと考えて間違いない。このような社会的経済活動としての交易の実態を解明することが必要である。

　私が物流理論を応用して縄紋時代の交易体制をいろいろな角度から検討してみた結果（注11-8）においても、三内丸山のロングハウスは港湾倉庫として作られた建物であり、壁際の棚には入庫・出庫別の荷物が整然と区分けされて保管されていたことが分かる。そのため、荷物の識別に絵文字が使われていたことは間違いない。あれだけ広い倉庫に荷物を整理保管するためには、当然識別が必要であり、雑然と置くほど縄紋人は低能ではなかったからである。

　江戸時代の北前船に劣らないほど活発な自由交易（無関税）が行われていたのであるから、三内丸山港では交易シーズンになると、私の計算では、ほぼ毎週１船団の入港または出港があった。だから彼らの人生は、交易のために毎日せっせと忙しく働いていたといっても過言ではないくらい、交易が活発であったことが分かるのである。これは物流理論上の解析結果である。

　自由交易による港町繁栄のすばらしさは、山形県酒田市に残る江戸時代の北前船交易による廻船問屋と港湾倉庫群の文化遺産の素晴らしさを見れば一目で分かる。隣の秋田県土崎港町には、そのような文化遺産が殆ど何も残っていない。そのような大差が生じた原因は、自由交易港の酒田では藩主が交易事業を町人自治に任せて無関税であったため、資金と物資と人

材が集中して特別繁栄したのに対し、土崎港の藩主は通商に関税をかけただけではすまず、廻船問屋の儲けを藩資金の借金として利用し続け、最後は廃藩置県で債権が事実上消滅の憂き目にあい、多くの廻船問屋が破産した。そのような理由でさびれた港町が多かったようである。一般的に北前船交易の役目が終わった時期は、鋼鉄製大型蒸気船が活躍し始め、鉄道網が沿岸一帯にできた明治30年ごろのことであり、優れた廻船問屋はそれまで存続していたのである。

　当時、世界の自由交易港は、酒田とヴェニスの2港だけであったという。世界的に見ても、酒田はそれほど先進的で不可侵的な交易制度の港町であったといえる。自由交易港には関税の心配がないから、物資と資金が無制限に集まるという特質があり、そこには通常交易のほかに別の中継交易が自然発生し、それが通常交易に匹敵するほどの規模に成長し、余分に利潤が生まれるため、酒田に移住する廻船問屋も現れる。香港、シンガポールが栄えるのと同じ理由である。関税を取る交易港では中継交易が生まれず、無関税の自由交易港に太刀打ちできないからやっても僅少にすぎない。

　つまり何の制限もない町人自治の社会が経済的には最も繁栄するのであり、王制がなかった縄紋交易の日本は正にこれであったのだ。王制＝城郭＝文明＝繁栄と判断する大陸式思考は、大陸から隔離して外敵がなかった日本の縄紋時代には全く当てはまらない。最近の日本経済界は政府に景気刺激策を要求するばかりで、縄紋人のような自助努力がたりない。個人消費が上向かない原因は、粗悪な途上国製の商品ばかりを店に並べるからで、買いたくなるような素晴らしいデザインと高品質な製品が店にないからであることに気がついていない。中でも劣悪パソコンの酷さと、気の抜けたインテリアはその代表格である。

　三内丸山時代、到着した交易団を慰労する歓迎宴は盛大で、ロングハウスは船宿の役目も兼ねていたから、取引が成立すれば、ハウスの炉を囲むように車座ができ、めでたい歌舞音曲と酒席がほぼ毎日のように設けられ

ていたであろう。
　江戸時代の港湾倉庫と船宿の位置関係は、同一問屋によってきわめて近距離に建てられていた。ロングハウスはそれと同じ理屈であり、これは「人類は交易によって繁栄する」という原則そのものである。江戸時代の船宿に来る人は廻船問屋の宿泊客だけではなく、次第に夜の宴席、芸者遊びの場所としても栄える地区に発展し、町民文化の中心地となって栄えた。海洋水運国であった日本は、このように北から南まで広範囲な自由交易が縄紋社会の経済を充分にうるおし、縄紋の豊かな社会基盤を支え、エネルギッシュな前衛芸術土器の製作活動を可能にしていたことを忘れてはならない。このように活発な自由交易がなければ、前衛的芸術土器文化も土偶文化も、次世代の装飾古墳も決して生まれなかったのである。単なる狩猟採取だけで食いつなぐ原始生活をしていただけならば、土器は日常の粗末な飲食用のものしか作らず、縄紋文明とも言えるほどの前衛的土器は決して生まれなかったであろうことは、弥生時代の土器や世界各地の土器を見れば分かる。
　農耕も舟の帆走も、出土証拠品がないというだけで「それは縄紋時代に存在しなかった」といい続ける学者がまだいるが、私はその人の常識を疑いたくなることがある。秋深い河口湖の湖岸に立てば、岸辺の腐葉土化した土に落ちた落葉の茎がかろうじて土にささり、それが根をはやし、成長している様子が分かる。それを見ただけで、人間はだれでも自分で苗木を植えて木の実をふやしてみようと考える筈だ。風の強い日に湖水や河に小舟を出せば、体に風が当って舟が動かされることは誰でも知っていることであるが、それさえも否定するというのは、学問の基本的思考力が欠如しているといわれても仕方がないのではないだろうか。縄紋人は舟に帆柱を立てず、小さな帆を棒きれにしばりつけてそれを手で支えていたのであろう。ポリネシア人が今もそうしており、後述するように彼らは縄紋人の子孫である。

ギリシャ、エジプト文化の発達した技術と比較し、同じ技術がないという理由だけで、縄紋独自の技術を考えずに、縄紋文化は大変遅れた文化であるように判断するのは、片手落ちのような気がしてならない。

　三内丸山だけでなく、富山、能代などのロングハウスはいずれも交易用倉庫、兼宿泊場所であったと考えて間違いなく、それ以外の目的は考えられない。歌舞音曲は神事用だけでなく、交易団の歓迎と送迎の席でも行われていたので、演奏技術は常に高度に維持されていたであろう。

　インドのモヘンジョダロ遺跡（インダス文明）の大型建造物の場合も、その規模からいって交易用の倉庫群と宿泊用建物であり、沐浴用の水槽もあり、王宮や住宅地ではなかったと、インド人考古学者が判断している。インダス文明は、メソポタミア、エジプト、ギリシャの各文明都市まで航海し、交易をしていた（紅海の最北部とナイル河下流をつなぐ運河がBC2,000年ごろに作られ利用されていた）から、あれだけ大きな交易市街地として栄えていたのであり、その生活レベルは現在のインド人社会よりもむしろレベルが高い生活をしていたのではないかと考えるくらいである。

　もうひとつ。土偶の目が遮光器のように見える理由は、死人の閉じたまぶたを描いたからである。それが分からない学者が意外に多い。土偶は地母神信仰からきたものであるから、生きた人の偶像ではない。全て死人である。トーテムポールもそうである。御柱を建てる行事もそうであり、そばの神社はあとで作られたと考えるべきであろう。

　アフリカ東部に住むChokwe族は祖先の顔のお面を木材に彫刻して作り、家に飾って先祖供養に使っている。その木面や木偶を調査したアメリカのManuel Jordan氏が写真集を出している（注11-9）が、そこに掲載された木面や木偶を見ると、遮光器土偶と全く同じくまぶたを一文字に閉じているものが多いので、縄紋土偶との宗教的共通性に感嘆する。伊勢市にある私設アフリカ美術館に展示されている木偶も、遮光器土偶と同じくまぶたが一文字に閉じているものが多い。これを見ても縄紋人は世界的に優れた祖

先崇拝の宗教を持っていたことが分かり、それは輪廻転生と直結した心の文化であったのであろう。

　古代エジプト、ギリシャの考古学は王朝歴史の文化が中心であり、土着の風土に関する説明がほとんどない。例えばハトシェプスト女王がアフリカのプントへ初の大型交易団を派遣した時の航海内容は歴史書に書かれず、商船大学教授であった茂在寅男氏の航海術史に詳しく説明されている。ヨーロッパの歴史家は王室の栄枯盛衰の話以外はいかにも興味がないように見え、人間の叡智である長距離交易という素晴らしい冒険には無関心のように見えるのだが、それで本当に歴史書といえるだろうか。当時の代表的社会文化、出来事を紹介せずに、王制の栄枯盛衰だけを書く歴史書は片手落ちで興味が薄れ、私には受け入れがたいとさえ思う。

　幸か不幸か、縄紋文化の場合は王政の伝記がない。土着の風土文化形成要素である人々の生活や日常の心構えを知るには、各地の風土記や、日本に移住してきた人たちの生まれ故郷の神話などを研究する以外に、到達する手段がない。その代表格が「因幡の白ウサギ」や「羽衣の松」であり、「アイヌの熊送り」の祭礼であり、「男鹿のナマハゲ」行事であり、そこに見え隠れする民族性が縄紋文化として浮上し、理論化のヒントを提供してくれる。

　風土的な土着文化の代表例として、秋田県男鹿半島にある「ナマハゲ」行事の鬼（図11-1）を見てみると、それは祖先霊崇拝の土着宗教文化の代表的存在の「訪れ神」であり、秋田の風土をしっかりと感ずることができる。それは関東以南にある昔話の鬼退治の鬼とは、鬼の種類が全く異なる。

11-1. 秋田県男鹿市の「なまはげ」鬼

127

ツノが生えた鬼は中国にはいないから、日本の鬼は縄紋時代から日本に存在したものであろう。中国や台湾の「鬼」は、単なる幽霊やお化けを意味し、忌避すべきもので、崇拝する祖先霊として祀るべきものという考え方はない。

ツノが生えている鬼の起源を近海の国に求めると、ニューギニア西部（インドネシア領、イリアンジャヤ州）に住むアスマット族が、日本と同じ2本のツノをはやした祖先霊の鬼（図11-2）の文化を持っている。この鬼は祖先として子孫の安全と幸運を見守り、悪霊がとりつくのを防ぐという神のような存在であるから、男鹿の鬼と存在理由も全く同じである。ジャワ人でも、この木偶は崇拝の対象である祖先霊の像であることを知っている。アスマット族の祖先霊は男鹿のナマハゲのような怖い顔をしているから、日本の鬼に一番近い同質の海外鬼文化であるといえる。男鹿に伝わった鬼は、純粋に伝統として伝えられてきた祖先神の鬼で、大和朝廷による政治の影響はここまで直接及ばなかったため、現代まで伝統が維持され、風土が残ったと考えてよいと思う。

11-2. ニューギニアの祖先霊
パトゥン・アスマット

一方、朝廷に近い関東地方以南にも伝わっていたこの鬼文化は、渡来人文化が優勢な奈良、京都の強い政治力の影響で急速に衰え、最後まで朝廷にさからって「山里や離島に逃れた土着人を鬼と見なした」武将が鬼退治の武勇伝を作り、それが今は「昔話の鬼」になったのであろう、と私は考えている。

オーストラリアに近いチモール島にも、2本のツノがあるよく似た鬼の仮面があり、これもジャカルタで売っていた。チモール島には「沖縄の半

纏（はんてん）によく似た半纏をきている人たちが住んでおり、下駄をはいている人もいて、チモール語はインドネシア語よりもっと日本語に近い」という話を、スラバヤの大学で日本語学科長から聞いた。1990年代にアメリカがスハルト大統領追放を仕掛けてチモール島住民に独立戦争を起こさせ、日本政府もその戦後処理のため多数の自衛隊や人材を派遣したが、戦争のいやな報道ばかりが続き、上述のような文化人類学的報道は一つもなかった。日本のジャーナリストの海外報道はアメリカの報道が基準であるため、アジア人としての視点から見た独自判断によるアジア文化的な報道意欲が低い。

　日本とニューギニアは一見遠いようにみえるが、どちらか一方の国で太平洋側沿岸部に巨大地震が起これば、大津波が相手国沿岸に波及するという地理的関係にあり、太平洋をはさんだ隣国であるといっても間違いではない。日本からニューギニア、チモール島へ航海する場合、通常は最短距離の台湾－フィリピン経由であるが、地図で東京湾から南の方をみれば、ニューギニアに向かって伊豆、小笠原、マリアナ、ミクロネシア諸島が並んでいる。これらの諸島は、マリアナ諸島のグアム島で分岐し、東の分岐線はカロリン諸島を経由しニューギニア東部のビスマルク諸島にいたる。西の分岐線はパラオ諸島を経由してニューギニア西部にいたる。伊豆からパラオ諸島にいたるルートの東岸沖には、深い日本海溝とマリアナ海溝があるから、太平洋プレートに押されて海溝ができたことを考えれば、おそらく1万年か2万年前はかなり陸橋に近い状態につながっていた可能性も考えられるのだが、小笠原諸島に関していえば、火山噴火でできた島との説がある。沖縄諸島の場合は、2万年前はほぼ完全な陸橋で大陸から台湾経由で九州につながっていたことが知られているが、それとは若干違うらしい。

　BC1,600年ごろ、このビスマルク諸島にラピタ人（ポリネシア人の祖先）が忽然と現れて住み始めた。彼らは土器文化と入れ墨文化を持っていたのだが、どこから来た人たちかまだ判然としない。だが、最近はインドネシ

ア東部（スラウェシ、モルッカ海の島々）から来たとする学説に落ち着きつつある。ミシガン大学のブレース氏は、ラピタ人の頭蓋骨が縄紋人と近似するから、縄紋人が南下して移住した可能性が高いという。モルッカ海諸島付近は、インドネシアとニューギニアを結ぶ東西交易と、台湾からオーストラリアに至る南北交易（紀州の漁船は江戸時代の昔からオーストラリア沖で真珠取りをしていた）の十字路に当り、言語は日本語の影響を受けてピジン語（国際交易用の人造語）化し、その移住混血人がビスマルク諸島に定住したのであろうと私は考えている。京都大学の片山一道氏も、ポリネシアにおける縄紋人の影響を示唆する意見である。オセアニア語学者の川本崇雄氏はもっと極端で「卑弥呼は、日本からポリネシアに移住した縄紋人の子孫で、オセアニアから日本に里帰り移住したのかもしれない」とさえいっている。イギリスの歴史学者 C. L. ライリィ氏は『倭人も太平洋を渡った』（1971年）を書き、日本語訳著書が話題になった。

インドネシアの考古学者クンチャラ・ニングラト氏は、「地球最終最大氷河期の昔に縄紋人が寒冷化を避けてインドネシアのスラウェシ南岸まで南下移住し、洞窟で暮らしていた証拠がある」という学説を書いている(注11-10)。それほど日本－フィリピン－スラウェシの交易ルートも、マーシャル諸島経由のルートも古いのであろう。フィリピン経由の南北交易海路を境界線として、その西側（インドネシア側）はオーストロネシア語圏で日本に語彙的影響を与えた地域であり、東側（ニューギニア側）はオセアニア語圏で逆に日本語の影響を受けた形跡がある。BC1,600年ごろといえば、三内丸山遺跡文化が寒冷化のため廃村になったあとであるから、人口減少が著しかった関東地方から南方をめざして移住した縄紋人たちが行きついた先であった可能性も大きい。そう考えれば、ニューギニアの祖先霊であるツノをはやした鬼の文化が、その昔に男鹿まで届いていたとしても別に不思議なことではない。

遺伝子工学でその裏付けを探してみると、これらの移住史が一層はっきりと確認できる。父系のC2が日本とニューギニアにあり、母系のB4も

顕著な分布を示して (注11-11)、日本、アメリカ、太平洋、東南アジアに見られる。これは、ブレース氏がいう通り、縄紋人がビスマルク諸島にもアメリカ大陸にも人類移住開始期の初期に渡っていたことと符合する。縄紋人は実に広範囲に環太平洋で活躍していた人たちであり、交易に行った先々で土地の人たちと顔馴染みになり、そのまま移住し、混血して現地人化し、その継続的繰返しの歴史が彼らの燦然と輝く人類史の賛歌になったのである。

　ただしビスマルク諸島からポリネシアに向かって新たに冒険航海に出発した時と、千島・アリューシャン経由でアメリカに向かった冒険航海（私は縄紋人はベーリング海経由と思わない）を開始した時は、その先に何があるのか、皆目不明のまま、あえて舟をこぎ出して行ったのであるから、怖ろしく素晴らしい冒険団であったとしか言いようがない。このように未知の海外に向けて勇敢な航海、交易、移住行動に挑戦する意欲は大いなる尊敬に値し、現代人が国際貿易で積極的に未知の新市場開拓に挑戦したり、宇宙船で太陽系に飛び出すNASAの行動意欲に少しも劣らない。この点は、世界の人類学者が縄紋人の才能に無条件で賛辞を呈している。

　縄紋人の移住先には母系遺伝子も見られるから、当然女性同伴で交易に出かけ、女性も移住していたことが分かる。当時は世界のどこでも、まだ母系制社会であったのだから、縄紋人も女たちが男どもに勇気を奮い起させ、海外交易と移住のプロジェクトを計画させたのであろう。計画させた時も実行させた時も、決めたのは母親たちである。初めはあまり遠くない島に行き、そこを拠点に次第に遠方に移住するから、時代が何百年か経過してハワイまで到達した。

　インドネシアのスマトラ島文化は、今も基本的に伝統的母系制文化の社会の代表的存在であり、財産は母から娘に贈与され、男はその対象外である。ジャワ文化もそれに似た傾向があり、沖縄文化も実質的にはスマトラ文化に近い。アジア、アフリカにはまだ方々で母系制文化が健在である。治安と秩序は、母親の母性本能で維持できるから、男の社会的必要性が薄

い。むしろ男はギャンブル、酒、見栄の無駄遣い、喧嘩、犯罪など、家庭や社会に有害な行為に走りやすく油断できないため、日ごろから監督と躾が必要な人たちと考えられている。それらの社会に共通していえることは「争いごとがなく、実に天下泰平である」ことだ。縄紋人の社会秩序と同じなのである。

これほど雄大な縄紋人の物語が分かれば、その文化の偉大さが改めて分かろうというものだ。土器土偶だけを調べていても、それは縄紋文化の一部にすぎないから、それだけでは縄紋文化の全体像は決して浮かんでこない。

近い将来、世界の前世療法医師たちが日本に参集して国際会議を開催していただき、その時日本の装飾古墳の壁画に描かれた太陽の渦巻紋を是非見学していただき、それが輪廻転生の証拠の壁画であることを参加者全員に認識していただき、ユネスコに世界遺産登録の推薦をしていただき、世界文化遺産の指定を受けることを願う。

今の日本は、国全体が自信喪失症に陥っているような状態であるから、福岡県王塚古墳の渦巻紋の装飾壁画を世界文化遺産に加える運動を展開するためには、このような国際的支援が必要になるだろうと思う。

世界文化遺産指定の実現は、「縄紋文化の人間賛歌の終着駅にたどり着くこと」になると言える。

おわりに

日本の文系学界は夫々一匹狼が支配する世界らしく、カテゴリーが異なる文化に対する研究や交流があまりなされていないように見うけられる。ギリシャ哲学の始まりは、ローマ風呂の中で暇つぶしに雑談して出てきた話の中から生まれた学問だというから、一匹狼で通せば他の分野の楽しい理論の理解がむずかしく、進歩が遅れるだろう。

未知の分野には未知の文化が必ずかくれているから、そこに挑戦する価値がある。師から受け継いだ理論を金科玉条のごとく信奉し、それにヒン

トを得た2番煎じや目先の枝葉末節の研究だけやっていては、その学問は滅びる方向に向かうと覚悟しなければならない。未知の分野にパイオニアとして果敢に飛びこみ、仮に多少のミスがあっても常識的基本原理をゆるがすような研究を進めることこそ、もっと尊重されてしかるべきである。

ところが日本では残念なことに、そのような誰も想像しなかったような先進的研究はしばしば出る釘として打たれ、無視され、追放され、口汚くののしられることが多く、それは文系学問の社会常識であるようにさえ見えることがある。それが原因で、文系学問の中には世界的に大変遅れている学問がいくつかあるように見受けられる。理系の社会では常に世界の最先端技術と競争関係にあるため新理論は前進あるのみで、文系のように後ろ向きの醜い争いをいつまでも繰り返しているひまはない。

だが別の意味で、つまり日本には渦巻紋文化がないため本書の内容が専門家に理解されにくいという問題もある。渦巻紋文化が今も盛んなインドで本書理論の理解が進めば、逆にインドの学界の影響でヨーロッパや日本でも理解される可能性がでてくるかもしれない。

日本は中央の権威ある人が発言しなければ何事も始まらない国であり、地方から発言されることが少ない途上国型の中央集権国である。それがこの著書内容が認知されるかどうかの問題点である。

今回の研究結果はプロトタイプのものである。今後多くの研究者によりさらに渦巻紋の高度な系列化と編年化が進められ、世界的規模で型式と編年が完成することを切望する。

引用文献

注

注 1-1　K. C. チャクラヴァルティ『古代インドの文化と文明』p.224、東方出版、1982
　　　　Keshab Chandra Chakravarti "Ancient Indian Culture and Civilization" Bombey, Vora and Co., 1961
注 1-2　吉村作治『古代エジプトを知る事典』p.65、p.233、東京堂出版、2005
注 1-3　石母田正編「古代史講座 2 原始社会の解体」p.270、学生社、1962
注 2-1　江上波夫「東亜考古学」(江上波夫文化史論集 7『世界の考古学』) p.253、山川出版社、2001 (初出は 1934)
注 2-2　藤本強「ヨーロッパの先史美術」(『世界美術大全集 1』) pp.1-38、小学館、1995
注 2-3　第 2 アートセンター編『世界の紋様 2　オリエントの紋様』p.156・図 249、小学館、1992
注 2-4　第 2 アートセンター編『世界の紋様 2　オリエントの紋様』p.188・図 310、小学館、1992
注 2-5　『世界美術大全集 3』pp.3-147・図 115、小学館、1997
注 2-6　国立歴史民俗博物館編『装飾古墳が語るもの』p.90、吉川弘文館、1995
注 2-7　山本忠尚「唐草文」『日本の美術』358、p.17、至文堂、1996
注 4-1　スティーヴン・オッペンハイマー『人類の足跡 10 万年全史』p.170、草思社、2007
注 4-2　ユリウス・カエサル『ガリア戦記』p.237、PHP 研究所、2008
注 4-3　ベルンハルト・マイヤー『ケルト事典』p.141、「太陽」創元社、2001
注 5-1　中村慎一『稲の考古学』p.110、同成社、2002
注 5-2　篠田謙一『日本人になった祖先たち』p.126、NHK、2007
注 5-3　篠田謙一『日本人になった祖先たち』p.84、NHK、2007
注 5-4　中橋孝博『日本人の起源』p192、講談社、2005
注 5-5　佐原真『歴史発掘⑧祭りの鐘銅鐸』p.87、講談社、1996
注 5-6　佐藤洋一郎 (対談)「文芸春秋」2002 年 4 月号、p.163、文芸春秋社

注5-7　甲元真之『環東中国海をめぐる稲作の伝播』p.171(「日本人はるかなる旅、イネ・知られざる1万年の旅」)NHK、2001

注5-8　早乙女雅博『朝鮮半島の考古学』p.20、同成社、2007

注6-1　佐々木史郎「アムール河下流域とサハリンにおける文化類型と文化領域」p298　国立民族学博物館研究報告書16巻2号、1991

注6-2　ロイ・アンドリュー・ミラー『日本語の起源』p.45・69、筑摩書房、1982

注7-1　主な引用文献：大庭脩「中国漢代の装飾墓」(『平成12年度春季特別展 残されたキャンバス　装飾古墳と壁画古墳』)大阪府立近ツ飛鳥博物館、2000

注7-2　全浩天「高句麗古墳と古代日本」p.40、(大塚初重『東アジアの装飾古墳を語る』)雄山閣、2004

注7-3　国立歴史民俗博物館編『装飾古墳が語るもの』p.112・130、吉川弘文館、1995
国立歴史民俗博物館編『装飾古墳の世界』p.79、朝日新聞社、1993
水尾比呂志『日本の美術〈45〉装飾古墳』ブック・オブ・ブックス、p.182、小学館、1977
石野博信他編「古墳の造られた時代」『古墳時代の研究　12』p.95、雄山閣、1992
森貞次郎『装飾古墳』p.13、教育社、1985

注7-4　吉村作治『古代エジプトを知る事典』pp.65～66、東京堂出版社、2005

注7-5　藤芳義男『巨石文化と太陽暦の謎』p.16、新国民社、1981

注7-6　茂在寅男『航海術』p.19、中央公論社、1993

注8-1　玉利勲『装飾古墳の謎』p.209、大和書房、1987

注8-2　梅原猛編『縄文人の世界』p.63、角川学芸出版、2004

注8-3　『カンディンスキー著作集3　芸術と芸術家』p.26、美術出版社、1987

注9-1　落合淳思『甲骨文字に歴史をよむ』p.35、ちくま新書、2008

注9-2　日下八光『装飾古墳の秘密』p.29・55、講談社、1978

注9-3　ロバート・モアコット『古代ギリシア』p.80、河出書房、1998

注9-4　「芸術新潮」2009年9月号 p33、新潮社、2009

注9-5　ロイド・レイン『ケルトの芸術と文明』p.25、創元社、2008

注9-6　伊藤清司「中国の神話伝説」p.125(『世界の神話伝説　総解説』)、自由国民社、2002

注 10-1　森浩一『日本の古代 5　前方後円墳の時代』p.130、中央公論社、1986
注 10-2　佐々木稔『鉄と銅の生産の歴史』p.43、雄山閣、2002
注 10-3　平野邦夫『帰化人と古代国家』p.125、吉川弘文館、1993
注 10-4　渡辺邦雄「終末期方墳の起源と変遷」p.90、(『考古学雑誌』第 94 巻第 2 号) 日本考古学会、2010
注 11-1　J. L. ホイットン『輪廻転生』p.87、人文書院、1989
注 11-2　立花隆『臨死体験　上』p.407、文芸春秋社、2000
注 11-3　立花隆『臨死体験　上』p.110、文芸春秋社、2000
注 11-4　坂本政道『死後体験 II』p.76、ハート出版、2004
注 11-5　J. L. ホイットン『輪廻転生』p.51、人文書院、1989
注 11-6　奥山輝実ほか『生きがいの催眠療法』p238、PHP 研究所、2000
注 11-7　J. L. ホイットン『輪廻転生』p.7、人文書院、1989
注 11-8　藤田英夫『物流理論が縄文の常識を覆す』p.51、東洋出版、2003
注 11-9　Manuel Jordan "Chokwe! Art and Initiation Among Chokwe and Related Peoples"(写真 56〜63) New York Prestel, 1998
　　　　(注 11-8 の著書にも同じ写真がある)
注 11-10　クンチャラ・ニングラト編『インドネシアの諸民族と文化』p.29、めこん、1980
注 11-11　スティーヴン・オッペンハイマー『人類の足跡　10 万年全史』p.213・256・289、草思社、2007

図版目録

1-1.　Punan Trusan, Saba, Borneo、(巨石上の渦巻紋彫刻) "Encyclopedia of Malaysia Vol. 4 Early History" p.40、写真 Chai Kah Yune, Archipelago press, Edition Didier Millet Pte. Ltd. Singapore, 1999
1-2.　青森県大森勝山遺跡の連続渦巻紋岩版 (縄紋晩期) 縦 7.9cm　弘前市教育委員会所蔵、提供
2-1.　石川県真脇遺跡　前期末〜中期初頭土器　日紋と光輝紋　石川県能都町立真脇遺跡縄文館所蔵、提供
2-2.　鹿児島県上野原遺跡 (縄紋早期)　早期　平栫式壺・単渦紋 (重要文化財指定)　鹿児島県埋蔵文化財センター所蔵、提供
2-3.　横浜市北川貝塚 (縄紋中期)　中期　曾利式土器・半円紋　横浜市ふるさ

と歴史財団埋蔵文化財センター所蔵、提供

2-4. イラン　前 2,500～2,300 年　彩紋土器と鳥文の壺・光輝日紋　古代オリエント博物館所蔵、提供

2-5. 青森県是川中居遺跡（縄紋晩期）　亀ヶ岡文化岩版　四渦紋　青森県八戸市埋蔵文化財センター　是川縄文館所蔵、提供

2-6. 千葉県幸田貝塚（縄紋前期）　関山式土器・S字紋とJ字紋　松戸市立博物館所蔵、提供（写真小型化で紋様不鮮明なため著者製図）

2-7. 鹿児島県成川遺跡（縄紋後期）　指宿式土器レプリカ・回紋　鹿児島県歴史資料センター黎明館所蔵、提供（原資料は奈良文化財研究所所蔵）

2-8. 岐阜県堂之上遺跡（縄紋中期）　土器　上部に双頭紋　岐阜県立堂之上博物館　岐阜県久々野町歴史民族資料館所蔵、提供

2-9. 青森県十腰内遺跡（縄紋晩期）　亀ヶ岡文化鉢型土器　火炎紋　青森県弘前市教育委員会所蔵、提供

2-10. 青森県明戸遺跡（縄紋晩期）　亀ヶ岡文化の土偶・四頭紋　青森県十和田市教育員会所蔵、提供

2-11. 秋田市戸平川遺跡（縄紋晩期）　亀ヶ岡文化の岩版　ジョイント紋　秋田県埋蔵文化財センター所蔵、提供

2-12. インドネシア　西スマトラ州　青銅器時代のポット　国立ジャカルタ博物館所蔵、提供
Bronze Pot, (Bronze age), West Sumatera, Indonesia, Collection (No.1443) of Jakarta National Museum（page 47 in the Guide book）

2-13. 岐阜県堂之上遺跡（縄紋中期）　わらび手紋　岐阜県高山市久々野町歴史民族資料館所蔵、提供

2-14. 栃木県坊山遺跡（縄紋中期）　人面装飾付き土器・きのこ紋　栃木県さくら市ミュージアム荒井寛方記念館所蔵、提供

2-15. 青森県土井1号遺跡（縄紋晩期）　亀ヶ岡文化岩版・唐草紋（部分）　青森県板柳町教育委員会所蔵

2-16. ベトナム先住民チャム族のドラムに描かれた紋様　近現代巴紋と火炎紋の組み合わせ（著者スケッチ）　ダナン市チャム彫刻博物館所蔵　Bao Tang Cham, Vietnam

7-1. 福岡県桂川町　特別史跡指定　王塚古墳　壁画レプリカ（古墳時代）　福岡県王塚装飾古墳館所蔵、提供

7-2. 宝貝（タヒチ産）　著者所蔵

137

図版目録

7-3.　エジプト　ルクソール　センネジェム古墳壁画　部分　(BC1250 ごろ)（著者スケッチ）

7-4.　福岡県珍敷塚古墳壁画　福岡県うきは市教育委員会所蔵、提供（舟部分のスケッチは著者）

7-5.　インドネシア　スマトラ　ランプン州の伝統的タンバン・マジュ（刺繍した小型敷物）　ジャカルタ国立博物館所蔵、提供
Tambang Maju (traditional embroidery mat in modern age), Lampung, Sumatera, indonesia, Collection (No.28853) of Jakarta National Museum (page 68 in the Guide book)

8-1.　熊本県嘉島町　井寺古墳壁画直弧紋の復元図（坂本経堯氏原図）　坂本経昌氏所蔵　（印刷用図面は、乙益重隆「装飾古墳と文様」p.21　講談社 1974 から転用）

8-2.　デフォルム前の元の単渦紋（図 8-1 を利用した著者の作図）

8-3.　岡山県楯築遺跡の亀石（弥生時代）　岡山県立博物館所蔵　著者スケッチ

8-4.　福井県足羽山遺跡（頂上遺跡）の石棺（古墳時代中期前半）　福井市郷土歴史博物館所蔵、提供

8-5.　大阪府紫金山遺跡の貝製腕輪　5 世紀　（古墳時代初期）　大阪府立近ツ飛鳥博物館展示品（著者スケッチ及び製図）

9-1.　中国雲南省昆明市少数民族村　西納族部落の看板

11-1.　秋田県男鹿市の「なまはげ」　男鹿市観光局提供写真（「男鹿なび」経由）

11-2.　ニューギニア西部、イリアンジャヤ洲（インドネシア）、アスマット族の祖先霊である鬼の仮面（ジャカルタ市国立サリナ・デパート売り場で著者撮影）
Patung Asmat (wodden figure as ancesterworship in Irianjaya, Indonesia). The picture was taken by auther.
Commodity at National Sarinah Department store in Jakarta.

「図 1-3. 渦巻紋のシステムダイアグラム」の紋様引用文献
(国名後の番号は各国のデータ・アイテム番号)

日紋 A：フランス 12　BC 15,000 年　アンドル県サンマルセル
　　　　藤本強「ヨーロッパの先史美術」（『世界美術大全集 1』）pp.1〜52、図 46、小学館、1995

単渦紋 B：シベリア 3　BC 10,000 年　イルクーツク市マルタ遺跡
　　　　江上波夫「東亜考古学」（江上波夫文化史論集 7『世界の考古学』）

p.253、山川出版社、2001（初出は1934）
半円紋C：チェコ14　BC 15,000年　プシェドモスティ、モラヴィア地方
　　　　藤本強「ヨーロッパの先史美術」（『世界美術大全集1』）pp.1～49、図21、小学館、1995
光輝日紋D：イラン14　BC 5,700年　ハッスーナ層
　　　　曽野幸彦『西アジアの初期農耕文化』図版1・図1、山川出版、1974
光輝紋E：日本131　BC 9,000年　藤沢市柄沢遺跡
　　　　戸田哲也『グラフィティ・日本謎事典1縄文』p.45、光文社、1991
卍紋a1：イラク14　BC 5,000年　サマッラ期
　　　　深井晋司編『世界陶磁器全集20』図21、小学館、1985
四渦紋a2：ギリシャ35　BC 600年　ヴルチの壺
　　　　『世界美術大全集3』pp.3～206、図162、小学館、1997
渦卍紋a3：ギリシャ23　BC 600年　ロドス島の皿
　　　　『世界美術大全集3』pp.3～147、図115、小学館、1997
S字紋b1：シベリア4　BC 10,000年　イルクーツク市マルタ遺跡
　　　　『日本人はるかなる旅図録』p.39、図2～36、NHK、2001
回紋b2：ウクライナ17　BC 10,000年　ノヴゴロド・メジン
　　　　藤本強「ヨーロッパの先史美術」（『世界美術大全集1』）pp.1～60、図78、小学館、1995
双頭紋c1：アイルランド23　BC 3,000年　アイルランドの主要モチーフ
　　　　ジャン・ピエールモエン『巨石文化の謎』p.167、創元社、2000
火炎紋c2：ギリシャ18　BC 1,600年　ザクロの壺、クレタ島
　　　　『世界美術大全集3』pp.3～84、図64、小学館、1997
四頭紋c3：日本40　BC 500年　青森県明戸遺跡
　　　　『北の誇り・亀ヶ岡文化』p.127、中央、青森県文化財保護協会（写真10）、1990
ジョイント紋c4：日本36　BC 500年　秋田市戸平川遺跡
　　　　『縄紋時代の秋田』（『発掘された日本列島'99』）p.4、秋田県立博物館（写真11）
J字紋d1：ブルガリア8　BC 6,000年　グラデシュニツア
　　　　岡山市立オリエント美術館編『ブルガリアの遺宝』p.13、1982
L字紋d2：中国11　BC 1,300年　殷墟
　　　　『世界美術大全集　東洋編1』p.48、図39、小学館、2000

図版目録

わらび手紋 e1：イラン 17　BC 3,500 年　シアルク III
　　　　曽野幸彦『西アジアの初期農耕文化』図版 15、図 2・4、山川出版、1984
きのこ e2：日本 58　BC 3,000 年　栃木県坊山遺跡
　　　　よみがえる縄文人』図 145、ミュジアム氏家（写真 14）、1999
角わらび紋 e3：中国 1　BC 1,300 年　湖北省崇陽県
　　　　『世界美術大全集　東洋編 1』図 73、小学館、2000
唐草紋 e4：日本 34．BC 500 年　青森県土井 1 号遺跡
　　　　『北の誇り・亀ヶ岡文化』p.111、下左（写真 15）
勾玉紋 f1：フランス 5　BC 10,000 年　イストリツア洞窟
　　　　藤本強「ヨーロッパの先史美術」（『世界美術大全集 1』）pp.1～52、図 43、小学館、1995
巴紋 f2：中国 16　BC 1,300 年　湖北省盤龍城
　　　　貝塚茂樹他『中国の美術 5 銅器』図 5、淡水社、1982

図 3-37 に記載したデータの引用文
（図 1-3 システム・ダイアグラム用に記載した文献名は省略）

日本

135　日紋 A：BC 3,600 年　群馬県松井田遺跡
　　　　小林達雄『日本の原始美術①縄文土器 I』図 39、講談社、1979
141　単渦紋 B：BC 5,500 年　鹿児島県上野原遺跡
　　　　「発掘調査報告書 28」p.6、図 3、鹿児島県埋蔵文化財センター（写真 2-2）、2001
134　半円紋 C：BC 4,800 年　北海道椴法華村
　　　　小林達雄『日本の原始美術①縄文土器 I』図 30、講談社、1979
44　光輝日紋 D：BC 2,500 年　東京都常盤台丘
　　　　梅原猛編『人間の美術 1、縄文の神秘』図 26、学研、2003
37　四渦紋 a2：BC 500 年　青森県是川中居遺跡
　　　　『北の誇り・亀ヶ岡文化』p.122 中右、青森県文化財保護協会（写真 5）、1990
142　S 字紋 b1：BC 5,500 年　鹿児島県上野原遺跡展示品、2007
143　回紋 b2：BC 1,500 年　鹿児島県成川遺跡　指宿式土器（レプリカ）
　　　　鹿児島県立歴史資料センター黎明館展示品（写真 2-7）。

3   双頭紋 c1：BC 2,500 年   岐阜県堂之上遺跡   中期土器（写真 2-8）
        小林達雄監修『全国古代遺跡古墳ガイド』p.48、小学館、2003
131   J 字紋 d1：BC 6,000 年   北海道函館市中野遺跡
        戸田哲也『グラフィティ日本謎事典 1 縄文』p.47、光文社、1991
5   わらび手紋 e1：BC 2,500 年   岐阜県堂之上遺跡   中期土器（写真 13）
        小林達雄監修『全国古代遺跡古墳ガイド』p.48、小学館、2003
61   角わらび手紋 e3：BC 1,000 年   岡山県總社市昭和町   倉敷考古館展示品
        2007
139   勾玉紋 f1：BC 2,800 年   長野県中原遺跡
        小林達雄『日本の原始美術①縄文土器Ⅰ』図 47、講談社、1979
62   巴紋 f2：BC 500 年   青森県是川中居遺跡
        『北の誇り・亀ヶ岡文化』p.115、青森県文化財保護協会、1990

シベリア

3   単渦紋 B：BC 10,000 年以前   イルクーツク市マルタ遺跡
        江上波夫『東洋考古学』p.252（「世界の考古学」）、福武書店、1957
4   S 字紋 b-1：BC 10,000 年以前   イルクーツク市マルタ遺跡
        国立自然博物館編『日本人はるかな旅』p.39、図 236、NHK、2001

中国

8   日紋 A：BC 3,500 年   甘粛省永靖県
        『世界美術大全集　東洋編 1』p.9、図 2、小学館、2000
5   単渦紋 B：BC 1,400 年   殷墟
        『世界美術大全集　東洋編 1』月報 p.10、小学館、2000
69   光輝日紋 D：BC 100 年広西チワン族（Chuang）自治区壁画
        『世界美術大全集　東洋編 1』p.315、図 242、小学館、2000
74   光輝紋 E：BC 2,000 年   大甸子
        大貫静夫『東北アジアの考古学』p122、図 49、同成社、1998
22   S 字紋 b1：BC 400 年   河北省客家
        『世界美術大全集　東洋編 3』p.221、図 237、小学館、2000
75   回紋 b2：BC 1,500 年   酒温器石神怡   大阪府立弥生文化博物館   資料
        「大環濠集落・池上曽根遺跡が語る近畿地方の弥生時代」p.3、2001
73   双頭紋 c1：BC 2,000 年   大甸子
        大貫静夫『東北アジアの考古学』p122、図 49、同成社、1998
20   火炎紋 c2：BC 200 年   湖南省馬王堆 1 号

141

図版目録

　　　　　『世界美術大全集　東洋編1』p.276、図210、小学館、2000
25　四頭紋 c3：BC 200 年　河北省満城県
　　　　　『世界美術大全集　東洋編3』p.205、図199、小学館、2000
72　J字紋 d1：BC 3,700 年　遼西省紅山文化
　　　　　大貫静夫『東北アジアの考古学』p.92、図35、同成社、1998
4　わらび手紋 e1：BC 1,600 年　夏王朝
　　　　　『世界美術大全集　東洋編1』第1巻月報 p.10、小学館、2000
7　茸紋 e2：BC 1,900 年　河南省偃師市
　　　　　『世界美術大全集　東洋編1』図49、小学館、2000
19　唐草紋 e4：BC 200 年　湖南省馬王堆1号
　　　　　『世界美術大全集　東洋編1』p.275、図207、小学館、2000
64　勾玉紋 f1：BC 1,500 年　大甸子
　　　　　『世界美術大全集　東洋編1』p.124、図151、小学館、2000

南アジア、東南アジア

パキスタン72　日紋 A：BC 2,800 年　メヘルガル
　　　　　『世界美術大全集　東洋編13』図230、小学館、2000
タイ10　単渦紋 B：BC 1,000 年　バンチェン
　　　　　三上次男編『世界陶磁全集16　南海』p.18、図262、小学館、1984
マレーシア40　半円紋 C：1,000 年サバ州　ブキテンコラ
　　　　　John Miksic『Indonesian Heritage vol.1 Ancient History』p.37 上、
　　　　　1996 Archipelago press, Edition Didier Millet Pte. Ltd. Singapore
パキスタン70　光輝日紋 D：BC 2,500 年　シンドジャングル
　　　　　水野清一編『世界考古学大系8 南アジア』図46、平凡社、1966
ベトナム34　光輝紋 E：BC 600 年　サフィーン（Sa Huynh）
　　　　　『世界美術大全集東洋12』p.264、小学館、2000
インド31　卍紋 a1：BC 2,500 年　インダス（Indus）
　　　　　宮治昭『インド美術史』p.5、吉川弘文館、1997
インド24　S字紋 b1：BC 2,500 年　モヘンジョダロ
　　　　　『世界四大文明ガイド』p.45、NHK、2000
ベトナム26　回紋 b 2：BC 700 年
　　　　　銅鼓面『ベトナム銅鼓図録』p.10、図2、ベトナム社会科学委員会、
　　　　　六興出版、1990
雲南29　双頭紋 c1：BC 600 年広南県銅鼓 3492

　　　　山本喜郎記念会『東南アジア・インドの社会と文化　下』図115、山
　　　　川出版、1980
雲南25　火炎紋c2：BC 600年　広南県銅鼓3471
　　　　同上（双頭紋）書、図40、山川出版、1980
ベトナム23　四頭紋c3：BC 300年　タインホア省マッソン
　　　　『世界美術大全集　東洋編12』図2、p.10、小学館、2001
タイ3　J字紋d1：BC 800年　バンチェン
　　　　『世界美術大全集　東洋編12』図210　p.262、小学館、2000
インド26　わらび手紋e1：BC 2,500年　モヘンジョダロ
　　　　『世界四大文明ガイド』p45、NHK、2000
雲南24　角わらび手紋e3：BC 600年　広南県銅鼓12191
　　　　双頭紋と同書　図67、山川出版、1980
雲南41　勾玉紋f1：BC 200年　李家山13墓
　　　　『世界美術大全集　東洋編2』図232、小学館、2000
インド51　巴紋f2：BC 100年　アンドラプラデシュ州
　　　　『世界美術大全集　東洋編13』図104、小学館、2000
西アジア
北シリア6　日紋A：BC 4,000年　ウバイド期
　　　　岡山市立オリエント美術館図録p.2、同美術館、1991
トルコ7　単渦紋B：BC 5,200年　ハジュラル
　　　　第2アートセンター編『世界の紋様2オリエントの紋様』p.188、図
　　　　310、小学館、1992
イラク16　半円紋C：BC 5,000年　アルパチア
　　　　深井晋司編『世界陶磁器全集20』図136、小学館、1985
イラン14　光輝日紋D：BC 5,700年　ハッスーナ層
　　　　曽野幸彦『西アジアの初期農耕文化』図版1、図1、山川出版、1974
イラン18　光輝紋E：BC 5,700年　ハッスーナ層
　　　　曽野幸彦『西アジアの初期農耕文化』図版1、図6、山川出版、1974
イラク14　マンジ紋a-1：BC 5,000年　サマッラ期
　　　　深井晋司編『世界陶磁器全集20』図20・21、小学館、2000
イラン17　わらび手紋e-1：BC 3,500年　シアルクIII
　　　　『西アジアの初期農耕文化』図版15、山川出版、1974
イラク15　回紋b2：BC 5,000年　サマッラ期

図版目録

　　　　　深井晋司編『世界陶磁器全集20』図21、小学館、2000
イラク2　双頭紋c1：BC 600年　新バビロニア玉座の間
　　　　　『グランド世界美術2』図24、講談社、1977
イラク1　J字紋d1：BC 600年　新バビロニア玉座の間
　　　　　『グランド世界美術2』図24、講談社、1977
トルコ1　勾玉紋f1：BC 1,200年　ヒッタイト（Hittite）
　　　　　『グランド世界美術全集2』図26、講談社、1977

エジプト

5　日紋A：BC 1,500年　レクミラの墓
　　　周藤芳幸「西アジア考古学第3号、紀元前2千年紀の東地中海と東西文化交流への一考察」p.36、日本西アジア考古学会、2002
8　単渦紋B：BC 3,500年　ナカーダ墓
　　　『古代オリエント博物館図録』p.23、古代オリエント博物館、2000
17　半円紋C：BC 3,100年　ルクソール　ナカダⅡ期
　　　第2アートセンター編『世界の紋様2オリエントの紋様』p.129、図192、小学館、1992
16　光輝日紋D：BC 3,800年　白色線紋土器ナカダ文化
　　　高宮いずみ『エジプト文明の誕生』p.68、図17C、同成社、2003
10　光輝紋E：BC 3,700年　下ヌビア南部墓
　　　高宮いずみ『エジプト文明の誕生』p.87、図25、同成社、2003
5　S字紋b1：BC 1,600年　テーベ、セネンムトの墓
　　　周藤芳幸「西アジア考古学第3号、紀元前2千年紀の東地中海と東西文化交流への一考察」p.35、日本西アジア考古学会、2002
7　J字紋d1：BC 1,500年　レクミラの墓
　　　周藤芳幸「紀元前2千年紀の東地中海と東西文化交流への一考察」p.36、日本西アジア考古学会、2002

ギリシャ

56　日紋A：BC 2,700年　キクラデス文化
　　　周藤芳幸『ギリシャの考古学』p.58、図18、同成社、1997
1　単渦紋B：BC 3,000年　テッサリアのディミニ遺跡
　　　江上波夫『世界の考古学3先史時代のヨーロッパ』p.15、福武書店、1957（山川出版2001と同内容）
32　半円紋C：BC 1,400年　クレタ島クノッソス近郊

　　　　　『世界美術大全集 3』pp.3〜46、図 32、小学館、1997
3　光輝日紋 D：BC 2,500 年　アテナイ、グーランドリス
　　　　　ナイジェル・スパイヴィ『ギリシャ美術』p.33、岩波書店、2000
70　S字紋 b1：BC 3,000 年　キクラデス島　フライパン
　　　　　三浦一郎他『エーゲ・ギリシャの古代文明』p.78、図 6、講談社、1981
41　回紋 b2：BC 800 年　ファレロン、アテネの壺
　　　　　『世界美術大全集 3』図 87、pp.3〜130、小学館、1997
22　双頭紋 c1：BC 600 年　ロドス島の皿
　　　　　『世界美術大全集 3』図 115、pp.3〜147、小学館、1997
71　J字紋 d1：BC 2,000 年　クノッソス宮殿中期ミノス
　　　　　三浦一郎『エーゲ・ギリシャの古代文明』図 88、講談社、1981
61　わらび手紋 e1：BC 2,000 年　古宮殿
　　　　　周藤芳幸『ギリシャの考古学』p.85、図 24、同成社、1997
66　きのこ紋 e2：BC 2,500 年　ミケーネ中期
　　　　　周藤芳幸『ギリシャの考古学』図 41、p.154、同成社、1997
14　唐草紋 e4：BC 340 年　壺　アプリア派赤像式渦形クラテル、ヘレネのト
　　　　　ロイア到着『世界美術大全集 3』pp.4〜183、図 152、小学館、1997
58　勾玉紋 f1：BC 2,300 年　初期ミノア文明
　　　　　周藤芳幸『ギリシャの考古学』p.58、図 18、同成社、1997

<u>欧州東部</u>

スロバキア 16　日紋 A：BC 3,000 年　ドミカ洞
　　　　　浅野清編『世界考古学大系 12 ヨーロッパ・アフリカ I 先史時代』図
　　　　　134、平凡社、1961
ブルガリア 9　光輝紋 E：BC 6,000 年　スターラ・ザゴラ
　　　　　岡山市立オリエント美術館『ブルガリアの遺宝』p.31、図 2、1982
ブルガリア 12　卍紋 a1：BC 4,500 年　スターラ・ザゴラ
　　　　　岡山市立オリエント美術館『ブルガリアの遺宝』p.70、図 21、1982
ブルガリア 7　S字紋 b1：BC 4,000 年
　　　　　"A History of Art" L. Gowing, Machillan, London
ルーマニア 22　わらび手紋 e1：BC 12 世紀　ブクレシュティ・ノイ
　　　　　浅野清編『世界考古学大系 12 ヨーロッパ・アフリカ I 先史時代』図
　　　　　233、平凡社、1961
チェコ 15　勾玉紋 f1：BC 3,000 年　ボスコウジュティン

図版目録

  浅野清編『世界考古学大系12 ヨーロッパ・アフリカⅠ先史時代』図131、平凡社、1961

欧州西部

ドイツ6　単渦紋B：BC 3,000年　ラインラント・ファルツ
  浅野清編『世界考古学大系12』p.79、図178下、平凡社、1961

ポルトガル1　半円紋C：BC 4,500年　アンテージョ
  ジャン・ピエールモエン『巨石文化の謎』p.84右、創元社、2000

ポルトガル3　光輝日D：BC 4,500年　ビゼウ、アンテレラス
  ジャン・ピエールモエン『巨石文化の謎』p.84左、創元社、2000

ポルトガル2　光輝紋E：BC 4,500年　ビゼウ、アンテレラス
  ジャン・ピエールモエン『巨石文化の謎』p.84左、創元社、2000

デンマーク7　S字紋b1：BC 1,500年
  浅野清編『世界考古学大系12 ヨーロッパ・アフリカⅠ先史時代』p.109、図240、平凡社、1961

フランス1　双頭紋c1：BC 500年　デスパラー
  江上波夫『世界の考古学3 先史時代のヨーロッパ』p.145、福武書店、1957

ドイツ5　わらび手紋e1：BC 3,000年　ドナウ・テューリンケン
  浅野清編『世界考古学大系12 ヨーロッパ・アフリカⅠ先史時代』p.79、図178右上、平凡社、1961

アイルランド・イギリス（国名なきものはアイルランド）

12　日紋A：BC 3,000年　ニューグレンジ墳墓遺跡
  ジャン・ピエールモエン『巨石文化の謎』p.83、創元社、2000

11　単渦紋B：BC 3,000年　ニューグレンジ墳墓遺跡
  ジャン・ピエールモエン『巨石文化の謎』p.83、創元社、2000

4　半円紋C：BC 3,000年　ニューグレンジ墳墓遺跡
  リチャード・キーレン『アイルランドの歴史』p.13、彩流社、2000

15　光輝日紋D：BC 3,000年　ノース遺跡
  ジャン・ピエールモエン『巨石文化の謎』p.81、創元社、2000

22　光輝紋E：BC 3,000年　アイルランドの主要モチーフ
  ジャン・ピエールモエン『巨石文化の謎』p.167、創元社、2000

3　S字紋b1：BC 500年　イギリス、バタシー
  江上波夫『世界の考古学3 先史時代のヨーロッパ』p.142、山川出版、

　　　　2001
5　四頭紋 c3：後800年　キリスト受難飾板アスローン
　　　　テオドル・ムディ『アイルランドの風土と歴史』論創社、1983
18 ジョイント紋 c4：後800年　ダブリン「ケルズの書」
　　　　『世界美術大全集7』pp.7～159、図91、小学館、1997
1　茸紋 e2：BC 500年　イギリス、テムズ川の楯
　　　　江上波夫『世界の考古学3 先史時代のヨーロッパ』p.142、山川出版、
　　　　2001
2　勾玉紋 f1：BC前500年　イギリス、バタシー出土　楯
　　　　江上波夫『世界の考古学3 先史時代のヨーロッパ』p.142、山川出版、
　　　　2001
5　巴紋 f2：後700年　ダブリン、トリニティ・カレジ図書館
上野格『図説アイルランド』pp.82～83、河出書房、1999

その他の主な紋様引用文献
芦野茂『アイヌ暮らしの民具』クレオ社、2005
安達史人編『家紋のすべて』日本文芸社、1990
市田ひろみ『世界の衣装を訪ねて』淡交社、1999
泉拓良編『歴史発掘②縄文土器出現』講談社、1996
大津忠彦他編『西アジアの考古学』同成社、1997
国立歴史民族博物館編『装飾古墳が語るもの』吉川弘文館、1995
近藤二郎『エジプトの考古学』同成社、1997
佐原真氏編『歴史発掘⑧祭りの鐘銅鐸』講談社、1996
視覚デザイン研究所編『ヨーロッパの紋様事典』視覚デザイン研究所、2000
視覚デザイン研究所編『日本・中国の紋様事典』視覚デザイン研究所、2000
白鳥芳郎『銅鼓の形式と紋様の分類』(「東南アジア・インド社会と文化」) 山川
　　　　出版、1980
東京国立博物館編『インド・マトゥラー彫刻展図録』NHK、2002
『中国の博物館　雲南省博物館』講談社、1988
中島朝子『ギリシャの民族衣装』源流社、1992
芳賀日出男『世界の祭り＆衣装』グラフィク社、1983
萩野矢慶記『雲南25の少数民族』里文出版、2003
山本忠尚『日本の美術391　鬼瓦』至文堂、1998

図版目録

山本忠尚『日本の美術358 唐草紋』至文堂、1996
吉田裕彦他編『天理参考館常設展示図録』天理参考館、2001
Christian Sumner "Arts of Southeast Asia" Powerhouse, Sydney, Australia, 2002
D'aperes Gotz "Tatouage Polynesien" Une Production Pacific Promotion Tahiti S. A.
Ernest Sagemuller "Impressions of Sapa" Covit, Vietnam, 2005
Francine Tissot『図説ガンダーラ』東京美術社、1993
Gordon Johnson "Cultural Atlas of India" Andromeda Oxford Limited, UK 1996
John Miksic "Indonesian Heritage Ancient History" Archipelago Press, Singapore, 1996
Patricia Cottrell 他編『ジャカルタ国立博物館ガイドブック』インドネシア・ヘリテージ・ソサイエティ、1998
上記以外も含め、紋様引用文献総数　約120点。

渦巻紋 816 例集成表

Ser.	No.	記号	紋様名称	国名	出土地名	実紋様	全体図	年代	引用資料名
1	1	B	単渦紋	a	日本	山形県押出遺跡			B.C. 03500	『日本謎事典①縄文』（光文社）p.50
2	2	b-1	S字紋	a	日本	千葉県堀之内貝塚			B.C. 01000	『全国古代遺跡ガイド』（小学館）p.31
3	3	c-1	双頭紋	a	日本	岐阜県堂之上遺跡			B.C. 02500	『全国古代遺跡ガイド』（小学館）p.48
4	4	d-1	J字紋	a	日本	岐阜県堂之上遺跡			B.C. 02500	『全国古代遺跡ガイド』（小学館）p.48
5	5	e-1	蕨手紋	a	日本	岐阜県堂之上遺跡			B.C. 02500	『全国古代遺跡ガイド』（小学館）p.48
6	6	B	単渦紋	a	日本	石川県真脇遺跡			B.C. 03000	『縄文土器出現』（講談社）図10 左奥
7	7	b-1	S字紋	a	日本	富山県境A遺跡			B.C. 02500	『縄文土器出現』（講談社）図11
8	8	B	単渦紋	a	日本	鹿児島県上野原遺跡			B.C. 05500	『縄文土器出現』（講談社）図30
9	9	e-1	蕨手紋	a	日本	多摩ニュータウン遺跡			B.C. 02100	『縄文土器出現』（講談社）図45
10	10	b-1	S字紋	a	日本	多摩ニュータウン遺跡			B.C. 02100	『縄文土器出現』（講談社）図45
11	11	d-1	J字紋	a	日本	山形県押出遺跡			B.C. 03500	『縄文土器出現』（講談社）図56 左奥
12	12	B	単渦紋	a	日本	山形県押出遺跡			B.C. 03500	『縄文土器出現』（講談社）図56 中奥
13	13	B	単渦紋	a	日本	山形県押出遺跡			B.C. 03500	『縄文土器出現』（講談社）図56 右前
14	14	b-1	S字紋	a	日本	山形県押出遺跡			B.C. 03500	『縄文土器出現』（講談社）図56 右前
15	15	B	単渦紋	a	日本	東京都広袴遺跡			B.C. 01500	『縄文土器出現』（講談社）図60
16	16	E	光輝紋	a	日本	京都府一乗寺遺跡			B.C. 01500	『縄文土器出現』（講談社）図61
17	17	B	単渦紋	a	日本	長野県曽利遺跡			B.C. 02300	『縄文土器出現』（講談社）図72
18	18	d-1	J字紋	a	日本	長野県曽利遺跡			B.C. 02300	『縄文土器出現』（講談社）図72
19	19	D	光輝日紋	a	日本	青森県島谷遺跡			B.C. 01500	『縄文土器出現』（講談社）図76
20	20	f-1	勾玉紋	a	日本	青森県亀ヶ岡遺跡土偶			B.C. 00500	『北の誇り亀ヶ岡文化』（青森県教育委員会）p.2
21	21	e-1	蕨手紋	a	日本	青森県川原遺跡			B.C. 00500	『北の誇り亀ヶ岡文化』（青森県教育委員会）p.4
22	22	B	単渦紋	a	日本	秋田県八郎潟町沢田遺跡			B.C. 01100	「地域展'99縄文時代の秋田」（秋田県立博物館）p.5
23	23	f-1	勾玉紋	a	日本	新潟県馬高遺跡			B.C. 02000	展示品写真（東京国立博物館）
24	24	c-1	双頭紋	a	日本	青森県十腰内遺跡			B.C. 00500	『北の誇り亀ヶ岡文化』（青森県教育委員会）p.31
25	25	c-2	火炎紋	a	日本	青森県十腰内遺跡			B.C. 00500	『北の誇り亀ヶ岡文化』（青森県教育委員会）p.31
26	26	e-2	キノコ紋	a	日本	青森県是川中居遺跡			B.C. 00500	『北の誇り亀ヶ岡文化』（青森県教育委員会）p.69 下左

渦巻紋 816 例集成表

Ser.	No.	記号	紋様名称	国名	出土地名	実紋様	全体図	年代	引用資料名
27	27	e-1	蕨手紋	a	日本	青森県長森遺跡			B.C. 00500	『北の誇り亀ヶ岡文化』（青森県教育委員会）p.71 中右
28	28	f-1	勾玉紋	a	日本	青森亀ヶ岡遺跡土面		入墨	B.C. 00500	『北の誇り亀ヶ岡文化』（青森県教育員会）p.110 上
29	29	f-1	勾玉紋	a	日本	岩手とじの沢遺跡土面			B.C. 00500	『北の誇り亀ヶ岡文化』（青森県教育委員会）p.111
30	30	b-1	S字紋	a	日本	青森県十腰内遺跡			B.C. 00500	『北の誇り亀ヶ岡文化』（青森県教育委員会）p.118
31	31	B	単渦紋	a	日本	青森県十腰内遺跡			B.C. 00500	『北の誇り亀ヶ岡文化』（青森県教育委員会）p.118
32	32	e-1	蕨手紋	a	日本	青森県小向遺跡			B.C. 00500	『北の誇り亀ヶ岡文化』（青森県教育委員会）p.119
33	33	c-1	双頭紋	a	日本	青森県土井1号遺跡岩版		表	B.C. 00500	『北の誇り亀ヶ岡文化』（青森県教育委員会）p.121
34	34	e-4	唐草紋	a	日本	青森県土井1号遺跡岩版		裏	B.C. 00500	『北の誇り亀ヶ岡文化』（青森県教育委員会）p.121
35	35	c-1	双頭紋	a	日本	青森県明戸遺跡			B.C. 00500	『北の誇り亀ヶ岡文化』（青森県教育委員会）p.121
36	36	c-4	ジョイント紋	a	日本	秋田市戸平川遺跡			B.C. 00500	「地域展'99 縄文時代の秋田」（秋田県立博物館）p.4
37	37	a-2	四渦紋	a	日本	青森県是川中居遺跡			B.C. 00500	『北の誇り亀ヶ岡文化』（青森県教育委員会）p.122
38	38	b-1	S字紋	a	日本	青森県大森勝山遺跡岩版			B.C. 00500	『北の誇り亀ヶ岡文化』（青森県教育委員会）p.122 下右
39	39	e-1	蕨手紋	a	日本	青森県野面平遺跡			B.C. 00500	『北の誇り亀ヶ岡文化』（青森県教育委員会）p.127
40	40	c-3	四頭紋	a	日本	青森県明戸遺跡			B.C. 00500	『北の誇り亀ヶ岡文化』（青森県教育委員会）p.127
41	41	f-1	勾玉紋	a	日本	青森県是川中居遺跡			B.C. 00500	『北の誇り亀ヶ岡文化』（青森県教育委員会）p.157
42	42	f-1	勾玉紋	a	日本	青森県是川中居遺跡			B.C. 00500	『北の誇り亀ヶ岡文化』（青森県教育委員会）p.157
43	43	f-1	勾玉紋	a	日本	宮城県恵比須田			B.C. 00500	『縄文の神秘』（学研）図1
44	44	D	光輝日紋	a	日本	東京都常磐台丘			B.C. 02500	『縄文の神秘』（学研）図26
45	45	e-2	キノコ紋	a	日本	北海道白老町社台1			B.C. 00500	『縄文の神秘』（学研）図28
46	46	e-1	蕨手紋	a	日本	秋田県琴丘高石野遺跡			B.C. 00500	『縄文の神秘』（学研）図51
47	47	A	日紋	a	日本	石川県真脇遺跡			B.C. 03500	『縄文の神秘』（学研）図73
48	48	c-1	双頭紋	a	日本	茨城二十五里寺遺跡		耳飾り	B.C. 00500	『縄文の神秘』（学研）図101
49	49	f-1	勾玉紋	a	日本	茨城二十五里寺遺跡			B.C. 00500	『縄文の神秘』（学研）図101
50	50	B	単渦紋	a	日本	山形県吹浦遺跡			B.C. 03500	『縄文の神秘』（学研）図122
51	51	E	光輝紋	a	日本	山形県吹浦遺跡			B.C. 03500	『縄文の神秘』（学研）図122
52	52	B	単渦紋	a	日本	北海道釧路幣舞遺跡			B.C. 00500	『縄文の神秘』（学研）図167

Ser.	No.	記号	紋様名称		国名	出土地名	実紋様	全体図	年代	引用資料名
53	53	f-1	勾玉紋	a	日本	山形県カニ沢遺跡			B.C. 01500	『縄文の神秘』(学研) 図 188
54	54	f-1	勾玉紋	a	日本	栃木県明神前遺跡		土偶片	B.C. 01500	『よみがえる縄文人』(氏家ミュージアム) 図 118
55	55	f-1	勾玉紋	a	日本	栃木県坊山遺跡			B.C. 02500	『よみがえる縄文人』(氏家ミュージアム) 図 145
56	56	C	半円紋	a	日本	栃木県明神前遺跡			B.C. 01500	『よみがえる縄文人』(氏家ミュージアム) 図 157
57	57	f-1	勾玉紋	a	日本	栃木県荒屋敷遺跡			B.C. 00500	『よみがえる縄文人』(氏家ミュージアム) 図 194
58	58	e-2	茸紋	a	日本	栃木県坊山遺跡		同No. 55	B.C. 03000	『よみがえる縄文人』(氏家ミュージアム) 図 145 左
59	59	c-3	四頭紋	a	日本	岩手県大日向II遺跡			B.C. 00500	展示図録 (東北歴史博物館) p.16
60	60	C	半円紋	a	日本	横浜市北川貝塚			B.C. 02500	「縄文横浜 10」(埋蔵文化センター) p.2 下
61	61	e-3	角蕨手紋	a	日本	岡山県総社市昭和町			B.C. 01000	展示品 (倉敷考古館)
62	62	f-2	巴紋	a	日本	青森県是川中居遺跡		耳飾り	B.C. 00500	『北の誇り亀ヶ岡文化』(青森県教育委員会) p.115
63	63	D	光輝日紋	a	日本	福岡県平原遺跡		銅鏡	A.D. 01000	『全国古代遺跡鑑賞ガイド』(小学館) p.74
64	64	e-1	蕨手紋	a	日本	福岡県王塚古墳			A.D. 00550	『描かれた黄泉の世界王塚古墳』(新泉社) p.47
65	65	d-1	J字紋	a	日本	福岡県王塚古墳			A.D. 00550	『描かれた黄泉の世界王塚古墳』(新泉社) p.47
66	66	c-1	双頭紋	a	日本	福岡県王塚古墳			A.D. 00550	『描かれた黄泉の世界王塚古墳』(新泉社) p.47
67	67	A	日紋	a	日本	福岡県王塚古墳			A.D. 00550	『描かれた黄泉の世界王塚古墳』(新泉社) p.47
68	68	A	日紋	a	日本	熊本県チブサン古墳			A.D. 00500	『全国古代遺跡鑑賞ガイド』(小学館) p.85
69	69	E	光輝紋	a	日本	熊本県大村横穴墓			A.D. 00500	『全国古代遺跡鑑賞ガイド』(小学館) p.86
70	70	A	日紋	a	日本	熊本県千金甲古墳			A.D. 00500	『全国古代遺跡鑑賞ガイド』(小学館) p.87
71	71	A	日紋	a	日本	茨城県虎塚古墳			A.D. 00600	「東アジアの装飾古墳を語る」(雄山閣) p.7
72	72	A	日紋	a	日本	茨城県虎塚古墳			A.D. 00600	「東アジアの装飾古墳を語る」(雄山閣) p.7
73	73	E	光輝紋	a	日本	熊本県大坊古墳			A.D. 00600	『装飾古墳と文様』(講談社) p.22
74	74	d-1	J字紋	a	日本	宮城県西林山遺跡			B.C. 03200	『縄紋土器大観 1』(小学館) p.120 #449
75	75	b-1	S字紋	a	日本	岡山県猿歌遺跡剣			A.D. 00100	『祭の鐘銅鐸』(講談社) 図 37
76	76	b-1	S字紋	a	日本	兵庫県渦森遺跡			A.D. 00100	『祭の鐘銅鐸』(講談社) 図 34
77	77	c-3	四頭紋	a	日本	兵庫県渦森遺跡			A.D. 00100	『祭の鐘銅鐸』(講談社) 図 34
78	78	E	光輝紋	a	日本	兵庫県渦森遺跡			A.D. 00100	『祭の鐘銅鐸』(講談社) 図 34

渦巻紋 816 例集成表

Ser.	No.	記号	紋様名称		国名	出土地名	実紋様	全体図	年代	引用資料名
79	79	c-1	双頭紋	a	日本	岡山県高塚			A.D. 00100	『祭の鐘銅鐸』（講談社）図 129
80	80	e-1	蕨手紋	a	日本	京都 明石銅鐸			A.D. 00100	『祭の鐘銅鐸』（講談社）図 132
81	81	f-1	勾玉紋	a	日本	平城宮跡			A.D. 00800	「日本の美術 鬼瓦」（至文堂）10 図
82	82	f-2	巴紋	a	日本	奈良元興寺			A.D. 01300	「日本の美術 鬼瓦」（至文堂）25 図
83	83	B	単渦紋	a	日本	兵庫県報恩寺			A.D. 01400	「日本の美術 鬼瓦」（至文堂）29 図
84	84	f-1	勾玉紋	a	日本	平城宮跡			A.D. 00800	「日本の美術 鬼瓦」（至文堂）45 図
85	85	c-1	双頭紋	a	日本	平城宮跡			A.D. 00600	「日本の美術 唐草紋」（至文堂）57 図
86	86	f-1	勾玉紋	a	日本	法隆寺増長天像			A.D. 00600	「日本の美術 唐草紋」（至文堂）61 図
87	87	e-1	蕨手紋	a	日本	福岡県沖の島			A.D. 00700	「日本の美術 唐草紋」（至文堂）65 図
88	88	c-2	火炎紋	a	日本	福岡県沖の島			A.D. 00700	「日本の美術 唐草紋」（至文堂）65 図
89	89	c-1	双頭紋	a	日本	高松塚古墳			A.D. 00700	「日本の美術 唐草紋」（至文堂）87 図
90	90	c-2	火炎紋	a	日本	正倉院 銅鏡			A.D. 00800	「日本の美術 唐草紋」（至文堂）95 図
91	91	e-1	蕨手紋	a	日本	珍敷塚古墳			A.D. 00600	「北部九州の装飾古墳とその展開」（雄山閣）p.39 図 19
92	92	A	日紋	a	日本	珍敷塚古墳			A.D. 00600	「北部九州の装飾古墳とその展開」（雄山閣）p.39 図 19
93	93	D	光輝日紋	a	日本	佐賀県桜馬場遺跡銅器			A.D. 00100	『金属器登場』（講談社）P17 図 24
94	94	A	日紋	a	日本	日岡古墳			A.D. 00550	「北部九州の装飾古墳とその展開」（雄山閣）p.39 図 20
95	95	D	光輝日紋	a	日本	立岩堀田遺跡銅鏡			B.C. 00100	『金属器登場』（講談社）図 55
96	96	C	半円紋	a	日本	群馬県 狩猟紋鏡			A.D. 00400	『金属器登場』（講談社）図 79
97	97	B	単渦紋	a	日本	福岡県平原遺跡花紋鏡			A.D. 00200	『金属器登場』（講談社）図 80
98	98	E	光輝紋	a	日本	奈良県新山古墳獣紋鏡			A.D. 00400	『金属器登場』（講談社）図 86
99	99	D	光輝日紋	a	日本	熊本県長迫古墳			A.D. 00500	『装飾古墳が語るもの』（吉川弘文館）p.5
100	100	f-1	勾玉紋	a	日本	沖ノ島、馬金具			A.D. 00600	『装飾古墳が語るもの』（吉川弘文館）p.131
101	101	c-2	火炎紋	a	日本	沖ノ島、馬金具			A.D. 00600	『装飾古墳が語るもの』（吉川弘文館）p.131
102	102	A	日紋	a	日本	熊本県大鼠蔵古墳			A.D. 00500	『装飾古墳が語るもの』（吉川弘文館）p.6
103	103	A	日紋	a	日本	熊本県千金甲墳			A.D. 00500	『装飾古墳が語るもの』（吉川弘文館）p.9
104	104	A	日紋	a	日本	福岡県五郎山古墳			A.D. 00600	『装飾古墳が語るもの』（吉川弘文館）p.14

Ser.	No.	記号	紋様名称	国名	出土地名	実紋様	全体図	年代	引用資料名
105	105	D	光輝日紋	a	日本	熊本県釜尾古墳			A.D. 00600	『装飾古墳が語るもの』（吉川弘文館）p.15
106	106	e-1	蕨手紋	a	日本	熊本県釜尾古墳			A.D. 00600	『装飾古墳が語るもの』（吉川弘文館）p.15
107	107	B	単渦紋	a	日本	福島県清戸迫横穴壁面			A.D. 00700	『装飾古墳が語るもの』（吉川弘文館）p.23
108	108	B	単渦紋	a	日本	福島県泉崎横穴壁面			A.D. 00700	『装飾古墳が語るもの』（吉川弘文館）p.24
109	109	E	光輝紋	a	日本	福島県中田横穴壁面			A.D. 00600	『装飾古墳が語るもの』（吉川弘文館）p.25
110	110	D	光輝日紋	a	日本	熊本県井寺古墳			A.D. 00500	『装飾古墳と文様』（講談社）p.21
111	111	e-1	蕨手紋	a	日本	浜松市木彫のよろい			A.D. 00300	『装飾古墳が語るもの』（吉川弘文館）p.131
112	112	c-2	火炎紋	a	日本	アイヌ ハッピ			AA 現代	『アイヌ・暮らしの民具』（クレオ社）p.11
113	113	e-1	蕨手紋	a	日本	アイヌ ハチマキ			AA 現代	『アイヌ・暮らしの民具』（クレオ社）p.21
114	114	c-2	火炎紋	a	日本	アイヌ 脚絆			AA 現代	『アイヌ・暮らしの民具』（クレオ社）p.24
115	115	e-4	唐草紋	a	日本	北海道アイヌ 鉢			AA 現代	『アイヌ・暮らしの民具』（クレオ社）p.51
116	116	e-1	蕨手紋	a	日本	北海道アイヌ お盆			AA 現代	『アイヌ・暮らしの民具』（クレオ社）p.52, 53
117	117	c-2	火炎紋	a	日本	北海道アイヌ お盆			AA 現代	『アイヌ・暮らしの民具』（クレオ社）p.52
118	118	f-1	勾玉紋	a	日本	北海道アイヌ まな板			AA 現代	『アイヌ・暮らしの民具』（クレオ社）p.52
119	119	e-1	蕨手紋	a	日本	北海道アイヌ ヒラサジ			AA 現代	『アイヌ・暮らしの民具』（クレオ社）p.55
120	120	c-2	火炎紋	a	日本	北海道アイヌ ヒラサジ			AA 現代	『アイヌ・暮らしの民具』（クレオ社）p.55
121	121	c-2	火炎紋	a	日本	北海道アイヌ まな板			AA 現代	『アイヌ・暮らしの民具』（クレオ社）p.57
122	122	e-2	キノコ紋	a	日本	北海道アイヌ まな板			AA 現代	『アイヌ・暮らしの民具』（クレオ社）p.57
123	123	b-1	S字紋	a	日本	北海道アイヌ まな板			AA 現代	『アイヌ・暮らしの民具』（クレオ社）p.57
124	124	C	半円紋	a	日本	北海道アイヌ まな板			AA 現代	『アイヌ・暮らしの民具』（クレオ社）p.57
125	125	f-2	邑紋	a	日本	北海道アイヌ お盆			AA 現代	『アイヌ・暮らしの民具』（クレオ社）p.95
126	126	e-1	蕨手紋	a	日本	北海道アイヌ お盆			AA 現代	『先住民アイヌ民族』（平凡社）p.76
127	127	c-2	火炎紋	a	日本	北海道アイヌ 帽子・服			AA 現代	『先住民アイヌ民族』（平凡社）p.104
128	128	c-2	火炎紋	a	日本	北海道アイヌ お盆			AA 現代	展示品写真（札幌民族資料館）
129	129	f-1	勾玉紋	a	日本	北海道アイヌ お盆			AA 現代	展示品写真（札幌民族資料館）
130	130	f-2	邑紋	a	日本	北海道アイヌ サパンペ			AA 現代	展示品写真（札幌民族資料館）

渦巻紋816例集成表

Ser.	No.	記号	紋様名称	国名	出土地名	実紋様	全体図	年代	引用資料名
131	131	d-1	J字紋	a	日本	北海道函館中野遺跡			B.C. 06000	『グラフィティ日本の謎①縄文』(光文社) p.47
132	132	d-1	J字紋	a	日本	千葉県幸田遺跡			B.C. 03600	『日本の原始美術①縄文土器』(講談社) 図40
133	133	b-1	S字紋	a	日本	千葉県幸田遺跡			B.C. 03600	『日本の原始美術①縄文土器』(講談社) 図40
134	134	C	半円紋	a	日本	北海道椴法華村			B.C. 04800	『日本の原始美術①縄文土器』(講談社) 図30
135	135	A	日紋	a	日本	群馬県松井田町			B.C. 03600	『日本の原始美術①縄文土器』(講談社) 図39
136	136	C	半円紋	a	日本	群馬県八幡原			B.C. 03300	『日本の原始美術①縄文土器』(講談社) 図49
137	137	B	単渦紋	a	日本	山梨県花鳥山			B.C. 03200	『日本の原始美術①縄文土器』(講談社) 図63
138	138	b-1	S字紋	a	日本	福島県石生遺跡			B.C. 02500	『日本の原始美術①縄文土器』(講談社) 図91
139	139	f-1	勾玉紋	a	日本	長野県中原遺跡			B.C. 02800	『日本の原始美術①縄文土器』(講談社) 図78
140	140	E	光輝紋	a	日本	藤沢市柄沢遺跡			B.C. 09000	『日本謎事典①縄文』(光文社) p.45
141	141	B	単渦紋	a	日本	鹿児島県上野原遺跡			B.C. 05500	「発掘調査報告書28」(鹿児島埋蔵文化財センター) p.6 図3
142	142	b-1	S字紋	a	日本	鹿児島県上野原遺跡			B.C. 05500	展示品 (鹿児島県上野原遺跡展示館)
143	143	b-2	回紋	a	日本	鹿児島県成川遺跡			B.C. 01500	展示品 (鹿児島県歴史資料センター黎明館)
144	144	E	光輝紋	a	日本	千葉県幸田貝塚			B.C. 05200	『縄文土器大観1』(小学館) p.92 #303
145	145	B	単渦紋	a	日本	千葉県幸田貝塚			B.C. 05200	『縄文土器大観1』(小学館) p.18 #10
146	146	c-4	ジョイント紋	a	日本	青森県明戸遺跡			B.C. 00500	『北の誇り亀ヶ岡文化』(青森県教育委員会) p.121 下右
147	147	c-3	四渦紋	a	日本	青森県明戸遺跡			B.C. 00500	『北の誇り亀ヶ岡文化』(青森県教育委員会) p.177
148	1	B	単渦紋	b	シベリア	アムル下流ヴォズネセノフカ文化			B.C. 03600	『東北アジアの考古学』(同成社) 図43 p.107
149	2	b-1	S字紋	b	シベリア	アムール下流ガーシャ遺跡			B.C. 04400	『日本謎事典①縄文』(光文社) p.160
150	3	B	単渦紋	b	シベリア	イルクーツク市マルタ遺跡			B.C. 10000	「東亜考古学」(『世界の考古学』) (山川出版社) p.253
151	4	b-1	S字紋	b	シベリア	イルクーツク市マルタ遺跡			B.C. 10000	『日本人はるかな旅』(NHK) p.39 図2-36
152	1	e-3	角蕨手紋	c	中国	河北省崇陽県			B.C. 01300	『世界美術大全集 東洋編1』(小学館) 図73
153	2	e-3	角蕨手紋	c	中国	河南省安陽市			B.C. 01100	『世界美術大全集 東洋編1』(小学館) 図69
154	3	e-3	角蕨手紋	c	中国	江西省新干県			B.C. 01300	『世界美術大全集 東洋編1』(小学館) 図76
155	4	e-1	蕨手紋	c	中国	夏王朝初代禹王九鼎			B.C. 01600	「月報」(『世界美術大全集 東洋編1』) (小学館) p.10
156	5	B	単渦紋	c	中国	安陽殷墟			B.C. 01400	「月報」(『世界美術大全集 東洋編1』) (小学館) p.10

Ser.	No.	記号	紋様名称	国名	出土地名	実紋様	全体図	年代	引用資料名
157	6	d-2	L字紋	C	中国	西周期		B.C. 01100	「月報」(『世界美術大全集 東洋編1』)(小学館) p.10
158	7	e-2	キノコ紋	C	中国	河南省偃師市		B.C. 01900	『世界美術大全集 東洋編1』(小学館) p.62 図49
159	8	A	日紋	C	中国	甘粛省永靖県		土器 B.C. 03500	『世界美術大全集 東洋編1』(小学館) p.9 図2
160	9	d-1	J字紋	C	中国	山西省襄汾県		B.C. 02500	『世界美術大全集 東洋編1』(小学館) p.48 図39
161	10	e-2	キノコ紋	C	中国	安徽省阜南県		銅 B.C. 01600	『世界美術大全集 東洋編1』(小学館) p.48 図39
162	11	d-2	L字紋	C	中国	河南省殷墟		B.C. 01300	『世界美術大全集 東洋編1』(小学館) p.48 図39
163	12	e-2	キノコ紋	C	中国	北京市琉璃河		B.C. 01100	『世界美術大全集 東洋編1』(小学館) p.122 図146
164	13	B	単渦紋	C	中国	北京市琉璃河		B.C. 01100	『世界美術大全集 東洋編1』(小学館) p.122 図146
165	14	f-1	勾玉紋	C	中国	西周後期		B.C. 00900	『世界美術大全集 東洋編1』(小学館) p.101 図101
166	15	d-2	L字紋	C	中国	河南省三門峡		B.C. 00800	『世界美術大全集 東洋編1』(小学館) p.101 図101
167	16	f-2	巴紋	C	中国	湖南省盤龍城		B.C. 01300	『中国の美術5 銅器』(淡水社) 図5
168	17	f-1	勾玉紋	C	中国	山西省曲沃県	同左	B.C. 00900	『世界美術大全集 東洋編1』(小学館) p.113 図134
169	18	f-1	勾玉紋	C	中国	山西省曲沃県		B.C. 00900	『世界美術大全集 東洋編1』(小学館) p.113 図134
170	19	e-4	唐草紋	C	中国	湖南省馬王堆1号刺繍	刺繍	B.C. 00200	『世界美術大全集 東洋編2』(小学館) p.275 図207
171	20	c-2	火炎紋	C	中国	湖南省馬王堆1号刺繍		B.C. 00200	『世界美術大全集 東洋編2』(小学館) p.276 図210
172	21	d-1	J字紋	C	中国	江蘇省丹陽市		A.D. 00600	『世界美術大全集 東洋編3』(小学館) p.29 図12
173	22	b-1	S字紋	C	中国	河北省百家		B.C. 00400	『世界美術大全集 東洋編3』(小学館) p.221 図237
174	23	e-1	蕨手紋	C	中国	陝西省咸陽市		B.C. 00400	『世界美術大全集 東洋編3』(小学館) p.205 図199
175	24	e-2	キノコ紋	C	中国	陝西省咸陽市		B.C. 00400	『世界美術大全集 東洋編3』(小学館) p.205 図199
176	25	c-3	四頭紋	C	中国	河北省満城県		B.C. 00200	『世界美術大全集 東洋編2』(小学館) p.160 図88
177	26	e-2	キノコ紋	C	中国	河北省隋州市		B.C. 00500	『世界美術大全集 東洋編2』(小学館) p.232 図248
178	27	d-1	J字紋	C	中国	河北省隋州市		B.C. 00500	『世界美術大全集 東洋編2』(小学館) p.232 図248
179	28	e-2	キノコ紋	C	中国	西周 taotie pattern		B.C. 01000	『図録』(天理参考館) p.76
180	29	d-1	J字紋	C	中国	西周 taotie pattern		B.C. 01000	『図録』(天理参考館) p.76
181	30	c-2	火炎紋	C	中国	南宋 長方盆		A.D. 01300	『世界美術大全集 東洋編6』(小学館) p.233 図204
182	31	e-2	キノコ紋	C	中国	景徳鎮窯		A.D. 01400	『世界美術大全集 東洋編7』(小学館) p.236 図175

渦巻紋 816 例集成表

Ser.	No.	記号	紋様名称	国名	出土地名	実紋様	全体図	年代	引用資料名
183	32	e-4	唐草紋	c	中国	山西省北魏平城遺跡			A.D. 00500	『世界美術大全集 東洋編3』（小学館）p.163 図148
184	33	e-2	キノコ紋	c	中国	戦国　鏡			B.C. 00400	『天理参考館常設展示図録』p.81
185	34	A	日紋	c	中国	唐、三彩連銭馬像模様			A.D. 00800	『天理参考館常設展示図録』p.81
186	35	f-1	勾玉紋	c	中国	青海省甘粛省ラサール族		ベスト	AA 現代	『世界の衣装をたずねて』（日本文芸社）p.41
187	36	A	日紋	c	中国	広西省西林県の銅鼓			B.C. 00200	『東南アジア世界の形成』（講談社）p.32
188	37	E	光輝紋	c	中国	前漢期金メッキ鏡			A.D. 00100	『天理参考館常設展示図録』p.81
189	38	D	光輝日紋	c	中国	前漢期金メッキ鏡		鏡（金メッキ）	A.D. 00100	『天理参考館常設展示図録』p.81
190	39	c-2	火炎紋	c	中国	前漢期金メッキ鏡			A.D. 00100	『天理参考館常設展示図録』p.81
191	40	e-1	蕨手紋	c	中国	前漢期金メッキ鏡			A.D. 00100	『天理参考館常設展示図録』p.81
192	41	A	日紋	c	中国	前漢期金メッキ鏡			A.D. 00100	『天理参考館常設展示図録』p.81
193	42	c-1	双頭紋	c	中国	唐、三彩神将			A.D. 00800	『天理参考館常設展示図録』p.85
194	43	c-2	火炎紋	c	中国	景徳鎮窯		皿	A.D. 01400	図録『ジャカルタ国立博物館』p.59
195	44	c-2	火炎紋	c	中国	景徳鎮窯			A.D. 01600	図録『ジャカルタ国立博物館』p.60
196	45	f-1	勾玉紋	c	中国	殷			B.C. 01300	『世界の博物館7　河南省博物館』（講談社）図20
197	46	d-2	L字紋	c	中国	西周・陝西省扶風			B.C. 01000	『世界四大文明』（NHK）p.60
198	47	e-1	蕨手紋	c	中国	甘粛省辛店甲遺跡		土器	B.C. 01500	『世界古代文化史』（講談社）p.326　図39
199	48	b-1	S字紋	c	中国	ノイン・ウラ（匈奴）絨緞		絨毯	A.D. 00100	『雲南博物館』（講談社）p.326 図304
200	49	e-1	蕨手紋	c	中国	甘粛省辛店甲遺跡		瓶	B.C. 01500	『世界古代文化史』（天理大学）p.326
201	50	A	日紋	c	中国	敦煌北魏窟窟天井			B.C. 00200	『装飾古墳は語る』（吉川弘文館）p.129
202	51	b-2	回紋	c	中国	清、瓶		瓶	AA 現代	『世界美術大全集 東洋編9』（小学館）p.184 図138
203	52	E	光輝紋	c	中国	台北故宮博物館			AA 現代	『世界美術大全集 東洋編9』（小学館）p.184 図137
204	53	a-3	渦卍紋	c	中国	清、乾隆、盆			AA 現代	『世界美術大全集 東洋編3』（小学館）p.244 図256
205	54	e-1	蕨手紋	c	中国	殷			B.C. 01500	『世界美術大全集 東洋編1』（小学館）p.64 図54
206	55	e-2	キノコ紋	c	中国	殷			B.C. 01500	『世界美術大全集 東洋編1』（小学館）p.64 図54
207	56	e-3	角蕨手紋	c	中国	殷			B.C. 01300	『世界美術大全集 東洋編1』（小学館）p.66 図55
208	57	e-3	角蕨手紋	c	中国	殷	同上		B.C. 01300	『世界美術大全集 東洋編1』（小学館）p.67 図56

Ser.	No.	記号	紋様名称	国名	出土地名	実紋様	全体図	年代	引用資料名
209	58	f-2	巴紋	c	中国	殷			B.C. 01300	『世界美術大全集 東洋編1』（小学館）p.70 図58
210	59	d-2	L字紋	c	中国	殷			B.C. 01300	『世界美術大全集 東洋編1』（小学館）p.71 図60
211	60	B	単渦紋	c	中国	殷 角型化		雷	B.C. 01300	『世界美術大全集 東洋編1』（小学館）p.77 図76
212	61	e-2	キノコ紋	c	中国	陝西省史家塚			B.C. 01100	『世界美術大全集 東洋編1』（小学館）p.89 図85
213	62	f-2	邑紋	c	中国	陝西省紙坊主			B.C. 01100	『世界美術大全集 東洋編1』（小学館）p.90 図86
214	63	e-1	蕨手紋	c	モンゴル	内モンゴル自治区 大甸子			B.C. 01500	『世界美術大全集 東洋編1』（小学館）p.124 図151
215	64	f-1	勾玉紋	c	モンゴル	内モンゴル自治区 大甸子		土器壺	B.C. 01500	『世界美術大全集 東洋編1』（小学館）p.124 図151
216	65	e-2	キノコ紋	c	モンゴル	内モンゴル自治区 大甸子			B.C. 01500	『世界美術大全集 東洋編1』（小学館）p.124 図151
217	66	c-1	双頭紋	c	中国	江西省新干県			B.C. 01100	『世界美術大全集 東洋編1』（小学館）p.125 図79
218	67	d-1	J字紋	c	中国	江西省劉楼墓			A.D. 00100	『世界美術大全集 東洋編2』（小学館）p.174 図108
219	68	a-1	卍	c	中国	景徳鎮窯			A.D. 01600	『発掘高島の昔』（岡山県埋蔵文化財センター）p.15
220	69	D	光輝日紋	c	中国	岩壁画 広西チワン族自治区			B.C. 00100	『世界美術大全集 東洋編1』（小学館）p.315 図242
221	70	c-2	火炎紋	c	中国	陝西省西安市向家村		金	A.D. 00700	『世界美術大全集 東洋編4』（小学館）p.52 図42・43
222	71	b-2	回紋	c	中国	龍泉窯（トルコ）		皿	A.D. 01400	『世界美術大全集 東洋編7』（小学館）p.211 図149
223	72	d-1	J字紋	c	中国	紅山文化（遼西）			B.C. 03700	『東北アジアの考古学』（同成社）p.92 図35
224	73	c-1	双頭紋	c	中国	大甸子			B.C. 02000	『東北アジアの考古学』（同成社）p.122 図49
225	74	E	光輝紋	c	中国	大甸子			B.C. 02000	『東北アジアの考古学』（同成社）p.122 図49
226	75	b-2	回紋	c	中国	酒温器／商中		実紋様のみ	B.C. 01500	『近畿地方の弥生時代』（大阪弥生博物館）p.3
227	1	c-3	四頭紋	d	朝鮮	半島南部			B.C. 00200	『歴史発掘 金属器登場』（講談社）図2
228	2	A	日紋	d	朝鮮	慶州		鬼瓦	A.D. 00800	『日本の美術 鬼瓦』（至文堂）図40
229	3	f-1	勾玉紋	d	朝鮮	味噌甕			AA 現代	『天理参考館常設展図録』p.15
230	4	C	半円紋	d	朝鮮	釜山東三洞貝塚			B.C. 01000	『縄文の神秘』（学研）図44
231	5	c-1	双頭紋	d	朝鮮	平安南道徳花里壁画			A.D. 00600	『世界美術大全集 東洋編10』（小学館）p.66
232	6	D	光輝日紋	d	朝鮮	大成洞古墳巴型銅器		同左	A.D. 00400	『金属器登場』（講談社）p.157 図311
233	7	D	光輝日紋	d	朝鮮	新羅、慶州、皇南洞		土器	A.D. 00800	『装飾古墳が語るもの』（吉川弘文館）p.55 図81
234	8	c-1	双頭紋	d	朝鮮	新羅、慶州、皇南洞			A.D. 00800	『装飾古墳が語るもの』（吉川弘文館）p.55 図79

渦巻紋 816 例集成表

Ser.	No.	記号	紋様名称	国名	出土地名	実紋様	全体図	年代	引用資料名
235	9	f-1	勾玉紋	d	朝鮮	平安南道徳興洞壁画		天井壁画	A.D. 00500	『世界美術大全集 東洋編 10』(小学館) p.28　図 10
236	10	D	光輝日紋	d	朝鮮	平安南道水山里古墳壁画			A.D. 00500	『世界美術大全集 東洋編 10』(小学館) p.36　図 17
237	11	c-2	火炎紋	d	朝鮮	平安南道龍崗巴天井画		天井画	A.D. 00500	『世界美術大全集 東洋編 10』(小学館) p.38　図 19
238	12	f-2	巴紋	d	朝鮮	慶尚北道鶏林路古墳			A.D. 00600	『世界美術大全集 東洋編 10』(小学館) p.84　図 43
239	13	d-1	J字紋	d	朝鮮	西浦項 3 期 26 号住居跡			B.C. 03500	『朝鮮半島の考古学』(同成社) 図 8-17
240	14	b-2	回紋	d	朝鮮	松坪洞			B.C. 01500	『朝鮮半島の考古学』(同成社) 図 8-39
241	15	d-1	J字紋	d	朝鮮	高句麗集安			B.C. 00400	『朝鮮半島の考古学』(同成社) p.112　図 33
242	16	c-2	火炎紋	d	朝鮮	全羅南道新林里 9 号墳			A.D. 00100	『韓国の歴史』(河出書房) p.18
243	17	d-1	J字紋	d	朝鮮	鶏龍山窯			A.D. 01600	『韓国の歴史』(河出書房) p.89
244	18	A	日紋	d	朝鮮	慶州鶏林路墳			A.D. 00100	『韓国の歴史』(河出書房) p.47 右
245	19	E	光輝紋	d	朝鮮	松坪洞		同 No. 14	B.C. 01500	『朝鮮半島の考古学』(同成社) p.28　図 8-39
246	20	B	単渦紋	d	朝鮮	西浦項 4 期 農浦洞		土器	B.C. 02300	『朝鮮半島の考古学』(同成社) p.28　図 8-27
247	1	A	日紋	e	米州	ミシシッピ河下流域		実紋様のみ	A.D. 01000	『世界古代文化史』(東京堂) p.462
248	2	D	光輝日紋	e	米州	ミシシッピ河下流域		実紋様のみ	A.D. 01000	『世界古代文化史』(東京堂) p.462 (3 種類)
249	3	D	光輝日紋	e	米州	ミシシッピ河下流域			A.D. 01000	『世界古代文化史』(東京堂) p.462 (5 種類)
250	4	D	光輝日紋	e	米州	ミシシッピ河下流域		実紋様のみ	A.D. 01000	『世界古代文化史』(東京堂) p.462 (2 種類)
251	5	D	光輝日紋	e	米州	ミシシッピ河下流域		実紋様のみ	A.D. 01000	『世界古代文化史』(東京堂) p.462
252	6	B	単渦紋	e	米州	フィラデルフィア、アナサジ文化			A.D. 01100	『世界古代文化史』(東京堂) pp.1-357　図 58
253	7	B	単渦紋	e	米州	ペルー、チャビンデワンタル			B.C. 00800	『世界美術大全集 1』(小学館) pp.1-254　図 212
254	8	d-1	J字紋	e	米州	ペルー、チャビンデワンタル			B.C. 00800	『世界美術大全集 1』(小学館) pp.1-254　図 212
255	9	A	日紋	e	米州	サンパウロマラジョウ文化			A.D. 01300	『世界美術大全集 1』(小学館) pp.1-233　図 241
256	10	d-1	J字紋	e	米州	サンパウロマラジョウ文化			A.D. 01300	『世界美術大全集 1』(小学館) pp.1-233　図 241
257	11	D	光輝日紋	e	米州	サンパウロマラジョウ文化			A.D. 01300	『世界美術大全集 1』(小学館) pp.1-233　図 242
258	12	e-1	蕨手紋	e	米州	メキシコ・マヤ			A.D. 00600	『世界美術大全集 1』(小学館) pp.1-135　図 113
259	13	e-1	蕨手紋	e	米州	メキシコ・マヤ			A.D. 00600	『世界美術大全集 1』(小学館) pp.1-135　図 113

Ser.	No.	記号	紋様名称		国名	出土地名	実紋様	全体図	年代	引用資料名
260	14	e-1	蕨手紋	e	米州	メキシコ・マヤ（シチョカルゴ）		ピラミッド城壁	A.D. 00700	『世界美術大全集1』（小学館）pp.1-366 図382
261	15	d-2	L字紋	e	米州	メキシコ・マヤ（シチョカルゴ）			A.D. 00700	『世界美術大全集1』（小学館）pp.1-366 図382
262	16	d-1	J字紋	e	米州	メキシコ・マヤ（シチョカルゴ）			A.D. 00700	『世界美術大全集1』（小学館）pp.1-366 図382
263	17	e-1	蕨手紋	e	米州	メキシコ・マヤ（シチョカルゴ）			A.D. 00900	『世界美術大全集1』（小学館）pp.1-164 図131
264	18	d-1	J字紋	e	米州	メキシコ・マヤ（シチョカルゴ）			A.D. 00900	『世界美術大全集1』（小学館）pp.1-164 図131
265	19	D	光輝日紋	e	米州	メキシコ・マヤ（シチョカルゴ）			A.D. 00900	『世界美術大全集1』（小学館）pp.1-164 図131
266	20	D	光輝日紋	e	米州	メキシコ チャプルテペク		石板	A.D. 00900	展示品写真（メキシコ人類学博物館）
267	21	c-1	双頭紋	e	米州	オハイオ州キャディーズ			AA 現代	『世界の祭り&衣装』（グラフィク社）p.119
268	22	B	単渦紋	e	米州	メキシコ ウシュマル遺跡		城壁	A.D. 00800	『地球の歩き方 メキシコ』（ダイヤモンド社）p.63
269	23	b-2	回紋	e	米州	ペルー・リマ			A.D. 01450	『世界美術大全集1』（小学館）pp.1-288 図269
270	24	e-1	蕨手紋	e	米州	オハイオ州石板			B.C. 00100	『世界美術大全集1』（小学館）p.1-95 図109
271	25	d-2	L字紋	e	米州	メキシコ チカンナの神殿2号			A.D. 00800	『世界美術大全集1』（小学館）pp.1-140 図120
272	26	b-2	回紋	e	米州	ペルー・リマ（レクワイ文化）		ドンブリ	A.D. 00600	『世界美術大全集1』（小学館）pp.1-315 図307
273	27	A	日紋	e	米州	ペルー・リマ（レクワイ文化）			A.D. 00600	『世界美術大全集1』（小学館）pp.1-315 図307
274	28	e-1	蕨手紋	e	米州	パナマの礼装			AA 現代	『世界の衣装を訪ねて』（日本文芸社）p.233 上
275	29	c-1	双頭紋	e	米州	パナマの礼装			AA 現代	『世界の衣装を訪ねて』（日本文芸社）p.233 上
276	30	d-2	L字紋	e	米州	ペルー、チャビン文化			B.C. 01000	『アメリカの先史文化』（学生社）p.97
277	31	c-2	火炎紋	e	米州	#28の背景建物			AA 現代	『世界の衣装を訪ねて』（日本文芸社）p.233 上
278	32	d-1	二頭J紋	e	米州	ペルー・リマ カーニバル			AA 現代	『世界の衣装を訪ねて』（日本文芸社）p.239 上
279	33	D	光輝日紋	e	米州	パラグアイ 少女の顔			AA 現代	『世界の祭り&衣装』（グラフィク社）p.129
280	34	E	光輝紋	e	米州	パラグアイ 少女の顔			AA 現代	『世界の祭り&衣装』（グラフィク社）p.129
281	35	d-1	J字紋	e	米州	ペルー・リマ ジャガー			B.C. 00500	『世界美術大全集1』（小学館）図202
282	36	B	単渦紋	e	米州	ペルー・リマ インカ帝国			A.D. 01500	『世界美術大全集1』（小学館）pp.1-325 図330
283	37	E	光輝紋	e	米州	ペルー・リマ			A.D. 01500	『世界美術大全集1』（小学館）pp.1-325 図330
284	38	d-2	L字紋	e	米州	ペルー、チャビン文化			B.C. 01000	『アメリカの先史文化』（学生社）p.97
285	39	f-1	勾玉紋	e	米州	メキシコ、メシュテカ後古典			A.D. 00600	『アメリカ大陸の紋様』（小学館）p.41 図73

159

渦巻紋 816 例集成表

Ser.	No.	記号	紋様名称	国名	出土地名	実紋様	全体図	年代	引用資料名
286	40	A	日紋	e	米州	ペルー、パラカス文化			B.C. 00800	『アメリカ大陸の紋様』（小学館）p.176 図357
287	41	D	光輝日紋	e	米州	コロンビア、チプチャ文化			A.D. 00900	『アメリカ大陸の紋様』（小学館）p.176 図358
288	42	B	単渦紋	e	米州	エクアドル、グアヤス盆地			A.D. 01000	『アメリカの先史文化』（学生社）p.111 図57
289	43	c-3	四頭紋	e	米州	エクアドル、グアヤス盆地			A.D. 01000	『アメリカの先史文化』（学生社）p.111 図57
290	1	E	光輝紋	f	インド	グジャラート州・容器			AA 現代	『天理参考館常設展図録』p.34
291	2	D	光輝日紋	f	インド	アンドラフロラデシュ州 人形		人形	AA 現代	『天理参考館常設展図録』p.35
292	3	B	単渦紋	f	インド	サーンチ・ストーパの塔門		→	B.C. 00200	『インド美術史』（吉川弘文館）p.51 横栞 図56・57
293	4	D	光輝日紋	f	インド	サーンチ・ストーパの塔門		→	B.C. 00200	『インド美術史』（吉川弘文館）p.51 横栞 図56・57
294	5	c-1	双頭紋	f	インド	ボパールホテルの窓枠			AA 現代	窓枠（取材写真）
295	6	D	光輝日紋	f	インド	ボディサトパ・ジャマルプル			A.D. 00100	展示品写真（マトラ博物館）
296	7	D	光輝日紋	f	インド	踊るナティ			B.C. 00200	展示品写真（マトラ博物館）
297	8	A	日紋	f	インド	マウリア母神			B.C. 00300	展示品写真（マトラ博物館）
298	9	D	光輝日紋	f	インド	スンガテラコティア（土偶）			B.C. 00300	展示品写真（マトラ博物館）
299	10	D	光輝日紋	f	インド	飛天（王冠）			A.D. 00600	展示品写真（デーリ博物館）
300	11	f-1	勾玉紋	f	インド	ベンガル出土ビシュヌ			A.D. 01200	展示品写真（デーリ博物館）
301	12	f-1	勾玉紋	f	インド	カルナタカ出土モヒニ			A.D. 01100	展示品写真（デーリ博物館）
302	13	f-1	勾玉紋	f	インド	エロラ出土ガンガ			A.D. 00800	展示品写真（デーリ博物館）
303	14	D	光輝日紋	f	インド	エロラ出土ガンガ			A.D. 00800	展示品写真（デーリ博物館）
304	15	D	光輝日紋	f	インド	サタバンジカ			B.C. 00200	展示品写真（デーリ博物館）
305	16	D	光輝日紋	f	インド	クリシュナ（絵）			A.D.0 1850	展示品写真（デーリ博物館）
306	17	D	光輝日紋	f	インド	パールフト欄楯柱			B.C. 00200	展示品写真（コルカタ博物館）
307	18	f-1	勾玉紋	f	インド	ビハル、パラスクール			A.D. 01100	展示品写真（コルカタ博物館）
308	19	f-1	勾玉紋	f	インド	ビハル、パラスクール			A.D. 01100	展示品写真（コルカタ博物館）
309	20	e-	蕨手紋	f	インド	ガジュラホ			A.D. 01200	寺院外壁写真（ガジュラホ寺院）
310	21	c-2	火炎紋	f	インド	カジュラホ（王と従者）			A.D. 01200	寺院外壁写真（ガジュラホ寺院）
311	22	e-1	蕨手紋	f	インド	カジュラホ（男女神）			A.D. 01200	寺院外壁写真（ガジュラホ寺院）

Ser.	No.	記号	紋様名称	国名	出土地名	実紋様	全体図	年代	引用資料名
312	23	e-2	キノコ紋	f	インド	カジュラホ			A.D. 01200	寺院外壁写真（ガジュラホ寺院）
313	24	b-1	S字紋	f	インド	モヘンジョダロ（ブローチ）		形状は同左	B.C. 02500	『世界四大文明ガイド』（NHK）p.45
314	25	A	日紋	f	インド	モヘンジョダロビーズ			B.C. 02500	『世界四大文明ガイド』（NHK）p.52
315	26	e-1	蕨手紋	f	インド	モヘンジョダロビーズ			B.C. 02500	『世界四大文明ガイド』（NHK）p.52
316	27	A	日紋	f	インド	モヘンジョダロ象牙板			B.C. 02500	『世界四大文明ガイド』（NHK）p.47
317	28	e-1	蕨手紋	f	インド	バナーワリーつぼ型土器			B.C. 02000	『世界四大文明ガイド』（NHK）p.75
318	29	A	日紋	f	インド	インダス（ハラッパー）			B.C. 02500	『インド美術史』（吉川弘文館）p.4
319	30	A	日紋	f	インド	インダス　印章			B.C. 02500	『インド美術史』（吉川弘文館）p.5
320	31	a-1	マンジ紋	f	インド	インダス　印章			B.C. 02500	『インド美術史』（吉川弘文館）p.5
321	32	b-1	S字紋	f	インド	パータリプトラ柱頭			B.C. 00300	『インド美術史』（吉川弘文館）p.18
322	33	d-1	J字紋	f	インド	パータリプトラ柱頭			B.C. 00300	『インド美術史』（吉川弘文館）p.18
323	34	c-1	双頭紋	f	インド	ペルセポリスの柱			B.C. 00500	『インド美術史』（吉川弘文館）p.20
324	35	c-1	双頭紋	f	インド	デルフォイスのスフィンクス柱			B.C. 00500	『インド美術史』（吉川弘文館）p.20
325	36	D	光輝日紋	f	インド	サールナート王柱			B.C. 00300	『インド美術史』（吉川弘文館）p.20
326	37	d-1	J字紋	f	インド	バールフト東門上			B.C. 00100	『インド美術史』（吉川弘文館）p.28
327	38	D	光輝日紋	f	インド	ボードガヤー欄楯			B.C. 00100	『インド美術史』（吉川弘文館）p.36
328	39	e-1	蕨手紋	f	インド	ジャイナ教奉納板			A.D. 00200	『インド美術史』（吉川弘文館）p.97
329	40	A	日紋	f	インド	サールナート、ダーメクストーパ			A.D. 00600	『インド美術史』（吉川弘文館）p.120
330	41	D	光輝日紋	f	インド	アジャンタ23窟			A.D. 00600	『インド美術史』（吉川弘文館）p.133
331	42	f-1	勾玉紋	f	インド	アジャンタ第二窟			A.D. 00600	『インド美術史』（吉川弘文館）p.137
332	43	D	光輝日紋	f	インド	ナーランダー			A.D. 01200	『インド美術史』（吉川弘文館）p.146
333	44	f-1	勾玉紋	f	インド	ガヤー（ミロク像）			A.D. 01100	『インド美術史』（吉川弘文館）p.148
334	45	E	光輝紋	f	インド	ガンダーラ			A.D. 00300	『仏教美術入門』（平凡社）図87・88
335	46	f-1	勾玉紋	f	インド	マトラー仏立像			A.D. 00500	『仏教美術入門』（平凡社）図89・90
336	47	D	光輝日紋	f	インド	観音			A.D. 00706	『仏教美術入門』（平凡社）図125
337	48	D	光輝日紋	f	インド	シクリ			B.C. 00200	『図説ガンダーラ』（東京美術社）p.150　図34-5・6

渦巻紋 816 例集成表

Ser.	No.	記号	紋様名称	国名	出土地名	実紋様	全体図	年代	引用資料名
338	49	c-1	双頭紋	f	インド	絵ハガキ吊下台装飾			AA 現代	『インド歴史散歩』（河出書房）p.95
339	50	D	光輝日紋	f	インド	ビンドゥをつけるダンサー			AA 現代	『インド旅行案内』（インド政府観光局）p.2　ダンサー
340	51	f-2	邑紋	f	インド	アンドラプラデシュ州			B.C. 00100	『世界美術大全集 東洋編 13』（小学館）図 104
341	52	d-2	L 字紋	f	インド	ダーメクストーパ、サールナート			A.D. 00700	『世界美術大全集 東洋編 13』（小学館）p.15
342	53	f-1	勾玉紋	f	インド	エローラ 16 窟踊るシヴァ			A.D. 00500	『シバと女神たち』（山川出版）p.94
343	54	d-1	J 字紋	f	インド	ドルガ神殿			AA 現代	『シバと女神たち』（山川出版）p.144
344	55	f-1	勾玉紋	f	インド	ドルガ神殿のドルガ像			AA 現代	『シバと女神たち』（山川出版）p.145
345	56	c-2	火炎紋	f	ブータン	ティンプー、仮面ダンス			AA 現代	『世界の衣装をたずねて』（日本文芸社）p.103
346	57	D	光輝日紋	f	インド	ドルガ女神			AA 現代	『シバと女神たち』（山川出版）p.148
347	58	c-2	火炎紋	f	インド	ドルガ女神			AA 現代	『シバと女神たち』（山川出版）p.148
348	59	c-1	双頭紋	f	インド	ビシュヌ			A.D. 01000	『Atlas of India』（Facts On File,Inc）p.42
349	60	d-1	J 字紋	f	インド	ビシュヌ			A.D. 01000	『Atlas of India』（Facts On File,Inc）p.42
350	61	f-1	勾玉紋	f	インド	マハバーラタ			A.D. 00600	『Atlas of India』（Facts On File,Inc）p.52
351	62	D	光輝日紋	f	インド	マトラー、ゴルバダレーン			A.D. 00100	図録『インドマトラー彫刻展』（NHK）p.34・48・52
352	63	f-1	勾玉紋	f	インド	マトラー、ソンク			A.D. 00200	図録『インドマトラー彫刻展』（NHK）p.38
353	64	e-1	蕨手紋	f	インド	ナーガルジュナコンダ、ストーパ			A.D. 00300	図録『インドマトラー彫刻展』（NHK）p.49
354	65	f-1	勾玉紋	f	インド	ナーガルジュナコンダ、ストーパ			A.D. 00300	図録『インドマトラー彫刻展』（NHK）p.49
355	66	c-1	双頭紋	f	インド	バールフト遺跡ヤクシ像			B.C. 00100	『世界美術大全集 東洋編 13』（小学館）p.27　図 17
356	67	e-1	蕨手紋	f	インド	バールフト遺跡ヤクシ像			BC 00100	『世界美術大全集 東洋編 13』（小学館）p.27　図 17
357	68	b-1	S 字紋	f	インド	バールフト遺跡ヤクシ像			B.C. 00100	『世界美術大全集 東洋編 13 インド 1』（小学館）p.27　図 17
358	69	b-1	S 字紋	f	パキスタン	バルチスタン、土器			BC 01100	『世界考古学大系 8 巻　南アジア』（平凡社）p.48　図 76
359	70	D	光輝紋	f	パキスタン	シンドジャンガル			B.C. 02700	『世界考古学大系 8 巻　南アジア』（平凡社）p.46
360	71	D	光輝日紋	f	パキスタン	ハイ・アヌム、銀円板			BC 00300	『文明の道②ヘレニズムと仏教』（NHK）p.93
361	72	A	日紋	f	パキスタン	メヘルガル、皿			BC 02800	『世界美術大全集 東洋編 13』（小学館）p.324　図 230
362	73	D	光輝日紋	f	マダガスカル	顔に絵の具			AA 現代	『Indian Ocean』（Evergreen）p.20
363	74	b-1	S 字紋	f	マダガスカル	顔に絵の具			AA 現代	『Indian Ocean』（Evergreen）p.20

Ser.	No.	記号	紋様名称	国名	出土地名	実紋様	全体図	年代	引用資料名
364	75	f-1	勾玉紋	f マダガスカル	窓枠装飾			AA 現代	『Indian Ocean』(Evergreen) p.107
365	76	e-1	蕨手紋	f マダガスカル	窓枠装飾			AA 現代	『Indian Ocean』(Evergreen) p.107
366	1	E	光輝紋	g ベトナム	ダオティン銅器			BC 00300	展示品写真（ハノイ歴史博物館）
367	2	b-2	菱回紋	g ベトナム	ダオティン銅器			BC 00300	展示品写真（ハノイ歴史博物館）
368	3	b-2	回紋	g ベトナム	聖獣像			AA 現代	展示品写真（ハノイ歴史博物館）
369	4	f-1	勾玉紋	g ベトナム	聖獣像			AA 現代	展示品写真（ハノイ歴史博物館）
370	5	d-2	L字紋	g ベトナム	聖獣像			AA 現代	展示品写真（ハノイ歴史博物館）
371	6	f-1	勾玉紋	g ベトナム	チャンパライオン像			A.D. 01300	展示品写真（ハノイ歴史博物館）
372	7	C	半円紋	g ベトナム	レーロイ石碑			A.D. 01500	展示品写真（ハノイ歴史博物館）
373	8	f-2	巴紋	g ベトナム	Ho-Dynasty ガルーダ			A.D. 01400	展示品写真（ハノイ歴史博物館）
374	9	e-4	唐草紋	g ベトナム	Tian-Dynasty 甕			A.D. 01300	展示品写真（ハノイ歴史博物館）
375	10	A	日紋	g ベトナム	青銅壺			A.D. 00100	展示品写真（ハノイ歴史博物館）
376	11	e-3	角蕨手紋	g ベトナム	壁掛け			AA 現代	商品写真（ホテル売店）
377	12	B	単渦紋	g ベトナム	壺			A.D. 01400	展示品写真（ハノイ歴史博物館）
378	13	e-1	蕨手紋	g ベトナム	壁掛け			AA 現代	（ホテル売店、取材写真）
379	14	D	光輝日紋	g ベトナム	葬祭礼拝のオブジェ			AA 現代	展示品写真（ハノイ歴史博物館）
380	15	E	光輝紋	g ベトナム	葬祭礼拝のオブジェ			AA 現代	展示品写真（ハノイ歴史博物館）
381	16	b-1	S字紋	g ベトナム	バンド ドラム外枠			AA 現代	ステージ写真（ホイアン）
382	17	b-1	S字紋	g ベトナム	バンドマンのTシャツ			AA 現代	ステージ写真（ホイアン）
383	18	c-3	四頭紋	g ベトナム	枕カバー			AA 現代	（ホイアンのホテル）
384	19	f-2	巴紋	g ベトナム	ドラム 鼓面の紋様			AA 現代	展示品写真（チャム・ミュージアム）
385	20	c-2	火炎紋	g ベトナム	ドラム 鼓面の紋様			AA 現代	展示品写真（チャム・ミュージアム）
386	21	a-2	四渦紋	g ベトナム	座ぶとんカバー角型			AA 現代	商品写真（ハノイ商店）
387	22	c-2	火炎紋	g ベトナム	クイニョン・ビンディン遺跡			A.D. 01200	『チャンパ王国の遺跡と文化』（トヨタ財団）p.43
388	23	c-3	四頭紋	g ベトナム	タインホア省、マッソン			B.C. 00300	『世界美術大全集 東洋編12』（小学館）p.10 図2

163

渦巻紋 816 例集成表

Ser.	No.	記号	紋様名称	国名	出土地名	実紋様	全体図	年代	引用資料名
389	24	D	光輝日紋	g	ベトナム	銅鼓面		銅鼓	B.C. 00700	『ベトナム銅鼓図録』（六興出版）p.5　A-I-1
390	25	b-1	S字紋	g	ベトナム	銅鼓面		銅鼓	B.C. 00700	『ベトナム銅鼓図録』（六興出版）p.5　A-I-1
391	26	b-2	回紋	g	ベトナム	銅鼓面		銅鼓	B.C. 00700	『ベトナム銅鼓図録』（六興出版）p.10　A-I-1
392	27	b-2	菱S字紋	g	ベトナム	銅鼓面			B.C. 00700	『ベトナム銅鼓図録』（六興出版）p.10　A-I-1
393	28	A	日紋	g	ベトナム	銅鼓面		同上	B.C. 00700	『ベトナム銅鼓図録』（六興出版）p.239　A-I-4
394	29	f-1	勾玉紋	g	ベトナム	銅鼓面			B.C. 00700	『ベトナム銅鼓図録』（六興出版）p.239　A-I-4
395	30	f-1	勾玉紋	g	ベトナム	フンイエン省、大楽寺			A.D. 01500	『世界美術大全集 東洋編12』（小学館）63 図
396	31	c-2	火炎紋	g	ベトナム	フンイエン省、大楽寺			A.D. 01500	『世界美術大全集 東洋編12』（小学館）63 図
397	32	b-1	S字紋	g	ベトナム	ドンナイ省、ロンザオ　戈		戈	B.C. 00100	『世界美術大全集 東洋編12』（小学館）p.260
398	33	b-1	S字紋	g	ベトナム	サフィーン　壺			B.C. 00600	『世界美術大全集 東洋編12』（小学館）p.264　図 214
399	34	E	光輝紋	g	ベトナム	サフィーン　壺			B.C. 00600	『世界美術大全集 東洋編12』（小学館）p.264　図 214
400	35	A	日紋	g	ベトナム	カツ族の村		実紋様のみ	AA 現代	『Underst'g katu Culture』(Thuan Hoa Publish) p.52
401	36	D	光輝日紋	g	ベトナム	カツ族の村		同上	AA 現代	『Underst'g katu Culture』(Thuan Hoa Publish) p.52
402	37	D	光輝日紋	g	ベトナム	カツ族の村		同上	AA 現代	『Underst'g katu Culture』(Thuan Hoa Publish) p.52
403	38	a-1	マンジ紋	g	ベトナム	カツ族の村		同上	AA 現代	『Underst'g katu Culture』(Thuan Hoa Publish) p.52
404	39	a-3	渦マンジ紋	g	ベトナム	カツ族の村		同上	AA 現代	『Underst'g katu Culture』(Thuan Hoa Publish) p.52
405	40	b-1	S字紋	g	ベトナム	カツ族の村		同上	AA 現代	『Underst'g katu Culture』(Thuan Hoa Publish) p.52
406	41	a-1	マンジ紋	g	ベトナム	サパ族 女子服エリ			AA 現代	『Impression of Sapa』(Vina Publishing) p.4
407	42	c-3	四頭紋	g	ベトナム	サパ族 女子服帯状角型			AA 現代	『Impression of Sapa』(Vina Publishing) p.35
408	43	e-1	蕨手紋	g	ベトナム	サパ族 女子服ケサ掛け			AA 現代	『Impression of Sapa』(Vina Publishing) p.36
409	44	e-1	蕨手紋	g	ベトナム	サパ族 帯と帽子			AA 現代	『Impression of Sapa』(Vina Publishing) p.48・51
410	1	A	日紋	h	雲南	玄関の装飾		玄関	AA 現代	玄関写真（雲南民族博物館）
411	2	f-1	勾玉紋	h	雲南	青銅鐘		青銅鏡	B.C. 00800	展示品写真（雲南民族博物館）
412	3	c-1	双頭紋	h	雲南	壁画		壁画	B.C. 00500	展示品写真（雲南民族博物館）
413	4	B	単渦紋	h	雲南	壁画		壁画	B.C. 00500	展示品写真（雲南民族博物館）

164

Ser.	No.	記号	紋様名称	国名	出土地名	実紋様	全体図	年代	引用資料名
414	5	a-1	マンジ紋	h	雲南	Yao族 スカート		AA 現代	展示品写真（雲南民族博物館）
415	6	a-3	渦マンジ紋	h	雲南	Yao族 スカート		AA 現代	展示品写真（雲南民族博物館）
416	7	b-1	S字紋	h	雲南	婦人服　胸刺繍		AA 現代	展示品写真（雲南民族博物館）
417	8	c-2	火炎紋	h	雲南	婦人服　胸刺繍		AA 現代	展示品写真（雲南民族博物館）
418	9	c-2	火炎紋	h	雲南	Bai（白）族の絞り藍染め		AA 現代	展示品写真（雲南民族博物館）
419	10	D	光輝日紋	h	雲南	Jinou、太陽崇拝教		AA 現代	展示品写真（雲南民族村）
420	11	A	日紋	h	雲南	納西族の文字説明板	説明板	AA 現代	展示品写真（雲南民族村）
421	12	b-1	S字紋	h	雲南	戈	戈	B.C. 00400	展示品写真（昆明博物館）
422	13	e-1	蕨手紋	h	雲南	イ族自治県（雲南原住民）		AA 現代	『中国の博物館　雲南博物館』（講談社）図189
423	14	a-3	渦卍J紋	h	雲南	ミャオ族		AA 現代	『中国の博物館　雲南博物館』（講談社）図187
424	15	A	日紋	h	雲南	晋寧県3号墓銅鼓	銅鼓	B.C. 00200	『中国の博物館　雲南博物館』（講談社）図84
425	16	E	光輝紋	h	雲南	晋寧県3号墓銅鼓	銅鼓	B.C. 00200	『中国の博物館　雲南博物館』（講談社）図84
426	17	E	光輝紋	h	雲南	広南県　銅鼓	同上	銅鼓	B.C. 00200	『中国の博物館　雲南博物館』（講談社）図91
427	18	D	光輝日紋	h	雲南	広南県　銅鼓	銅鼓	A.D. 00200	『中国の博物館　雲南博物館』（講談社）図93
428	19	D	光輝日紋	h	雲南	昆明市　銅鼓	同上	銅鼓	A.D. 00700	『中国の博物館　雲南博物館』（講談社）図94
429	20	A	日紋	h	雲南	納西族 行経模写		AA 現代	『中国の博物館　雲南博物館』（講談社）図179
430	21	a-1	マンジ紋	h	雲南	納西族 行経模写	行経模写	AA 現代	『中国の博物館　雲南博物館』（講談社）図179
431	22	e-1	蕨手紋	h	雲南	納西族 行経模写		AA 現代	『中国の博物館　雲南博物館』（講談社）図179
432	23	b-2	菱S字紋	h	雲南	広南県　銅鼓 3759	銅鼓	B.C. 00600	『銅鼓の形式と紋様の分類』（山川出版社）図12
433	24	e-3	角蕨手紋	h	雲南	広南県　銅鼓 12191	銅鼓	B.C. 00600	『銅鼓の形式と紋様の分類』（山川出版社）図67
434	25	c-2	火炎紋	h	雲南	広南県　銅鼓 3471	銅鼓	B.C. 00600	『銅鼓の形式と紋様の分類』（山川出版社）図40
435	26	b-1	S字紋	h	雲南	広南県　銅鼓 3497	銅鼓	B.C. 00600	『銅鼓の形式と紋様の分類』（山川出版社）図76
436	27	b-2	回紋	h	雲南	広南県　銅鼓 15384	銅鼓	B.C. 00600	『銅鼓の形式と紋様の分類』（山川出版社）図92
437	28	f-1	勾玉紋	h	雲南	広南県　銅鼓 15384	銅鼓	B.C. 00600	『銅鼓の形式と紋様の分類』（山川出版社）図95
438	29	c-1	双頭紋	h	雲南	広南県　銅鼓 3492	銅鼓	B.C. 00600	『銅鼓の形式と紋様の分類』（山川出版社）図115

渦巻紋 816 例集成表

Ser.	No.	記号	紋様名称	国名	出土地名	実紋様	全体図	年代	引用資料名
439	30	a-1	マンジ紋	h	瑶族 Yao族 スカート		スカート	AA現代	『瑶族 雲南少数民族図庫』(雲南美術出版社) p.44
440	31	a-3	渦卍紋	h	瑶族 Yao族 スカート			AA現代	『瑶族 雲南少数民族図庫』(雲南美術出版社) p.44
441	32	D	光輝日紋	h	瑶族 Yao族 帽子刺繍			AA現代	『瑶族 雲南少数民族図庫』(雲南美術出版社) p.63
442	33	d-1	J字紋	h	Hani 哈尼族 服刺繍			AA現代	『雲南25の少数民族』(里文出版) 図97
443	34	e-1	蕨手紋	h	Hani 哈尼族 服刺繍			AA現代	『雲南25の少数民族』(里文出版) 図97
444	35	e-1	蕨手紋	h	Hani 哈尼族 服刺繍			AA現代	『雲南25の少数民族』(里文出版) 図97
445	36	E	光輝紋	h	Hani 哈尼族 服刺繍			AA現代	『雲南25の少数民族』(里文出版) 図97
446	37	e-1	蕨手紋	h	Hani 哈尼族 服刺繍			AA現代	『雲南25の少数民族』(里文出版) 図97
447	38	f-1	勾玉紋	h	Hani 哈尼族 服刺繍			AA現代	『雲南25の少数民族』(里文出版) 図10
448	39	A	日紋	h	李家山69墓 銅鼓		銅鼓	B.C. 00200	『世界美術大全集 東洋編2』(小学館) p.285 図219
449	40	b-1	S字紋	h	李家山69墓 銅鼓			B.C. 00200	『世界美術大全集 東洋編2』(小学館) p.286 図220
450	41	f-1	勾玉紋	h	李家山13墓 戈		戈	B.C. 00200	『世界美術大全集 東洋編2』(小学館) p.295 図232
451	42	D	光輝日紋	h	台湾 布袋 偶服の紋		指人形	AA現代	『天理参考館常設展示品図録』p.17
452	43	A	日紋	h	屏東県パイワン		壺	AA現代	『天理参考館常設展示品図録』p.23
453	44	E	光輝紋	h	屏東県パイワン		壺	AA現代	『天理参考館常設展示品図録』p.24
454	45	E	光輝紋	h	西部沿岸		漁船	AA現代	『天理参考館常設展示品図録』p.38
455	46	e-4	唐草紋	h	蘭嶼郷		小舟	AA現代	展示品 (順益原住民文化博物館)
456	47	E	光輝紋	h	蘭嶼郷			AA現代	展示品 (順益原住民文化博物館)
457	48	B	単渦紋	h	船首装飾		小舟	AA現代	展示品 (順益原住民文化博物館)
458	49	c-1	双頭紋	h	ルカイ族		民族衣装	AA現代	展示品 (順益原住民文化博物館)
459	50	D	光輝日紋	h	パイワン族		王冠	AA現代	『拝訪原住民』(理特尚文実業有限公司) p.4
460	1	e-1	蕨手紋	i	ジョグジャ、ブゲラン			AA現代	図録 (ジャカルタ国立博物館) p.26
461	2	d-1	J字紋	i	ルドック (観音像)			A.D. 01000	図録 (ジャカルタ国立博物館) p.43
462	3	b-1	S字紋	i	トレンガレク (釣鐘)			A.D. 01200	図録 (ジャカルタ国立博物館) p.45
463	4	c-4	ジョイント紋	i	ムンティラン (ランプ)			A.D. 01300	図録 (ジャカルタ国立博物館) p.45
464	5	D	光輝日紋	i	スマランの銅鼓			B.C. 00500	図録 (ジャカルタ国立博物館) p.49

Ser.	No.	記号	紋様名称		国名	出土地名	実紋様	全体図	年代	引用資料名
465	6	f-1	勾玉紋	i	インドネシア	ジャカルタ特別州衝立			A.D. 01700	図録（ジャカルタ国立博物館）p.77
466	7	e-4	唐草紋	i	インドネシア	西ジャワ セラン 土器			A.D. 01800	図録（ジャカルタ国立博物館）p.79
467	8	e-4	唐草紋	i	インドネシア	中ジャワ ウオノボヨ鉢			A.D. 01000	図録（ジャカルタ国立博物館）p.90
468	9	A	日紋	i	インドネシア	中ジャワ スマラン			A.D. 01000	図録（ジャカルタ国立博物館）p.91
469	10	e-4	唐草紋	i	インドネシア	中ジャワ ウオノボヨ			A.D. 01000	図録（ジャカルタ国立博物館）p.93
470	11	c-2	火炎紋	i	インドネシア	プランバナン回廊彫刻			A.D. 01000	寺院外壁写真（プランバナン寺院）
471	12	b-2	菱S字紋	i	インドネシア	サンギアン島			A.D. 00500	『Ancient History』(Archipelago Press) p.39 ①
472	13	b-1	S字紋	i	インドネシア	サンギアン島			A.D. 00500	『Ancient History』(Archipelago Press) p.39 ①
473	14	e-4	唐草紋	i	インドネシア	東ジャワ			A.D. 01400	『Ancient History』(Archipelago Press) p.110
474	15	D	光輝日紋	i	インドネシア	東ジャワ			A.D. 01300	『Ancient History』(Archipelago Press) p.112
475	16	b-2	菱S字紋	i	インドネシア	スンバワ沖サンジャ島			A.D. 0500	『東南アジア世界の形成』（講談社）p.32
476	17	A	日紋	i	インドネシア	Landau、Roti			A.D. 0500	『Ancient History』(Archipelago Press) p.38
477	18	b-1	S字紋	i	インドネシア	西ヌサトンガラ州サンゲア島			B.C. 00200	『世界美術大全集 東洋編12』（小学館）p.256 図198～200
478	19	b-2	菱S字紋	i	インドネシア	西ヌサトンガラ州サンゲア島			B.C. 00200	『世界美術大全集 東洋編12』（小学館）p.256 図198～200
479	20	d-1	J字紋	i	インドネシア	マドラ島 壺			A.D. 00500	『世界考古学大系8 南アジア』（平凡社）p.82
480	21	a-2	四渦紋	i	インドネシア	スラウェシ、トラジャ		木彫	AA 現代	『Arts of Southeast Asia』(Powerhouse) p.6
481	22	f-1	勾玉紋	i	インドネシア	トラジャ トンコナン			AA 現代	図録（ジャカルタ国立博物館）p.30
482	23	e-4	唐草紋	i	インドネシア	マルク州 ケイ島 壺			A.D. 01700	図録（ジャカルタ国立博物館）p.35
483	24	E	光輝紋	i	インドネシア	マルク州 ケイ島 壺			A.D. 01700	図録（ジャカルタ国立博物館）p.35
484	25	e-1	蕨手紋	i	インドネシア	トラジャ ブラウス			AA 現代	図録（ジャカルタ国立博物館）p.67
485	26	f-1	勾玉紋	i	インドネシア	トラジャ ブラウス			AA 現代	図録（ジャカルタ国立博物館）p.67
486	27	E	光輝紋	i	インドネシア	トラジャ ブラウス			AA 現代	図録（ジャカルタ国立博物館）p.67
487	28	b-1	S字紋	i	インドネシア	マカッサル（銅斧）			B.C. 00200	『世界美術大全集 東洋編12』（小学館）p.258 図203
488	29	e-1	蕨手紋	i	インドネシア	バリ、バロン劇の獅子			AA 現代	『天理参考館常設展図録』p.26
489	30	f-1	勾玉紋	i	インドネシア	バリ、バロン劇の獅子			AA 現代	『天理参考館常設展図録』p.26
490	31	e-1	蕨手紋	i	インドネシア	バリ、聖布			AA 現代	『天理参考館常設展図録』p.28

渦巻紋 816 例集成表

Ser.	No.	記号	紋様名称	国名	出土地名	実紋様	全体図	年代	引用資料名
491	32	D	光輝日紋	i インドネシア	バリ、踊り子			AA 現代	パネル（インドネシア東京校）
492	33	d-1	J字紋	i インドネシア	バリ、デンパサール			AA 現代	図録（ジャカルタ国立博物館）p.27
493	34	f-1	勾玉紋	i インドネシア	バリ、ゴアガジャ			A.D. 01300	『Ancient History』(Archipelago Press) p.106
494	35	b-2	回紋	i インドネシア	バリ、ダンサーのスカート			AA 現代	『世界の祭りと衣装』（グラフィク社）p.97
495	36	e-1	蕨手紋	i インドネシア	ボルネオ、笠 saong			AA 現代	図録（天理参考館）p.30
496	37	f-1	勾玉紋	i インドネシア	ボルネオ、笠 saong			AA 現代	図録（天理参考館）p.30
497	38	e-1	蕨手紋	i インドネシア	バンジャルマン、天秤			AA 現代	図録（天理参考館）p.29
498	39	d-2	L字紋	i インドネシア	ダヤク族、西カリマンタン			AA 現代	図録（天理参考館）p.31
499	40	C	半円紋	i インドネシア	サバ州ブキトテンコラ			B.C. 01000	『Ancient History』(Archipelago Press) p.37 右上
500	41	c-2	火炎紋	i インドネシア	（ダヤクの踊り）			AA 現代	（インドネシア東京校 取材写真）
501	42	e-1	蕨手紋	i インドネシア	（ダヤクの踊り）			AA 現代	（インドネシア東京校 取材写真）
502	43	c-2	火炎紋	i インドネシア	アロル島 銅鼓			A.D. 01500	『世界美術大全集 東洋編12』（小学館）p.310 図 174
503	44	E	光輝紋	i インドネシア	アロル島 銅鼓			A.D. 01500	『世界美術大全集 東洋編12』（小学館）p.310 図 174
504	45	b-1	S字紋	i インドネシア	サラワク巨石彫刻（図 1-1）			A.D. 00900	『Malaysia Early History』(Archipelago Press) p.40
505	46	f-1	勾玉紋	i インドネシア	ランプン州、背もたれ			AA 現代	図録（ジャカルタ国立博物館）p.19
506	47	f-1	勾玉紋	i インドネシア	シンガラヤ船首飾り			AA 現代	図録（ジャカルタ国立博物館）p.29
507	48	d-1	J字紋	i インドネシア	西スマトラ、青銅容器（図 2-12）			A.D. 00500	図録（ジャカルタ国立博物館）p.47
508	49	A	日紋	i インドネシア	パレンバン、岩壁画			B.C. 00200	図録（ジャカルタ国立博物館）p.53
509	50	A	日紋	i インドネシア	タンバン・マジュ（図 7-5）			AA 現代	図録（ジャカルタ国立博物館）p.68
510	51	d-1	J字紋	i インドネシア	タンバン・マジュ（図 7-5）			AA 現代	図録（ジャカルタ国立博物館）p.68
511	52	f-1	勾玉紋	i インドネシア	ランプン、背もたれ			A.D. 01700	『INDONESIAN HERITAGE』(Archipelago Press) p.7 下
512	53	e-2	キノコ紋	i インドネシア	パダン、チャンディプロ			A.D. 01300	『INDONESIAN HERITAGE』(Archipelago Press) p.104 上
513	54	b-1	S字紋	i インドネシア	ニューギニア、楯バヒラモ			AA 現代	『天理参考館常設展図録』p.44
514	55	c-1	双頭紋	i インドネシア	ニューギニア、楯バヒラモ			AA 現代	『天理参考館常設展図録』p.44
515	56	A	日紋	i インドネシア	ニューギニア、楯バヒラモ			AA 現代	『天理参考館常設展図録』p.44
516	57	b-1	S字紋	i インドネシア	東ヌサテンガラ ロテイ島			B.C. 00100	『世界美術大全集 東洋編12』（小学館）p.259

Ser.	No.	記号	紋様名称	国名	出土地名	実紋様	全体図	年代	引用資料名
517	58	f-1	勾玉紋	i インドネシア	カリマンタンブア布		経絣	A.D. 01900	『世界美術大全集 東洋編12』(小学館) p.299
518	59	b-1	S字紋	i インドネシア	カリマンタンブア布			A.D. 01900	『世界美術大全集 東洋編12』(小学館) p.299
519	60	f-1	勾玉紋	i インドネシア	ジャワ magamalang		スカート	AA 現代	『Arts of Southeast Asia』(Powerhouse) p.46 上
520	61	c-2	火炎紋	i インドネシア	ジャワ magamalang			AA 現代	『Arts of Southeast Asia』(Powerhouse) p.46 上
521	62	e-1	蕨手紋	i インドネシア	カリマンタン 女性ジャケット			AA 現代	『Arts of Southeast Asia』(Powerhouse) p.54 上
522	63	c-2	火炎紋	i インドネシア	カリマンタン ジャケット			AA 現代	『Arts of Southeast Asia』(Powerhouse) p.54 下
523	64	e-4	唐草紋	i インドネシア	スンバ島、男の頭飾		金	A.D. 01900	『Arts of Southeast Asia』(Powerhouse) p.64
524	65	d-1	J字紋	i マレーシア	サラワク、ラジャン河ポール		ポール	A.D. 01900	『Malaysia Early History』(Archipelago Press) p.53
525	66	f-1	勾玉紋	i マレーシア	サラワク、ラジャン河ポール			A.D. 01900	『Malaysia Early History』(Archipelago Press) p.53
526	67	e-1	蕨手紋	i マレーシア	サラワク、baby carrier			AA 現代	『Malaysia Early History』(Archipelago Press) p.53
527	68	c-2	火炎紋	i マレーシア	サラワク、baby carrier			AA 現代	『Malaysia Early History』(Archipelago Press) p.53
528	69	c-3	四頭紋	i マレーシア	サラワク スカート		スカート	AA 現代	『Arts of Southeast Asia』(Powerhouse) p.38
529	70	e-1	蕨手紋	i マレーシア	サラワク スカート			AA 現代	『Malaysia Early History』(Archipelago Press) p.38
530	71	c-2	火炎紋	i インドネシア	中部ジャワ、プランバナン			A.D. 01000	『個人旅行インドネシア』(昭文社) p.172
531	72	D	光輝日紋	i インドネシア	ジャワ、ポロシャツ		ポロシャツ	AA 現代	(現地購入現物、切抜きサンプル)
532	73	A	日紋	i インドネシア	Hairloom 布地、スラウェシ		67×304cm	AA 現代	『Arts of Southeast Asia』(Powerhouse) p.48
533	74	B	単渦紋	i インドネシア	カーテン、バリ			AA 現代	『Arts of Southeast Asia』(Powerhouse) p.49
534	75	c-2	火炎紋	i マレーシア	Teluk Bakong, Perak 墓標			AA 現代	『Malaysia Early History』(Archipelago Press) p.132
535	76	e-2	キノコ紋	i マレーシア	Makam Raja Beruas			A.D. 01500	『Malaysia Early History』(Archipelago Press) p.111-7
536	77	b-1	S字紋	i マレーシア	ジョホル 銅鐸			A.D. 00200	『Malaysia Early History』(Archipelago Press) p.36
537	1	d-1	J字紋	j カンボジア	カンダル州			B.C. 00200	『世界美術大全集 東洋編12』(小学館) p.257 図201
538	2	f-1	勾玉紋	j カンボジア	カンダル州バンティアイ・スレイ			A.D. 01000	『世界美術大全集 東洋編12』(小学館) p.39 図32
539	3	d-1	J字紋	j タイ	バーンチェン、土器			B.C. 00800	『世界美術大全集 東洋編12』(小学館) p.262 図210
540	4	b-1	S字紋	j タイ	バーンチェン、土器			B.C. 00300	『世界美術大全集 東洋編12』(小学館) p.262 図212
541	5	E	光輝紋	j タイ	バーンチェン、土器			B.C. 00300	『世界美術大全集 東洋編12』(小学館) p.262 図212
542	6	B	単渦紋	j タイ	バーンチェン、壺			B.C. 01000	『世界美術大全集 東洋編12』(小学館) p.307 図171

渦巻紋 816 例集成表

Ser.	No.	記号	紋様名称	国名	出土地名	実紋様	全体図	年代	引用資料名
543	7	B	単渦紋	j	タイ	プラパトム・チェディ		A.D. 01500	『世界美術大全集 東洋編12』(小学館) p.118　図84
544	8	f-1	勾玉紋	j	タイ	バーンチェン、壺		B.C. 00100	『世界美術大全集 東洋編12』(小学館) p.263　図213
545	9	E	光輝紋	j	タイ	Loimi-Akna 族		A.D. 01900	『Arts of Southeast Asia』(Powerhouse) p.53
546	10	B	単渦紋	j	タイ	バーンチェン、壺		B.C. 01000	展示品写真（ジャカルタ国立博物館）
547	11	d-1	J字紋	j	ラオス	チャンパーサック、ワットプー		A.D. 01100	『世界美術大全集 東洋編12』(小学館) p.140　図116
548	12	d-1	J字紋	j	ラオス	Lao Hoay、クツ		AA 現代	『Arts of Southeast Asia』(Powerhouse) p.62
549	13	c-2	火炎紋	j	ミャンマー	マンダレー・パガン・ナンパヤー		A.D. 01100	『世界美術大全集 東洋編12』(小学館) p.155　図155
550	14	d-1	J字紋	j	ミャンマー	マンダレー・パガン・ナンパヤー		A.D. 01100	『世界美術大全集 東洋編12』(小学館) p.155　図155
551	15	A	日紋	j	ミャンマー	ミンカバ・グービャウッチ壁画		A.D. 01200	『世界美術大全集 東洋編12』(小学館) p.162　図152
552	16	A	日紋	j	ミャンマー	パガン、ローカティッパ壁画		A.D. 01200	『世界美術大全集 東洋編12』(小学館) p.199　図133
553	17	d-1	J字紋	j	フィリピン	パラワン島		B.C. 00800	『世界美術大全集 東洋編12』(小学館) p.265　図218
554	18	E	光輝紋	j	フィリピン	ミンダナオ、女子ブラウス		AA 現代	『Arts of Southeast Asia』(Powerhouse) p.52
555	1	D	光輝日紋	k	ポリネシア	マルケサス刺青	胸	A.D. 01800	『Tatouage Polynesien』(D'apres GOTZ) p.7・20
556	2	D	光輝日紋	k	ポリネシア	ソシエテ刺青	尻	A.D. 01900	『Tatouage Polynesien』(D'apres GOTZ) p.15・16
557	3	c-2	火炎紋	k	ポリネシア	マルケサス刺青	実紋様のみ	AA 現代	『Tatouage Polynesien』(D'apres GOTZ) p.19
558	4	C	半円紋	k	ポリネシア	マルケサス刺青		AA 現代	『Tatouage Polynesien』(D'apres GOTZ) p.19
559	5	B	単渦紋	k	ポリネシア	マオリ族ニュージーランド		A.D. 01800	『Tatouage Polynesien』(D'apres GOTZ) p.28
560	6	d-1	J字紋	k	ポリネシア	マオリ族ニュージーランド	大腿部	A.D. 01800	『Tatouage Polynesien』(D'apres GOTZ) p.29
561	7	e-1	蕨手紋	k	ポリネシア	マオリ族ニュージーランド		A.D. 01800	『Tatouage Polynesien』(D'apres GOTZ) p.29
562	8	e-1	蕨手紋	k	ポリネシア	マオリ族ニュージーランド	実紋様のみ	A.D. 01800	『Tatouage Polynesien』(D'apres GOTZ) p.29
563	9	B	単渦紋	k	ポリネシア	マオリ族ニュージーランド		A.D. 01800	『Tatouage Polynesien』(D'apres GOTZ) p.29
564	10	C	半円紋	k	ポリネシア	ハワイ刺青	肩 胸	A.D. 01900	『Tatouage Polynesien』(D'apres GOTZ) p.33
565	11	C	半円紋	k	ポリネシア	ハワイ彫刻	彫刻	A.D. 01800	展示品写真（タヒチミュージアム）
566	12	D	光輝日紋	k	ポリネシア	タヒチ刺青	尻	AA 現代	（現地絵はがきの写真）
567	13	c-1	双頭紋	k	ポリネシア	タヒチ刺青	尻	AA 現代	（現地絵はがきの写真）

Ser.	No.	記号	紋様名称	国名	出土地名	実紋様	全体図	年代	引用資料名
568	14	e-1	蕨手紋	k ポリネシア	タヒチ、赤いパティオ用布		パティオ布地	AA 現代	(購入布地現物)
569	15	e-1	蕨手紋	k ポリネシア	タヒチ、赤いパティオ用布			AA 現代	(購入布地現物)
570	16	c-1	双頭紋	k ポリネシア	タヒチ 緑色布		布	AA 現代	(購入布地現物)
571	17	f-1	勾玉紋	k ポリネシア	タヒチ刺青		腕	AA 現代	(現地絵はがきの写真)
572	18	d-1	J字紋	k ポリネシア	タヒチ刺青		腹	AA 現代	(現地絵はがきの写真)
573	19	e-1	蕨手紋	k ポリネシア	タヒチ刺青		手の甲	AA 現代	(現地絵はがきの写真)
574	20	f-1	勾玉紋	k ポリネシア	アロハシャツ		シャツ	AA 現代	(クルーズ船内ステージ取材写真)
575	21	f-1	勾玉紋	k ポリネシア	貝殻に彫刻		貝殻	AA 現代	(現地免税店カタログの写真)
576	22	c-3	四頭紋	k ポリネシア	街の地図の枠		立看板	AA 現代	(現地道路地図の写真)
577	23	e-2	キノコ紋	k ポリネシア	刺青		入墨腕	AA 現代	(現地絵はがきの写真)
578	1	D	光輝日紋	m エジプト	トゥトゥアンクアメン王の黄金玉座			B.C. 01350	『世界美術大全集2』(小学館) pp.2-218 図 134
579	2	E	光輝紋	m エジプト	トゥトゥアンクアメン王の黄金玉座			B.C. 01350	『世界美術大全集2』(小学館) pp.2-218 図 134
580	3	d-1	J字紋	m エジプト	tomb of Nakbt ナクトの墓			B.C. 01400	『世界美術大全集2』(小学館) pp.2-332 図 330
581	4	A	日紋	m エジプト	テーベ、センネジェム墳墓壁画			B.C. 01300	『世界美術大全集2』(小学館) pp.2-252 図 160
582	5	b-1	S字紋	m エジプト	テーベ、セネンムトの墓壁画			B.C. 01600	『西アジア考古学3』(日本西アジア考古学会) p.35
583	6	A	日紋	m エジプト	レクミラの墓壁画			B.C. 01500	『西アジア考古学3』(日本西アジア考古学会) p.36
584	7	d-1	J字紋	m エジプト	レクミラの墓壁画			B.C. 01500	『西アジア考古学3』(日本西アジア考古学会) p.36
585	8	B	単渦紋	m エジプト	ナカダ墓 壺			B.C. 03500	図録 (古代オリエント博物館) p.23
586	9	b-1	S字紋	m エジプト	テーベ、ディール・アルマディーナ			B.C. 01400	『世界美術大全集2』(小学館) pp.2-143 図 86
587	10	E	光輝紋	m エジプト	下ヌビア南部墓容器			B.C. 03700	『エジプト文明の誕生』(同成社) p.87 図 25
588	11	B	単渦紋	m エジプト	ペリシテ土器 ミケーネ式			B.C. 01200	『エジプトの考古学』(同成社) p.196 図 58-1
589	12	B	単渦紋	m エジプト	ペリシテ土器 ミケーネ式			B.C. 01200	『エジプトの考古学』(同成社) p.196 図 58-4
590	13	C	半円紋	m エジプト	ペリシテ土器 ミケーネ式			B.C. 01200	『エジプトの考古学』(同成社) p.196 図 58-5
591	14	E	光輝紋	m エジプト	ペリシテ土器 キプロス式			B.C. 01200	『エジプトの考古学』(同成社) p.196 図 58-7
592	15	B	単渦紋	m エジプト	続ペリシテ土器			B.C. 01200	『エジプトの考古学』(同成社) p.196 図 58-10
593	16	D	光輝日紋	m エジプト	白色線紋土器 ナカダ文化			B.C. 03800	『エジプト文明の誕生』(同成社) p.68 図 17-C

渦巻紋 816 例集成表

Ser.	No.	記号	紋様名称	国名	出土地名	実紋様	全体図	年代	引用資料名
594	17	C	半円紋	m	エジプト	ルクソール ナカダII期		B.C. 03100	『オリエントの紋様』（小学館）p.129 図194
595	18	E	光輝紋	m	アフリカ	chikungu mask		壁掛け	A.D. 01900	『CHOKWE』(Prestel) 図5
596	19	D	光輝日紋	m	アフリカ	chikungu mask			A.D. 01900	『CHOKWE』(Prestel) 図5
597	20	A	日紋	m	アフリカ	アンゴラ			A.D. 01900	『CHOKWE』(Prestel) 図27
598	21	B	単渦紋	m	アフリカ	アンゴラ			AA 現代	『CHOKWE』(Prestel) 図29
599	22	D	光輝日紋	m	アフリカ	ケニア		ヒタイに マーク	AA 現代	展示品写真（伊勢市・アフリカ美術館）
600	23	D	光輝日紋	m	アフリカ	コンゴ		同上	AA 現代	『CHOKWE』(Prestel) 図69
601	24	A	日紋	m	アフリカ	アンゴラ			AA 現代	『CHOKWE』(Prestel) 図72
602	1	d-1	J字紋	n	イラク				B.C. 00600	『グランド世界美術2』（講談社）図24
603	2	c-1	双頭紋	n	イラク	新バビロニア ネブカドネザル2世玉座の間		宮殿壁画	B.C. 00600	『グランド世界美術2』（講談社）図24
604	3	f-1	勾玉紋	n	イラク				B.C. 00600	『グランド世界美術2』（講談社）図24
605	4	c-1	双頭紋	n	イラク	アケメネ朝ペルシャ、スーサ		グリフィン壁画	B.C. 00500	『グランド世界美術2』（講談社）図50
606	5	A	日紋	n	イラク	ウル王墓 ゲーム盤			B.C. 00200	『世界美術大全集 東洋編16』（小学館）p.34 図23
607	6	D	光輝日紋	n	イラク	アッシュル			B.C. 01300	『世界美術大全集 東洋編16』（小学館）p.83 図66
608	7	f-1	勾玉紋	n	イラク	サルゴン2世の宮殿跡		波	B.C. 00700	『世界美術大全集 東洋編16』（小学館）p.92 図78
609	8	f-1	勾玉紋	n	イラク	バラフト 舟の絵		同上	B.C. 00900	『世界美術大全集 東洋編16』（小学館）p.102 図91
610	9	D	光輝日紋	n	イラク	ニムルド、ブナー神殿			B.C. 00900	『世界美術大全集 東洋編16』（小学館）p.129 図92
611	10	D	光輝日紋	n	イラク	印章（詳細不明）		印章	B.C. 00900	『世界美術大全集 東洋編16』（小学館）p.154 図130
612	11	D	光輝日紋	n	イラク	印章（詳細不明）	同上		B.C. 00900	『世界美術大全集 東洋編16』（小学館）p.155 図132
613	12	a-1	卍紋	n	イラク	ジュムデト・ナスル期印章			B.C. 03100	図録『岡山市立オリエント美術館』p.7
614	13	C	半円紋	n	イラク	テル・ツウェイジ土器			B.C. 02500	『オリエントの紋様』（小学館）p.109 図156
615	14	a-1	卍紋	n	イラク	サマッラ期 ベルリン博物館			B.C. 05000	『世界陶磁全集20』（小学館）図21
616	15	b-2	回紋	n	イラク	サマッラ期 ベルリン博物館			B.C. 05000	『世界陶磁全集20』（小学館）図21
617	16	C	半円紋	n	イラク	ハラフ期 アルパチア出土			B.C. 05000	『世界陶磁全集20』（小学館）図136
618	17	E	光輝紋	n	イラク	サマッラ期 ハッスーナ出土			B.C. 05000	『世界陶磁全集20』（小学館）図133
619	1	A	日紋	p	イラン	テペ・ヒッサル 彩紋土器			B.C. 03200	図録『岡山市立オリエント美術館』p.3

172

Ser.	No.	記号	紋様名称	国名	出土地名	実紋様	全体図	年代	引用資料名
620	2	A	日紋	p	イラン	北西部			B.C. 01000	『世界美術大全集 東洋編16』（小学館）p.236 図224
621	3	D	光輝日紋	p	イラン	スーサ			B.C. 00600	『世界美術大全集 東洋編16』（小学館）p.245 図212
622	4	D	光輝日紋	p	イラン	ペルセポリス、アパダナ階段	同上		B.C. 00600	『世界美術大全集 東洋編16』（小学館）p.249 図218
623	5	A	日紋	p	イラン	タペ・ジャリA出土			B.C. 03500	『世界陶磁全集 20』（小学館）図151
624	6	C	半円紋	p	イラン	ケルマン			B.C. 01500	図録『岡山市立オリエント美術館』p.30
625	7	b-2	回紋	p	イラン	セキザバード			B.C. 02000	図録『岡山市立オリエント美術館』p.28
626	8	E	光輝紋	p	イラン	テヘラン西部			B.C. 01500	図録『岡山市立オリエント美術館』p.30
627	9	D	光輝日紋	p	イラン	イラン高原			B.C. 02500	図録『岡山市立オリエント美術館』p.29
628	10	B	単渦紋	p	イラン	イラン高原			B.C. 03500	図録『古代オリエント博物館』p.29
629	11	D	光輝日紋	p	イラン	テペシアルク			B.C. 03000	『オリエントの紋様』（小学館）p.102 図143
630	12	E	光輝紋	p	イラン	伝ルリスタン地方			B.C. 00700	『世界陶磁全集 20』（小学館）図34
631	13	D	光輝日紋	p	イラン	伝ルリスタン地方			B.C. 00700	『世界陶磁全集 20』（小学館）図34
632	14	D	光輝日紋	p	イラン	ハスーナ			B.C. 05700	『西アジアの初期農耕文化』（山川出版）図版1
633	15	D	光輝日紋	p	イラン	ウル、ウバイドI 風車型			B.C. 05000	『西アジアの初期農耕文化』（山川出版）図版7
634	16	D	光輝日紋	p	イラン	ウル、ウバイドI			B.C. 05000	『西アジアの初期農耕文化』（山川出版）図版7
635	17	e-1	蕨手紋	p	イラン	シアルクIII			B.C. 03500	『西アジアの初期農耕文化』（山川出版）図版15
636	18	E	光輝	p	イラン	ハッスーナ			B.C. 05700	『西アジアの初期農耕文化』（山川出版）図版1
637	19	a-1	卍紋	p	イラン	タル・イ・キャブ出土			B.C. 03500	『西アジアの初期農耕文化』（山川出版）図版16
638	1	f-1	勾玉紋	q	トルコ	ヒッタイト、キュテュペ			B.C. 01200	『グランド世界美術2』（講談社）図26
639	2	B	単渦紋	q	トルコ	ディデュマ アポロン神殿			B.C. 00200	『世界美術大全集 4』（小学館）pp.4-272 図181
640	3	e-1	蕨手紋	q	トルコ	トルコ			B.C. 02300	『世界美術大全集 東洋編16』（小学館）p.161 図144
641	4	e-1	蕨手紋	q	トルコ	トルコ	同上		B.C. 02300	『世界美術大全集 東洋編16』（小学館）p.161 図145
642	5	A	日紋	q	トルコ	アラジャ・ホユックL墓			B.C. 02300	『世界美術大全集 東洋編16』（小学館）p.157
643	6	A	日紋	q	トルコ	ゴルディオンP墓			B.C. 00800	『世界美術大全集 東洋編16』（小学館）p.169
644	7	B	単渦紋	q	トルコ	ハジュラル			B.C. 05200	『オリエントの紋様』（小学館）p.188 図310
645	8	E	光輝紋	q	トルコ	ハジュラル			B.C. 05200	『オリエントの紋様』（小学館）p.188 図310

渦巻紋 816 例集成表

Ser.	No.	記号	紋様名称	国名	出土地名	実紋様	全体図	年代	引用資料名
646	1	A	日紋	q 西アジア他	トルクメニスタン、ヤランガチ・テペ			B.C. 03500	『世界美術大全集 東洋編 15』（小学館）p.50 図 17
647	2	E	光輝紋	q 西アジア他	トルクメニスタン、カラ・テペ			B.C. 03000	『世界美術大全集 東洋編 15』（小学館）p.50 図 19
648	3	e-1	蕨手紋	q 西アジア他	アフガニスタン、ハヌアイム（サンダル）		足	B.C. 00300	『世界美術大全集 東洋編 15』（小学館）p.124 図 62
649	4	f-1	勾玉紋	q 西アジア他	新疆ウイグル、バザイ族、家壁		家の壁	AA 現代	『世界の衣装をたずねて』（日本文芸社）p.14 上右
650	5	e-1	蕨手紋	q 西アジア他	新疆ウイグル、バザイ族、家壁			AA 現代	『世界の衣装をたずねて』（日本文芸社）p.14 上右
651	6	A	日紋	q 西アジア他	北シリア、ウバイド期			B.C. 04000	図録『岡山市立オリエント美術館』p.2
652	7	f-1	勾玉紋	q 西アジア他	シリア ドゥラ・エウロポス			A.D. 00200	『世界美術大全集 東洋編 15』（小学館）p.253 図 269
653	1	B	単渦紋	r ギリシャ	テッサリアのディミニ遺跡			B.C. 03000	「先史時代のヨーロッパ」（『世界の考古学』）（福武）p.15
654	2	f-1	勾玉紋	r ギリシャ	マグナ・グレキア地方			B.C. 00500	『ギリシャ文明』（創元社）p.131
655	3	D	光輝日紋	r ギリシャ	アテナイ、キュクラデス			B.C. 02500	『ギリシャ美術』（岩波書店）p.33 図 12
656	4	b-2	回紋	r ギリシャ	アテナイ、クラテル		クラテル	B.C. 00430	『ギリシャ美術』（岩波書店）序 3
657	5	b-1	S字紋	r ギリシャ	パエストム、ローマ		クラテル	B.C. 00340	『ギリシャ美術』p.288 図 173
658	6	b-1	S字紋	r ギリシャ	ミュケナイ、アルゴス土器			B.C. 01550	『世界術大全集 3』（小学館）pp.3-23 図 5
659	7	a-1	マンジ紋	r ギリシャ	赤クラテル、ヘレネ到着			B.C. 00340	『世界美術大全集 4』（小学館）pp.4-183 図 152
660	8	a-1	マンジ紋	ローマ	デュオニュソス秘儀	同上		B.C. 00050	『世界美術大全集 5』（小学館）pp.5-180 図 107
661	9	a-1	マンジ紋	r ギリシャ	アテネ、テーベ			B.C. 00680	『世界美術大全集 3』（小学館）pp.3-134 図 92
662	10	b-1	S字紋	r ギリシャ	アルゴス			B.C. 00700	『世界美術大全集 3』（小学館）p.3-134 図 93
663	11	b-1	S字紋	r ギリシャ	シチリア、アグリジェンド出土			B.C. 00480	『世界美術大全集 3』（小学館）pp.4-50 図 29
664	12	c-1	双頭紋	r ギリシャ	民族衣装		民族衣装	AA 現代	『ギリシャの民族衣装』（源流社）図 6
665	13	f-1	勾玉紋	r ギリシャ	民族衣装			AA 現代	『ギリシャの民族衣装』（源流社）図 6
666	14	e-4	唐草紋	r ギリシャ	赤クラテル、トロイア到着			B.C. 00340	『世界美術大全集 4』（小学館）pp.4-183 図 152
667	15	d-1	J紋	r ギリシャ	コリントス柱頭エピダウロス			B.C. 00400	『世界美術大全集 4』（小学館）p.4-266 図 171
668	16	e-1	蕨手紋	r ギリシャ	クレタ島（百合の壁）			B.C. 00400	『世界美術大全集 3』（小学館）pp.3-41 図 26
669	17	B	単渦紋	r ギリシャ	ザクロ（クレタ島）			B.C. 01560	『世界美術大全集 3』（小学館）pp.3-84 図 64
670	18	c-2	火炎紋	r ギリシャ	ザクロ（クレタ島）			B.C. 01560	『世界美術大全集 3』（小学館）pp.3-84 図 64
671	19	e-1	蕨手紋	r ギリシャ	ミュケナイ、六角箱			B.C. 01550	『ギリシャ美術』（岩波書店）p.51 図 31

Ser.	No.	記号	紋様名称	国名	出土地名	実紋様	全体図	年代	引用資料名
672	20	e-1	蕨手紋	r ギリシャ	イアリリス（ロドス島）			B.C. 01400	『世界美術大全集 3』（小学館）pp.3-114 図 95
673	21	d-1	J字紋	r ギリシャ	ゼウス神殿			A.D. 00130	『世界美術大全集 4』（小学館）pp.4-226 図 165
674	22	c-1	双頭紋	r ギリシャ	ロドス島の皿			B.C. 00600	『世界美術大全集 3』（小学館）pp.4-147 図 115
675	23	a-3	渦マンジ紋	r ギリシャ	ロドス島の皿			B.C. 00600	『世界美術大全集 3』（小学館）pp.3-147 図 115
676	24	f-1	勾玉紋	r ギリシャ	ロドス島の皿			B.C. 00600	『世界美術大全集 3』（小学館）pp.3-147 図 115
677	25	d-1	J字紋	r ギリシャ	ロドス島の皿			B.C. 00600	『世界美術大全集 3』（小学館）pp.3-147 図 115
678	26	D	光輝日紋	r ギリシャ	ロドス島の皿			B.C. 00600	『世界美術大全集 3』（小学館）pp.3-147 図 115
679	27	a-1	マンジ紋	r ギリシャ	ミュノス、クノッソス宮殿			B.C. 01600	『世界美術大全集 3』（小学館）pp.3-111 図 88
680	28	D	光輝日紋	r ギリシャ	ミュノス、クノッソス宮殿			B.C. 01600	『世界美術大全集 3』（小学館）pp.3-111 図 88
681	29	B	単渦紋	r ギリシャ	ミケーネ時代初期 壺		底面の紋	B.C. 02200	『ギリシャの考古学』（同成社）p.1540 図 41-8
682	30	C	半円紋	r ギリシャ	アテネ 壺			B.C. 00950	『世界美術大全集 3』（小学館）pp.3-130 図 86
683	31	e-1	蕨手紋	r ギリシャ	クレタ島クノッソス近郊			B.C. 01400	『世界美術大全集 3』（小学館）pp.3-46 図 32
684	32	C	半円紋	r ギリシャ	クレタ島クノッソス近郊			B.C. 01400	『世界美術大全集 3』（小学館）pp.3-46 図 32
685	33	d-1	J字紋	r ギリシャ	クレタ島クノッソス近郊			B.C. 01400	『世界美術大全集 3』（小学館）pp.3-46 図 32
686	34	a-2	四頭渦紋	r ギリシャ	ロドス島カメイロス			B.C. 00460	『世界美術大全集 4』（小学館）pp.4-364 図 31
687	35	a-2	四頭渦紋	r ギリシャ	ヴルチ 壺			B.C. 00540	『世界美術大全集 3』（小学館）pp.3-206 図 162
688	36	D	光輝日紋	r ギリシャ	アテネ アッティカ後期			B.C. 00235	『世界美術大全集 3』（小学館）pp.3-153 図 127
689	37	b-1	S字紋	r ギリシャ	シロス島			B.C. 02300	『世界美術大全集 3』（小学館）pp.3-24 図 7
690	38	C	半円紋	r ギリシャ	アシネ 壺			B.C. 01100	『世界美術大全集 3』（小学館）pp.3-99 図 69
691	39	c-2	火炎紋	r ギリシャ	カサルマ			B.C. 01500	『世界美術大全集 3』（小学館）pp.3-110 図 87
692	40	E	光輝紋	r ギリシャ	セスクロ文化土器			B.C. 05000	『ギリシャの考古学』（同成社）p.38 図 9
693	41	b-2	回紋	r ギリシャ	ファレロン（アテネ）			B.C. 00750	『世界美術大全集 3』（小学館）pp.3-130 図 87
694	42	d-1	J字紋	r ギリシャ	アトラトスの画家			B.C. 00700	『世界美術大全集 3』（小学館）pp.3-141 図 105
695	43	c-2	火炎紋	r ギリシャ	テラ島西の家 4室、可動陣幕			B.C. 00700	『世界美術大全集 3』（小学館）pp.3-317 図 258
696	44	e-1	蕨手紋	r ギリシャ	テラ島西の家 4室、可動陣幕			B.C. 00700	『世界美術大全集 3』（小学館）pp.3-317 図 258
697	45	c-2	火炎紋	r ギリシャ	（エウフロ=オス）クラテル		クラテル	B.C. 00510	『世界美術大全集 3』（小学館）pp.3-299 図 217

渦巻紋 816 例集成表

Ser.	No.	記号	紋様名称	国名	出土地名	実紋様	全体図	年代	引用資料名
698	46	B	単渦紋	r	ギリシャ	デルフォイ柱頭		柱頭	B.C. 00560	『世界美術大全集 3』(小学館) pp.3-329 図 277
699	47	a-3	渦マンジ紋	r	ローマ	チェルヴェテリ			B.C. 00540	『世界美術大全集 5』(小学館) pp.5-52 図 53
700	48	b-2	回紋	r	ローマ	チェルヴェテリ			B.C. 00540	『世界美術大全集 5』(小学館) pp.5-52 図 53
701	49	e-1	蕨手紋	r	ローマ	クラテル 鐘型			B.C. 00400	『世界美術大全集 4』(小学館) pp.4-181 図 148
702	50	e-4	唐草紋	r	ローマ	皇女コンスタンティナの石棺		岩	A.D. 00400	『世界美術大全集 7』(小学館) pp.7-67 図 58
703	51	e-1	蕨手紋	r	ローマ	カペストラーノ聖堂柱頭			A.D. 00800	『世界美術大全集 7』(小学館) pp.7-361 図 341
704	52	e-1	蕨手紋	r	ローマ	カペストラーノ聖堂柱頭			A.D. 00800	『世界美術大全集 7』(小学館) pp.7-361 図 341
705	53	b-1	S字紋	r	ギリシャ	クレタ島 ハルハネス			B.C. 01000	『世界美術大全集 3』(小学館) pp.3-55 図 47
706	54	b-2	回紋	r	ギリシャ	ヘリペリデスの			B.C. 00410	『世界美術大全集 4』(小学館) pp.4-169 図 131
707	55	E	光輝紋	r	ギリシャ	キクラデス文化土器			B.C. 02400	『ギリシャの考古学』(同成社) p.58 図 18
708	56	A	日紋	r	ギリシャ	キクラデス文化土器			B.C. 02700	『ギリシャの考古学』(同成社) p.58 図 18
709	57	b-1	S字紋	r	ギリシャ	キクラデス文化土器			B.C. 02700	『ギリシャの考古学』(同成社) p.58 図 18
710	58	f-1	勾玉紋	r	ギリシャ	初期ミノア文化壺			B.C. 02300	『ギリシャの考古学』(同成社) p.58 図 18
711	59	f-1	勾玉紋	r	ギリシャ	初期ミノア文化壺			B.C. 02300	『ギリシャの考古学』(同成社) p.58 図 18
712	60	B	単渦紋	r	ギリシャ	古宮殿時代			B.C. 02000	『ギリシャの考古学』(同成社) p.85 図 24
713	61	e-1	蕨手紋	r	ギリシャ	古宮殿時代			B.C. 02000	『ギリシャの考古学』(同成社) p.85 図 24
714	62	A	日紋	r	ギリシャ	古宮殿時代			B.C. 01800	『ギリシャの考古学』(同成社) p.85 図 24
715	63	d-1	J字紋	r	ギリシャ	ミケーネ時代中期			B.C. 01800	『ギリシャの考古学』(同成社) p.156 図 42-2
716	64	A	日紋	r	ギリシャ	ミケーネ時代中期			B.C. 01800	『ギリシャの考古学』(同成社) p.156 図 42-15
717	65	b-1	S字紋	r	ギリシャ	ミケーネ時代中期			B.C. 01800	『ギリシャの考古学』(同成社) p.156 図 42-15
718	66	e-2	キノコ紋	r	ギリシャ	ミケーネ時代中期			B.C. 02500	『ギリシャの考古学』(同成社) p.154 図 41
719	67	d-1	J字紋	r	ギリシャ	ミケーネ時代後期			B.C. 01400	『ギリシャの考古学』(同成社) p.158 図 44
720	68	B	単渦紋	r	ギリシャ	ミケーネ時代後期			B.C. 01400	『ギリシャの考古学』(同成社) p.158 図 44
721	69	C	半円紋	r	ギリシャ	ミケーネ時代末期			B.C. 01000	『ギリシャの考古学』(同成社) p.181 図 51
722	70	b-1	S字紋	r	ギリシャ	キクラデス島フライパン			B.C. 03000	『エーゲ・ギリシャの古代文明』(講談社) p.78 図 6
723	71	d-1	J字紋	r	ギリシャ	クノッソス宮殿中期ミノス			B.C. 02000	『エーゲ・ギリシャの古代文明』(講談社) p.88 図 17

Ser.	No.	記号	紋様名称	国名	出土地名	実紋様	全体図	年代	引用資料名
724	72	b-1	S字紋	r	ギリシャ	カマレス式 碗		B.C. 01700	『エーゲ・ギリシャの古代文明』（講談社）p.91 図22
725	73	A	日紋	r	ギリシャ	クノッソス宮殿イルカ壁画		B.C. 02000	『エーゲ・ギリシャの古代文明』（講談社）p.129 図6
726	74	D	光輝日紋	r	ギリシャ	クノッソス宮殿イルカ壁画		B.C. 02000	『エーゲ・ギリシャの古代文明』（講談社）p.129 図6
727	75	b-1	S字紋	r	ギリシャ	クノッソス宮殿イルカ壁画		B.C. 02000	『エーゲ・ギリシャの古代文明』（講談社）p.129 図6
728	1	d-1	J字紋	v	ルーマニア	トルセスティ、ククテニ文化	土器	B.C. 02500	『先史時代のヨーロッパ』（福武書店）p.25
729	2	d-1	J字紋	v	スロバキア	ポホレラ祭スカート	スカート	AA 現代	『世界の祭りと衣装』（グラフィク社）p.80
730	3	e-1	蕨手紋	v	スロバキア	レイドヴァ少女のベルト		AA 現代	『世界の祭りと衣装』（グラフィク社）p.80
731	4	c-2	火炎紋	v	スロバキア	レイドヴァ少女のベルト		AA 現代	『世界の祭りと衣装』（グラフィク社）p.80
732	5	f-1	勾玉紋		ハンガリー	モハチ町スカート	スカート	AA 現代	『世界の祭りと衣装』（グラフィク社）p.80
733	6	f-1	勾玉紋	u	ブルガリア	ククコヴァ墓		B.C. 00600	『世界美術大全集 東洋編 16』（小学館）p.254
734	7	b-1	S字紋	u	ブルガリア	トゥルゴヴィシュテ		B.C. 04000	『A History of Art』（Macmilan）
735	8	d-1	J字紋	u	ブルガリア	グラデシュニツァ		B.C. 06000	『ブルガリアの遺宝』（日本テレビ文化事業団）p.13
736	9	E	光輝紋	u	ブルガリア	スターラ・ザゴラ		B.C. 06000	『ブルガリアの遺宝』（日本テレビ文化事業団）p.31 図2
737	10	d-1	J字紋	u	ブルガリア	ノーバ・ザゴラ		B.C. 05000	『ブルガリアの遺宝』（日本テレビ文化事業団）p.32 図14
738	11	d-1	J字紋	u	ブルガリア	スターラ・ザゴラ		B.C. 06000	『ブルガリアの遺宝』（日本テレビ文化事業団）p.67 図1
739	12	a-1	マンジ紋	u	ブルガリア	スターラ・ザゴラ、（フタ）		B.C. 04500	『ブルガリアの遺宝』（日本テレビ文化事業団）p.70 図21
740	13	b-1	S字紋	u	ブルガリア	ソフィアの少女	伝統衣裳	AA 現代	(Rreturn Japan program、パーティ写真）
741	14	C	半円紋	t	チェコ	モラヴィア地方ドモスティ		B.C. 15000	『世界美術大全集 1』（小学館）pp.1-49 図29
742	15	f-1	勾玉紋	t	チェコ	モラヴィア、ボスコヴシュティン		B.C. 03000	『世界考古学大系 12』（平凡社）図131
743	16	A	日紋	v	スロバキア	ドミカ洞		B.C. 03000	『世界考古学大系 12』（平凡社）図134
744	17	b-2	回紋	s	ウクライナ	ノヴゴロド、メジン		B.C. 10000	『世界美術大全集 1』（小学館）図78
745	18	b-2	回紋	s	ウクライナ	メジン	同上	B.C. 10000	「旧石器時代」（『世界の考古学』）（山川出版社）p.143
746	19	A	日紋	s	ウクライナ	コロミシチナ		B.C. 01700	『世界考古学大系 12』（平凡社）p.84 図189
747	20	C	半円紋	s	ウクライナ	コロミシチナ		B.C. 01700	『世界考古学大系 12』（平凡社）p.84 図189
748	21	b-1	S字紋	s	ウクライナ	コロミシチナ		B.C. 01700	『世界考古学大系 12』（平凡社）p.84 図189
749	22	e-1	蕨手紋	v	ルーマニア	ブクルシュティ・ノイ		B.C. 01200	『世界考古学大系 12』（平凡社）p.106 図233

渦巻紋 816 例集成表

Ser.	No.	記号	紋様名称	国名	出土地名	実紋様	全体図	年代	引用資料名
750	23	b-1	S字紋	v	ルーマニア	ビホールオトマーニ			B.C. 01200	『世界考古学大系12』（平凡社）p.106 図232
751	24	d-1	J紋	v	ルーマニア	ブクレシュティ・ノイ			B.C. 01200	『世界考古学大系12』（平凡社）p.106 図233
752	1	e-2	キノコ紋	w	イギリス	バタシー出土楯			B.C. 00500	『世界の考古学3』（福武書店）p.142
753	2	f-1	勾玉紋	w	イギリス	バタシー出土楯		盾	B.C. 00500	『世界の考古学3』（福武書店）p.142
754	3	b-1	S字紋	w	イギリス	バタシー出土楯			B.C. 00500	『世界の考古学3』（福武書店）p.142
755	4	C	半円紋	w	アイルランド	ニューグレンジ遺跡		内壁彫刻	B.C. 03000	『アイルランドの歴史』（彩流社）p.13
756	5	c-3	四頭紋	w	アイルランド	キリスト受難飾板アスローン			A.D. 00800	『世界美術大全集7』（小学館）図191
757	6	f-2	邑家紋	w	アイルランド	キリスト受難飾板アスローン			A.D. 00800	『世界美術大全集7』（小学館）図191
758	7	c-4	ジョイント紋	w	アイルランド	トリニティ大学カーペット		カーペット	A.D. 00680	『世界美術大全集7』（小学館）pp.7-153 図84
759	8	f-2	邑紋	w	アイルランド	トリニティ大学カーペット			A.D. 00680	『世界美術大全集7』（小学館）pp.7-153 図84
760	9	e-2	キノコ紋	w	アイルランド	トリニティ大学カーペット			A.D. 00680	『世界美術大全集7』（小学館）pp.7-153 図84
761	10	b-1	S字紋	w	アイルランド	ヒントンセントメリー		キリストのモザイク	A.D. 00400	『世界美術大全集7』（小学館）pp.7-75 図19
762	11	B	単渦紋	w	アイルランド	ニューグレンジ巨石墓			B.C. 03000	『巨石文化の謎』（創元社）p.83
763	12	A	日紋	w	アイルランド	ニューグレンジ巨石墓			B.C. 03000	『巨石文化の謎』（創元社）p.83
764	13	A	日紋	w	アイルランド	ノウス巨石墓			B.C. 03000	『巨石文化の謎』（創元社）p.81
765	14	C	半円紋	w	アイルランド	ノウス巨石墓			B.C. 03000	『巨石文化の謎』（創元社）p.81
766	15	D	光輝日紋	w	アイルランド	ノウス巨石墓			B.C. 03000	『巨石文化の謎』（創元社）p.81
767	16	e-1	蕨手紋	w	アイルランド	ダブリン「ケルズの書」			A.D. 00800	『世界美術大全集7』（小学館）pp.7-159 図91
768	17	f-2	邑家紋	w	アイルランド	ダブリン「ケルズの書」			A.D. 00800	『世界美術大全集7』（小学館）pp.7-159 図91
769	18	c-4	ジョイント紋	w	アイルランド	ダブリン「ケルズの書」			A.D. 00800	『世界美術大全集7』（小学館）pp.7-159 図91
770	19	c-2	火炎紋	w	アイルランド	ダブリン「ケルズの書」			A.D. 00800	『世界美術大全集7』（小学館）pp.7-159 図91
771	20	c-1	双頭紋	w	アイルランド	ダブリン「ケルズの書」			A.D. 00800	『世界美術大全集7』（小学館）pp.7-159 図91
772	21	D	光輝日紋	w	アイルランド	ミース州ダウスのマウンド			B.C. 03000	『巨石文化の謎』（創元社）p.167
773	22	E	光輝紋	w	アイルランド	表10、モチーフ		実紋様のみ	B.C. 03000	『巨石文化の謎』（創元社）p.167
774	23	c-1	双頭紋	w	アイルランド	表4、モチーフ		実紋様のみ	B.C. 03000	『巨石文化の謎』（創元社）p.167
775	24	c-4	ジョイント紋	w	アイルランド	ダブリン、Book of kells			A.D. 00800	『世界美術大全集7』（小学館）pp.7-160 図92

Ser.	No.	記号	紋様名称	国名	出土地名	実紋様	全体図	年代	引用資料名
776	1	c-1	双頭紋	x	フランス	(ケルト人社会) デスパラー		B.C. 00500	『世界の考古学 3』(福武書店) p.145
777	2	B	単渦紋	x	フランス	ブルターニュ、ポンパペ		AA 現代	『世界の衣装を訪ねて』(日本文芸社) p.165 下右
778	3	C	半円紋	x	フランス	ブルターニュ、ポンパペ		AA 現代	『世界の衣装を訪ねて』(日本文芸社) p.165 下左
779	4	C	半円紋	x	フランス	ブルターニュ ガヴリニス遺跡		B.C. 03800	『巨石文化の謎』(創元社) p.161
780	5	f-1	勾玉紋	x	フランス	(マドレーヌ文化) イストリッツァ洞窟		B.C. 10000	『世界美術大全集 1』(小学館) pp.1-52 図 43
781	6	c-1	双頭紋	x	フランス	ブルターニュ、ヴァンヌの祭り		AA 現代	『世界の衣装をたずねて』(日本文芸社) p.164 右下
782	7	d-1	J字紋	x	フランス	ブルターニュ、ヴァンヌの祭り		AA 現代	『世界の衣装をたずねて』(日本文芸社) p.164 右上
783	8	B	単渦紋	x	フランス	ブルターニュ、かもめ祭り		AA 現代	『世界の祭りと衣装』(グラフィク社) p.60
784	9	E	光輝紋	x	フランス	ブルターニュ、かもめ祭り		AA 現代	『世界の祭りと衣装』(グラフィク社) p.60
785	10	e-1	蕨手紋	x	フランス	ブルターニュ、かもめ祭り		AA 現代	『世界の祭りと衣装』(グラフィク社) p.60
786	11	A	日紋	x	フランス	シャラント県ランコーニュ洞窟		B.C. 03500	『世界美術大全集 1』(小学館) pp.1-65 図 89
787	12	A	日紋	x	フランス	アンドル県サンマルセル		B.C. 15000	『世界美術大全集 1』(小学館) pp.1-52 図 46
788	1	A	日紋	y	スペイン	イベリア半島	実紋様のみ	B.C. 04500	『巨石文化の謎』(創元社) p.166
789	2	d-1	J字紋	y	スペイン	サンミグエル聖堂パネル		A.D. 00913	『世界美術大全集 7』(小学館) pp.7-239 図 210・211
790	3	c-1	双頭紋	y	スペイン	サンミグエル聖堂パネル		A.D. 00913	『世界美術大全集 7』(小学館) pp.7-239 図 210・211
791	4	e-1	蕨手紋	y	スペイン	ベルランガ San Baudelio		A.D. 01000	『世界美術大全集 7』(小学館) pp.7-179 図 115
792	5	d-1	J字紋	y	スペイン	ベルランガ San Baudelio		A.D. 01000	『世界美術大全集 7』(小学館) pp.7-179 図 115
793	6	e-1	蕨手紋	y	スペイン	エスカラーダ San Migel		A.D. 00913	『世界美術大全集 7』(小学館) pp.7-177 図 113
794	7	e-1	蕨手紋	y	スペイン	コルドバ大モスク ミフラーブ		A.D. 01000	『世界美術大全集 7』(小学館) PP.7-175 図 111
795	8	f-1	勾玉紋	y	スペイン	コルドバ大モスク ミフラーブ		A.D. 01000	『世界美術大全集 7』(小学館) PP.7-175 図 111
796	9	e-1	蕨手紋	y	スペイン	マドリド、アル・カハム小箱		A.D. 00964	『世界美術大全集 7』(小学館) pp.7-296 図 205
797	10	f-1	勾玉紋	y	スペイン	マドリド、アル・カハム小箱		A.D. 00964	『世界美術大全集 7』(小学館) pp.7-296 図 205
798	11	c-1	双頭紋	y	スペイン	Centcelles ドームモザイク		A.D. 00400	『世界美術大全集 7』(小学館) pp.7-169 図 104
799	12	b-1	S字紋	y	スペイン	Centcelles ドームモザイク		A.D. 00400	『世界美術大全集 7』(小学館) pp.7-169 図 184
800	1	C	半円紋	y	ポルトガル	アレンテージョ、ブルホーア	ドルメン	B.C. 04500	『巨石文化の謎』(創元社) p.82
801	2	E	光輝紋	y	ポルトガル	ビゼウ アンテラスのドルメン		B.C. 04500	『巨石文化の謎』(創元社) p.82

渦巻紋 816 例集成表

Ser.	No.	記号	紋様名称		国名	出土地名	実紋様	全体図	年代	引用資料名
802	3	D	光輝日紋	y	ポルトガル	ビゼウ アンテレラスのドルメン		ドルメン	B.C. 04500	『巨石文化の謎』(創元社) p.82
803	4	c-1	双頭紋	y	ポルトガル	Minhoミニョ地方 (海岸沿い)			AA 現代	『世界の衣装をたずねて』(日本文芸社) p.201
804	1	b-1	S字紋	z	ベルギー	シント・ロンバウツ大聖堂			A.D.1660	『世界美術大全集17』(小学館) pp.17-222 図176
805	2	E	光輝紋	z	ドイツ	ミュンジンゲンの大壺			B.C. 00400	『初期鉄器時代の美術』(平凡社) p.445 図20
806	3	c-2	火炎紋	z	ドイツ	ケルン、櫛		クシ	A.D. 00900	『世界美術大全集7』(小学館) pp.7-323 図273
807	4	f-1	勾玉紋	z	ドイツ	ドナウ、ザクセン・アンハルト			B.C. 03000	『世界考古学大系12』(平凡社) p.79 図178
808	5	e-1	蕨手紋	z	ドイツ	ドナウ、テューリンケン			B.C. 03000	『世界考古学大系12』(平凡社) p.79 図178
809	6	B	単渦紋	z	ドイツ	ラインハルト・ブルック			B.C. 03000	『世界考古学大系12』(平凡社) p.79 図178
810	1	e-1	蕨手紋	z	スウェーデン	岩壁画 エステルゲトランド			B.C. 01500	『世界考古学大系12』(平凡社) 図177
811	2	b-1	S字紋	z	スウェーデン	岩壁画 エステルゲトランド			B.C. 01500	『世界考古学大系12』(平凡社) 図177
812	3	A	日紋	z	スウェーデン	岩壁画 エステルゲトランド		同上	B.C. 01500	『世界考古学大系12』(平凡社) 図177
813	4	c-4	ジョイント紋	z	スウェーデン	ストックホルム、ヨハネの肖像			A.D. 00800	『世界美術大全集7』(小学館) p.222 図179
814	5	c-2	火炎紋	z	スウェーデン	レークサンド (ポシェット)		ポシェット	AA 現代	『世界の祭りと衣装』(グラフィク社) p.37
815	6	d-1	J字紋	z	スウェーデン	レークサンド (ポシェット)			AA 現代	『世界の祭りと衣装』(グラフィク社) p.37
816	7	b-1	S字紋	z	デンマーク				B.C. 01500	『世界考古学大系12』(平凡社) p.109 図240

著者紹介

藤田英夫（ふじた　ひでお）

〈略歴〉
1933 年　秋田市生まれ
1956 年　秋田大学鉱山学部（現・工学資源学部）機械学科卒
1961 年　小松製作所入社、プロジェクト・マネジャー
1990 年　PT トヨタ・アストラ・モーター（インドネシア　ジャカルタ市）
　　　　プロジェクト・マネジャー
1991 年　PT ヤマモリ・インドネシア設立、取締役社長
1997 年　（東ジャワ州日本人会副会長　兼奨学金委員長）
1998 年　（同会　機関誌編集長）
2000 年　PT ヤマモリ・インドネシア退社
2005 年　東京外国語大学、上智大学アジア文化副専攻科目聴講生
2008 年　NPO 法人　国際縄文学協会会員

〈出版物〉
『ジャワで愛の言葉を』2000 年 9 月　私家版
（月刊誌「スラバヤ通信」1999 年の 88 号までを集約）
『物流理論が縄文の常識を覆す』　東洋出版社　2003 年 11 月
「渦巻紋起源の科学理論化(1)～(3)」（「縄文 21 号～23 号」3 回連載）
NPO 法人　国際縄文学協会　2010 年 7 月～2011 年 7 月

現在：神奈川県横浜市在住
URL：http://www.geocities.jp/uzumaki_surya_agent

2012年5月25日　初版発行　　　　　　　　　《検印省略》

装飾古墳に描かれた渦巻紋と輪廻転生

著　者　藤田英夫
発行者　宮田哲男
発行所　株式会社 雄山閣
　　　　〒102-0071　東京都千代田区富士見 2-6-9
　　　　TEL　03-3262-3231 / FAX　03-3262-6938
　　　　URL　http://www.yuzankaku.co.jp
　　　　e-mail　info@yuzankaku.co.jp
　　　　振　替：00130-5-1685
印　刷　松澤印刷株式会社
製　本　協栄製本株式会社

©Hideo Fujita 2012　　　　　　　ISBN978-4-639-02226-8 C0021
Printed in Japan　　　　　　　　　N.D.C.200　180p　21cm